中公文庫

文明の海洋史観

川 勝 平 太

中央公論新社

目次

序　新しい歴史像を求めて……11

起之章　「鎖国」と近代世界システム……25

一　森嶋通夫の「鎖国」解釈批判　30

二　アジア物産の国際的流通と鎖国　36

三　日本の鎖国・開国と近代世界システム　48

承之章　歴史観について……64
一　唯物史観――ダーウィンとマルクス　69
Ⅰ　ダーウィンとマルクス　73
Ⅱ　〈ダーウィン・マルクス〉のパラダイムを超えて　93
二　生態史観――戦後京都学派（今西学派）　98
Ⅰ　京都学派の戦後　98
Ⅱ　近代日本を支配した世界観――唯物史観　104
Ⅲ　存在と空間――京都学派の認識論　109
Ⅳ　今西学派の世界　115
Ⅴ　結語　133

転之章　文明の海洋史観……148
一　海洋史観　148
Ⅰ　海から見た歴史への船出　148
Ⅱ　陸地史観から海洋史観へ　152
Ⅲ　「大塚史学」を海から洗う　155
Ⅳ　梅棹「生態史観」を海から洗う　161
Ⅴ　海洋史観における社会変容論　173
二　ヨーロッパ史の海洋的パラダイム　180
Ⅰ　古代史の画期――歴史の誕生　180
Ⅱ　中世史の画期　182

Ⅲ　近代史の画期　184
三　日本史の海洋的パラダイム　188
Ⅰ　第一の波――「日本」の誕生　188
Ⅱ　第二の波――経済社会の誕生　192
四　海洋アジアの波――チャレンジとレスポンス　203
Ⅰ　生産革命と脱亜　203
Ⅱ　近代は海洋アジアから誕生した　208
結之章　二十一世紀日本の国土構想……227
――西太平洋の「豊饒の半月弧」に浮かぶ〝庭園の島（Garden Islands）〟

一　太平洋の時代　230
Ⅰ　東西文明の調和を超えて　230
Ⅱ　海から見た新しい歴史像　234
二　二十一世紀日本の国土構想　240
Ⅰ　新全総の報告書の捉えた「危機」　240
Ⅱ　岩倉使節団の見落としたもの　242
Ⅲ　イギリス人が感嘆した日本の農村風景　246
Ⅳ　「庭園都市国家」の原型　247
Ⅴ　近代経済発展の二つの道　252
Ⅵ　隠された近代の理想　255
Ⅶ　なぜいま〝庭園の島〟か　257

跋　新しい生き方を求めて……265
文庫版へのあとがき　301
解説　日本文明論の新地平　木村　滋　327

文明の海洋史観

序　新しい歴史像を求めて

近代はアジアの海から誕生した。より正確にいえば、海洋アジアからのインパクトに対するレスポンスとして、日本とヨーロッパに新しい文明が出現した――これが、本書を貫く海洋史観のテーゼである。

近代社会への歩みは、通常、農業社会から工業社会へという観点からとらえられている。たとえば、上山春平は『受容と創造の軌跡』（『日本文明史』第一巻　角川書店　一九九〇年）で、人類の歩みを自然社会→農業社会→工業社会の三段階に区分し、日本は農業社会を経て、一九〇〇年頃に工業社会に達したとされている。これはごく常識的な歴史の見方であり、反論の余地もないかにみえる。イギリスが最初の産業革命を経験し、欧米がそれに続き、日本は明治時代にその後塵を拝し、アジア諸国はそのさらに後を追って現代に至っているという見方である。本書はこの常識に挑戦する。

ヨーロッパにおける近代社会の出現は、重要な歴史研究のテーマの一つであり、最近の学界では、それは「近代世界システム」の成立と呼ばれている。なぜそう呼ばれるのか。歴史上、「世界システム」の名に値するものは、たとえば、古代ローマ帝国、漢帝国、明・清帝国等々、数多く存在した。だが、いずれも政治中心の世界システムである。ヨーロッパに出現したのは経済中心の世界システムであった。そこでこれを他の世界システムと区別して「近代世界システム」と呼ぶのである。この見解は、アメリカの社会経済史家ウォーラーステインの提起したものであるが、ヨーロッパないし、欧米世界を従来のように国別ではなく一つの地域とみようという構えがあって、今日、広く受け入れられている。近代世界システムは、「長期の十六世紀（一四五〇〜一六四〇年頃）」に、大西洋を囲む地域に西ヨーロッパを中核、その他の地域を周辺、半周辺という三層構造に編成して成立したとされている（ウォーラーステイン『近代世界システム』）。

そこで一四五〇〜一六四〇年という時期に注目してみよう。近代世界システムの成立時期は、日本では近世江戸社会の成立時期に当たっている。内藤湖南が『日本文化史研究』（講談社学術文庫　一九七六年）で「大体今日の日本を知るために日本の歴史を研究するには、古代の歴史を研究する必要は殆どありませぬ。応仁の乱以後の歴史を知っておったらそれでたくさんです。それ以前の事は外国の歴史と同じくらいにしか感ぜられませぬが、応仁の乱以後はわれわれの真の身体骨肉に直接触れた歴史であって、これをほんとうに知っておれば、それで日本歴史は十分だと言っていい」と喝破したように、一四五〇～一六四〇年というのは日本史の画期でもある。ヨーロッパと日本におけるこの画期を近世成立期と呼んでおこう。ちなみに、近世と近代との区別にここで一言触れておこう。一八〇〇年前後に西ヨーロッパは政治・経済・文化の大転換を経験した。政治におけるフランス革命、経済におけるイギリス産業革命、文化におけるドイツ古典派の出現がそれである。これを機に西ヨーロッパは名実ともに近代社会となった。それゆえ近世とは長期の十六世紀から一八〇〇年前後の時代をさすものとしておきたい。

近世成立期のヨーロッパは大航海時代であるが、同じ頃、日本人も海外に雄飛していた。進出の舞台はアジアの海である。日本人はそこを天竺・南蛮と呼び、ヨーロッパ人は東インドと呼んだ。両者は近世成立期の海洋アジアという同じ時空を共有していたのである。注目すべきことは、日本と海洋アジアとの関係と、ヨーロッパと海洋アジアとの関係とが酷似していたことである。両者とも金・銀・銅などの貨幣素材を輸出して、海洋アジアから東洋の物産を輸入していた。ヨーロッパ人が中南米で大量の貴金属を獲得したのは周知の事実であろう。日本でも近世成立期に鉱山開発が進み、世界有数の金山・銀山を持っていた。これを購買力として、東洋の諸文明からあまたの物産を購入したのである。

その結果、日本でもヨーロッパでも生活様式は根本的な変化を遂げた。湖南のいうように、それ以後の日本は、以前の日本が外国と感じられるほどに変貌した。事情はヨーロッパも同様である。ヨーロッパにおける物質生活の大変革について、フェルナン・ブローデルの大著『物質文明・経済・資本主義　十五〜十八世紀』全三巻（村上光彦・山本淳一訳　みすず書房　一九八五〜九五年）が見事な筆致で描いている。江戸社会と近代世界システムとは同時並行的に成立したのである。ここで以下の行論との関連で強調したいのは、世界史的にみれば、近世社会の成立には二つの道があった、ということである。

日本人とヨーロッパ人とは近世成立期に同じ時空を経験した。それにもかかわらず、だれしも不思議に思うのは、その後の歴史の歩みの方向が正反対になったことである。日本人は活動の舞台を国内に閉じ、ヨーロッパ人は活動の舞台を世界大に広げた。一方は内向き志向に、他方は外向き志向になった。この対照的な相違はなぜ生じたのであろうか。ここに日本の江戸社会の謎を解く鍵があるように思われる。まず、共通性を列挙してみよう。

第一に、両者とも中世末までは旧アジア文明から見れば、周辺に位置する後進地域であり、文物を中心文明から輸入して巨大な貿易赤字をもっていた。旧アジア文明圏に対する赤字は十八世紀いっぱい解消できていない。

第二に、両者とも十九世紀に貿易赤字を解消し、経済的には自給自足を達成した。ヨーロッパの場合は、ヨーロッパ・アフリカ・アメリカを三角貿易で結ぶ大西洋経済圏という海洋自給圏を形成し、日本の場合は文字通り国内での陸地自給圏を形成したのである。

第三に、貿易赤字を解消するために生産革命を遂げたことである。ヨーロッパの場合は産業革命 industrial revolution がそれであり、日本の場合は、速水融が名づけた勤勉革命 industrious revolution である。産業革命は資本集約・労働節約型の生産革命であり、これによって労働生産性が世界一の水準に引き上げられた。一方、勤勉革命は資本節約・労働集約型の生産革命であり、これによって土地生産性が世界一の水準になった。この二つの生産革命によって、人類史上はじめて生産志向型の経済社会がユーラシアの両端に誕生したのである。

第四に、両者とも旧アジア文明圏に物産の供給をあおぐ依存状態から脱して、政治・経済・文化の面でアジア文明圏から離脱し、自立を遂げた。新しい文明が誕生したのである。それは脱亜文明ということができよう。

つぎに相違点を列挙してみよう。

第一に、ヨーロッパの購買力の供給地が海の彼方のアメリカ大陸にあったのに対し、日本の場合は国内にあった。ヨーロッパの場合、海の向こうの広大な土地を不可欠の構成要素としたので、人口は相対的に稀少となった。それと対照的に、日本は土地は狭く、人口は多い。経済活動の生産要素は土地、労働、資本の三つからなるが、アジアと関係をもったときの土地と労働のありかたが対照的であった。

第二に、生産革命を遂げるのに、ヨーロッパの場合は、人口が稀少なので、資本集約的方法をとって労働の生産性を上げた。ヨーロッパで経済発展というとき、それは労働の生産性の上昇を意味する。マルクスはそれを労働の生産力といった。生産力も生産性も英語では productivity であり、まったく同一の意味である。労働の生産力(生産性)の上昇が社会を変革するという信念がもたれたのである。それに対し、日本では徹底的に資本の節約がはかられた。速水融は近世濃尾地方における牛馬数の激減について報告している(『近世濃尾地方の人口・経済・社会』創文社　一九九二年)。牛馬のための牧場を田畑に変えたのである。そして労働を多投し、土地の生産性を上げ、幕末には世界一の水準にしたのである。ヨーロッパは労働生産力の革命、日本は土地生産力の革命を遂げた。

第三に、両者ともアジアから離脱した、すなわち脱亜を遂げたのであるが、相手のアジアに違いがある。ヨーロッパが自立した相手は、環インド洋にひろがるアジアであり、そこはかつてイスラムが伸張したアジアであった。それに対して、日本が自立したアジアは環シナ海のアジアであり、中国の勢力圏であった。近代世界システムは環インド洋にひろがるイスラム文明圏からの自立であったのに対して、近世江戸社会は環シナ海にひろがる中国文明圏からの自立であった。

脱亜の相手の違いは世界観に表れている。近代世界システムでは「戦争と平和」という観点から世界秩序を構想する。この世界観はイスラムにおける「戦争の家(ダル・アル・ハルブ)」と「平和の家(ダル・アル・イスラム)」という世界観に由来する。ヨーロッパで最初にこれを体系化したのはグロチウス『戦争と平和の法』であるが、これは一六二五年に出版され、これをもとにして、一六四八年のウェストファリア条約が結ばれた。そしてこれは後に主権国家体制といわれるものとなった。ヨーロッパでは、国家が交戦権を主権の一つとして持つことが正当化され、以後、とどまるところを知らない軍拡路線を突っ走った。

それに対し、近世江戸社会では、修身・斉家・治国・平天下という世界秩序観をもっていた。これはいうまでもなく、明中国がもっていた華夷秩序である。身を修めて徳を積むことが権力の正当化の根本となった。軍縮はこの世界観の必然的帰結である。一五四三年に鉄砲がもたらされ、近世成立期に日本は世界最大の火縄銃の生産・使用国になった。しかし、江戸社会には刀に逆戻りした。すなわち軍縮をしたのである。

「華夷」は「文明と野蛮」と言いかえられる。「戦争と平和」と「文明と野蛮」という異なる世界観にもとづく世界秩序がそれぞれヨーロッパと東アジアにほぼ同時に成立したのである。近世ヨーロッパでは覇権主義（パワー・ポリティクス）、近世日本では徳治主義（モラル・ポリティクス）が発達した。

第四に、天然資源に対する態度の相違がある。近世ヨーロッパにおいては、フロンティアの存在が自明のものとされていた。それはアメリカ大陸が存在していたからである。経済学の出発点となったアダム・スミスの『国富論』（一七七六年）には資源が稀少であるという考えはない。ヨーロッパに資源の稀少性という考え方が生まれるのは、経済学説史上「限界革命」といわれる新しい価格理論の登場する十九世紀末である。その基本的考え方は、資源が稀少になれば価格が上がることによって需要が減り、新しい豊富な資源への模索がすすむものとされており、価格機構にゆだねておけば稀少資源の最適配分がもたらされるという価格機構への楽観的信頼が基調にあり、そこには危機意識は皆無である。それは近代世界システムが資源浪費型の経済システムであったことを意味している。実際、産業革命は資本集約型であり、大量の石炭を費消するエネルギー資源浪費型の生産革命であった。フロンティア開拓の美名のもとに自然破壊を進行させたのである。

それに対し、勤勉革命は、資本を節約し、資源をリサイクルすることに工夫をこらした生産革命である。江戸のゴミは川や堀を使って江戸湾まで運ばれたが、途中で肥料、金物、燃料としてリサイクルできるものは選別され、それぞれ農家、鍛冶屋、風呂屋に運搬されていた。そこには物を粗末にしないという思想と行動がある。

近世江戸社会と近代世界システムとは、人類史上、生産革命によって、経済社会を形成して脱亜を遂げたという点において、対等の文明史的意義を有するものである。だがこれまではもっぱら後者の文明史的達成が重んじられて、外向き志向の性格と相俟ってそれは世界大に拡散した。

安政の開港は二つの脱亜文明の出会いであった。近代世界システムの中枢部イギリスから明治初期、まだ江戸社会をそのままに残す東北日本を一人で訪れた英国婦人イザベラ・バード（一八三一〜一九〇四年）は、米沢を訪れたときの印象をこう書いている。——

南に繁栄する米沢の町があり、北には湯治客の多い温泉場の赤湯があり、まったくエデンの園である。「鋤で耕したというより、鉛筆で描いたように」美しい。米、綿、とうもろこし、煙草、麻、藍、大豆、茄子《なす》、くるみ、水瓜、きゅうり、柿、杏、ざくろを豊富に栽培している。実り豊かに微笑する大地であり、アジアのアルカデヤ（桃源郷）である。自力で栄えるこの豊沃な大地は、すべて、それを耕作している人びとの所有するところのものである。……美しさ、勤勉、安楽さに満ちた魅惑的な地域である。山に囲まれ、明るく輝く松川《マツカ》に灌漑されている。どこを見渡しても豊かで美しい農村である。

（『日本奥地紀行』高梨健吉訳　平凡社東洋文庫　一九七三年）

近世江戸社会の景観は、気位の高い英国ヴィクトリア朝の婦人のハートを魅了した。ちなみにイザベラ・バードは、七十歳になるまで、旅が男のものだった時代にアメリカ大陸、ハワイ、マラヤ、紅海、黒海、朝鮮、中国、モロッコなど世界各地をまわった探検家であり、日本の景観の美しさを他と比べる知識があった（チェックランド『イザベラ・バード旅の生涯』〔川勝貴美訳　日本経済評論社　一九九五年〕を参照されたい）。しかし、日本人は海外渡航を禁じられており、自己のつくりあげた社会を比べるすべをもっていなかった。自国の価値を自覚するいとまもあらばこそ、そのような近世江戸社会を、福沢諭吉が「親の敵」といって切り捨てて、「西洋の文明に追いつくこと」(『文明論之概略』一八七五年)をめざし、富国強兵のパワー・ポリティクスに乗り換えた。明治日本は、近世期に培われた労働集約型生産革命の上に資本集約型生産革命を接ぎ木することに成功し、アジア最初の近代国家として西洋列強と対峙したのである。

ここで再び、近世と近代との時代区分について触れておこう。日本が明治維新期に出会ったのが近代ヨーロッパだということに、誰も異存はないであろう。このヨーロッパ近代社会を、日本人は「富国強兵」としてとらえた。富国強兵はヨーロッパ近代の最大の特徴である。富国の基礎は資本主義であり、強兵についてはナポレオンが徴兵制を布いたのが画期的である。それまでは傭兵制による戦争であった。傭兵は形勢が不利になると、危険を避けるので頼りない。ナポレオンが実施した、「国民」が「国家」のために戦うという徴兵制は、近代国民国家の思想を体現したものであった。この徴兵制が明治初期に取り入れられた。それは近世江戸社会との断絶を象徴する出来事である。「強兵」をはかるヨーロッパ近代は、交戦権を正当化した十七世紀以来のヨーロッパ近世の連続線上にある。しかし、それは武器である刀が精神性を帯び、「武士の魂」の象徴でしかなかった日本の近世とは断絶している。時代区分については、ヨーロッパの近世と近代の境目は先述のように一八〇〇年前後にあるが、他地域との関連での特徴としては、近世は、ユーラシアの旧文明圏から自立していく過程、日本とヨーロッパが文明の中心地域にのしあがっていく過程であり、過渡期である。すなわち脱亜過程であり、したがって、脱亜の完成が近世の終わりであり、近代の始まりである。

さて、現代の社会は核の脅威、南北格差、環境破壊、難民、人種差別、民族紛争など深刻な問題をかかえている。これらの問題は例外なく近代世界システムの落とし子のように思われる。近代世界システムはそれらの問題を解決する処方箋をもっているであろうか。資本主義の最大の問題は自由競争による貧富の格差の拡大であり、端的には貧困であるがその解決の方策であったはずの社会主義が破産した。ソ連・東欧社会主義圏が崩壊し、中国が「社会主義」は冠ばかりの「社会主義市場経済」に鞍替えし、北朝鮮が深刻な飢えに苦しんでおり、社会主義体制自体が貧困の温床であったという無惨な姿をさらけだしたのである。これは一例であるが、数々の世界大の問題を解決するのに、近代世界システムはその遺産をほぼ使い果たしてしまったように思われる。

一方、日本人は自国の歴史の遺産を正当に評価し、それを十分に使っているであろうか。世界大の諸問題に大国日本は無関心を装える立場にはない。問題解決に貢献しなければならない。そのためには迂遠のようだが、近世江戸社会をグローバルな観点から見直すことに、鍵があるように思われる。気づかれていないが、近世江戸社会の知恵蔵はまだ半開きである。グローバルな観点からその知恵蔵を開けるときがきたように思われる。

宇宙から帰還した毛利衛さんは地球を一つの小さい惑星と見る眼を小学生にもわかるように具体的に語ってくれた。まずもろともに気宇壮大な構想力を発揮し、地球は小さく限りある世界だという世界観をもつべきであろう。地球は限りある鎖国世界というアナロジーでとらえることができるものである。事実、地球というのは、エネルギーの出入りについては宇宙に対して開いているが、物質についてはほぼ完全といってよいくらいに出入りがない。外部の環境に対して孤立した、物質の出入りのない空間である。われわれは限りある世界の中での生活世界を、近世江戸社会に一度経験した。

フロンティアの無限の存在はもはや期待できない。人類は地球という有限の世界に生きているという認識をもつに至ったのである。主権の一つに数えられる交戦権も、軍事立国がアナクロニズムとなっている現在、いずれ制限されていくであろう。正↓反↓合の弁証法をもじっていえば、江戸鎖国社会を正、明治期に参入した近代世界システムを反とし、後者の否定性を媒介にして、両者を弁証法的に「合」に止揚する時代にはいったように思われる。近代世界システムの否定性とは、そのシステムが産み落とした問題が地球的広がりをもつに至っているという事実をさす。これまでの世界観では世界は限りなく広大だと認識されるのが常であったが、それを根本的に改めなければならない。人跡未踏の地はなくなり、人類は地球上に拡散し、白地図の上を探検する時代は終わったのである。地球は限りある星である。その地球を鎖国のアナロジーでとらえるとき、鎖国時代の知恵が生きてくる。鎖国時代の二百七十年間の生活経験の成果が、もう一つの脱亜近代文明からの旅人に「エデンの園」「アルカディア（桃源郷）」と感嘆されたというのは、温故知新に希望をつなげるものである。

以下、起之章は、国際交流基金の創立十周年記念論文として『国際交流』（三十四号　一九八四年）に掲載された「国際交流と日本――経済史的接近」の再録である。この小論は、当時、日本の知識界に果たして受けいれられるかどうか、強い不安を覚えながら、かなり思い切った決意をもって執筆したものである。従来の「タコ壺型」の歴史すなわち日本史・東洋史・西洋史の縦割りの歴史理解にたいするぬぐいがたい違和感があり、その率直な反省のうえにたって三者の連関をさぐる「ササラ型」の新しい歴史像のデッサンを試みたものである（本書への収録にあたり、若干の加除をした）。

つづく考察はいずれもこの小論から派生したものである。承之章は、近代日本人の歴史観の批判的考察であり、戦後日本人の世界を見る眼を支配した二つの歴史観（東大アカデミズムの唯物史観と戦後京都学派の生態史観）の基礎を問い、その陸地的発想の限界を指摘するものであり、続く転之章一節で新たに歴史の流れを海からみる海洋史観を提示する。本書の提示する海洋史観は陸地史観の対語にとどまるものではない。地球は表面積の七割が海に覆われている。地球は「水の惑星」であり、水の惑星であることによって生命を育むかけがえのない惑星となった。地球の大半をしめる海から見れば陸地は島でしかない。諸大陸も海に浮かぶ大きな島々である。この世界は地球という水の惑星に大小さまざまな島々が海に浮かぶ「多島海世界」であり、海洋史観とは地球的視野から文明の興亡を展望する歴史観である。転之章二、三、四節は、海洋史観からみた歴史像であり、日本文明の世界史的位置についての考察である。結之章では、この国のアイデンティティを太平洋の「豊饒の半月弧に浮かぶ〝庭園の島〟」に求めた。日本は、その国土の七割が緑したたる深山幽谷であり、北は亜寒帯から南は亜熱帯に広がる豊かな生態系をもっている。その多様な自然生態系を各地の人士が生活の中に「庭」として取り込んだ時、日本は地方色豊かな庭園の島となる。ガーデン・アイランズ（Garden Islands）は日本を構成する六千八百の島々が表しうる生活景観の美しい形であり、異文化の人々の憧れを集める日本文明の理念型たりうる。これをもって日本の未来につなぐ国土構想として提示するものである。

起之章　「鎖国」と近代世界システム

文化の交流というと、学問・芸術など精神的所産の交流のように考えられがちだが、そこには常にそれを担う人間がいる。故オクスフォード大学名誉教授リチャード・ストーリー氏もその一人であった。日本理解が学問的に裏打ちされていた親日家ストーリー氏は、一九八二年如月の末、例年ならば、イギリスの野辺に春の到来を待ちかねて咲く純白の花、雪と見まがうばかりに群生するスノードロップも寒波のためたげえなかった厳寒のオクスフォードにあって、卒然として逝かれた。ストーリー氏は、戦前は小樽にあり、戦後はオクスフォードを主舞台に、公的・私的を問わず、日英の文化交流に尽力された。イギリスでストーリー氏の謦咳に接した日本人のなかには氏の援助というより友情というほうがふさわしい温かい応接に旅情を慰められた人も多かったであろう。日本をよく識るストーリー氏の日本研究は評価が高く、一九八一年にはロンドン大学名誉教授G・C・アレン氏とともに国際交流基金賞が贈られた。当然ともいえる受賞ながら、式典に来日されたストーリー氏は、純真なお人柄そのままに子供の喜ぶように嬉しそうであった。日英交流の重要な柱石であった「ストーリー先生」を偲ぶよすがは数えあげればきりがない。ここではその一つとして、一九八一年に発足したオクスフォード大学の日本研究所について紹介しよう。

戦前に、同趣旨の研究所設立のために一日本人によって資金提供が申し出られたことがある。しかし、そのときは実現しなかった。当時の日本についてのイギリスの関心は、現実的（政治的、軍事的、経済的）にはまだしも、学問的関心の域には達していなかったということであろう。このことは文化の交流も一方的（英国→日本）であったことを含意している。それを思えば、イギリスの伝統を象徴するオクスフォード大学において、日本研究所の設立をみたことは画期的といわねばならない。同研究所には教授、専任講師、語学教員がおかれ、オクスフォード大学の学部学生は日本のことを学んで学士号をとれるようになった。この研究所の設立以前の日本研究は、Far East Centre（極東研究センター）において、所長のストーリー氏のもとで、広く東アジア・東南アジア一帯の研究の一環としておこなわれ、文字通り特殊研究であった。加えて、同センターはセント・アントニーズ・カレッジ（St. Antony's College）の付属機関でしかなかった。それがストーリー氏をはじめとする日本研究の蓄積をもつオクスフォード大学の強い希望と、日産自動車株式会社の援助とが相俟って Nissan Institute of Japanese Studies（日産日本研究所）が設立されたのである。オクスフォード大学には Institute と名のつくものに Oriental Institute（東洋研究所）、Institute of Agricultural Economics（農業経済学研究所）、Institute of Archaeology（考古学研究所）、Institute of Economics and Statistics（経済学・統計学研究所）、Mathematical Institute（数学研究所）等があり、日本研究所はこれらと並ぶことになったのである。言いかえれば、この出来事は「日本学」が数学、経済学、考古学などと同様の一般的な学問にまで成長したことを物語っている。日本研究は中世以来八百年の歴史をもつ大学における学問的営為の一環に組みこまれたのである。いわば制度化したのである。学究ストーリー氏の四半世紀の営々たる日本研究は、いまここに特定の個人の働きを超えて制度となり、人や文物が往来できる大きなパイプとして発展が約束されたのである。

さて、上述のことに象徴されているのはほかでもない。外国における日本研究の高まりである。経済史の領域では、経済史学の国際的水準を示す Cambridge Economic History of Europe のシリーズに、日本はイギリス、アメリカなどと肩を並べ、対等のとりあつかいを受けている。こうした事態に照らせば、日本人による日本研究もこれまでのような閉鎖的性格をうち破り、今後は国際的連関の中での日本といった開かれた日本像を模索することが切実に求められる。西洋史を世界史と同義と受けとるような錯覚は反省されるべきである。歴史理解において陥りがちな、西洋の史的経験を一般モデルにし、日本のそれをその特殊性においてとらえる見方を是正し、むしろ日本の史的経験から西洋の歴史・社会の特殊的性格を浮き彫りにするという視座への思い切った転換が求められるのである。

目下のところ、わが国の歴史研究者の間には、日本史、東洋史、西洋史の間で良く言えば専門化、ともすれば縄張りのごときものが存在し、相手のテリトリーに踏みこむのが難しい状況がある。日本経済史学の主流、講座派の成果をふまえて通史『日本経済史』（東京大学出版会　一九七六年）を著した石井寛治は、イギリスにおける二年の学究生活の中で日本経済史学の非国際性を痛感し、帰国後「東洋史、西洋史、日本史と区分される研究分野について、ときには他分野に踏みこみながら相互に交流を深めるとともに、相互の関連そのものを問題にしてとりあげてゆくことが望ましい」と提唱した。[*1] 西洋経済史家の米川伸一は、学会報告の区分を従来のごとき地域別ではなく、時代別にすることにより交流を促進できると提言している。[*2] 丸山眞男『日本の思想』（岩波新書　一九六一年）が警鐘を鳴らした相互に関係をもたない「タコツボ型」の学問の形態が、経済史学において反省され始めているのである。

もとより、個々の国なり地域の縦断面（歴史）についての学問的蓄積は豊富である。しかし、それらの横断面（国際的連関・交流）を描く試みが手薄であった。こうした学問の鎖国状況を打破するには、これまでの成果を踏まえながら日本をグローバルな観点、いいかえれば同時代的・共時的連関の中でとらえ直す必要がでてくるのである。この課題に関連して、見逃しえない二冊の書物があり、以下では、それを手掛かりに日本の国際交流について経済史的なアプローチを試みよう。

二冊の書物とは森嶋通夫『続・イギリスと日本』（岩波新書　一九七八年）とI・ウォーラーステイン『近代世界システム』である。森嶋はロンドンで活躍する経済学者である。『イギリスと日本』（岩波新書　一九七七年）では「英国病」という常識に挑戦し、防衛論争でも話題をまいた。やがて、関心を近代日本の経済発展に移し、『続・イギリスと日本』では独自の明治維新論を開陳し、一九八一年五月にオクスフォードへ来訪の際には、'Western Technology and the Japanese Ethos' と題して講演、翌春には ***Why Has Japan Succeeded ?*** という書物をケンブリッジ大学から出版した（邦題『なぜ日本は「成功」したか』TBSブリタニカ　一九八四年）。一方、ウォーラーステインは、故フェルナン・ブローデル——西洋の社会経済史学に新風を吹きこんでいるフランスのアナール学派の総帥——の強い影響のもとに、多くの個別研究成果によりながら中世から現代に及ぶパノラマ的な全体史を構想し、『近代世界システム』のタイトルで四巻本を刊行中——目下三巻までが既刊——である。[*3] また ***Review*** という雑誌をも主宰し、[*4] 欧米の社会経済史学界に旋風を巻き起こした。[*5] 彼の学説は『講座西洋経済史』全五巻（同文舘出版　一九七九〜八〇年）

でも大きくとりあげられている。

一　森嶋通夫の「鎖国」解釈批判

森嶋の議論は多岐にわたっているが、本書にかかわる重要な骨格はこうである。明治日本の急速な経済発展を可能にした秘密は江戸時代にある。具体的には江戸期の三大政策、すなわち参勤交代、儒教、鎖国に求められ、特に後二者に独自の解釈がほどこされている。

まず参勤交代については、森嶋の指摘をまつまでもなく、これが江戸時代における商品経済の発展を促す重要な契機であったことはよく知られている。専門家の間で「領主的商品・貨幣流通」という概念で理解されている内容に属する。江戸という人口規模で世界最大の都会における武士・町人の消費生活は農村での商品作物の生産・販売を必然にする契機をもっていたのである。[*6]

次に儒教については、西欧近代資本主義の発展の文化的背景に禁欲的で合理主義的なプロテスタンティズムがあったことを踏まえて、日本資本主義発展の精神的背景として江戸時代に培われた禁欲的な儒教倫理の影響が高く評価されている。[*7] 森嶋は英国資本主義の型を新教資本主義と呼び、これに対比して日本のそれを儒教資本主義と名づける。この名称の適否はともかくも、日本に西欧とは異なる資本主義のエートスがあったと見るのは正しいであろう。[*8]もっとも、韓国、台湾、香港、シンガポールも一様に森嶋は儒教資本主義だと言うが、西欧との対比の余り、日本と他のアジア諸国との相違をみる視角に欠けてはいまいか。

エートス論よりさらに興味深い論点が彼の鎖国解釈である。これは森嶋の「明治維新＝技術差克服の過程」という基本的主張とも結びつくので重要である。森嶋の鎖国論は独自なものであるから、『続・イギリスと日本』からの引用を試みたい。

「鎖国は、保護貿易をしたのと同じ」（一五頁）

「鎖国は……二〇〇年にわたって有効でありえた輸入管理法」（一五九頁）

なぜ鎖国が保護貿易政策であり輸入管理法でありえたかというと、

「徳川時代の時点で、日本と西欧諸国の農業と工業を比較しますと、日本が比較的に優位にあったのは農業でありましたから、工業生産物を日本で生産するよりも、その代りに農産物をつくり、それを売って西欧から工業生産物を買った方が日本にとって得になります。それ故、日本と西欧の間に自由な貿易が許されますと、日本人は遂には農業ばかりするようになり、日本の手工業は壊滅してしまいます。すなわち徳川時代に自由貿易が行われていたならば、幕末、したがって明治維新の頃には、日本は完全な農業国になってしまっていて、明治政府が近代国家をつくろうとしても、工業は無から出発しなければならず、大変なことになっていた」（二五三頁）からである。こうして森嶋は次のように断言する。「鎖国は西欧の文化・技術の無視ではなく、裏がえしの尊敬感、恐怖感の表明以外の何ものでもない」（二五九〜二六〇頁）

鎖国の是非についてはさまざまな議論がある。和辻哲郎の『鎖国』（一九五〇年、岩波文庫　一九八二年）は、鎖国を西洋世界における科学の発達から遮断させた政策として否定的に評価する議論の代表格であろう。その冒頭は「太平洋戦争の敗北によって日本民族は実に情けない姿をさらけだした」で始まり、日本人の民族的欠点を「一口に言えば科学的精神の欠如」ととらえている。この科学的精神の欠如の原因を鎖国に帰せしめたところに和辻鎖国論の要諦があり、これを裏づけるために西洋と日本の歴史を見はるかす長大な考察がなされているのである。そして「日本の悲劇」という副題をもつこの書物は「現在のわれわれはその決算表をつきつけられているのである」という一文で結ばれる。

一方、一六九〇〜九二年に滞日したドイツ人ケンペル（Engelbert Kämpfer 1651-1716）の『日本誌』は、後にフィヒテの平和理論を体現した「封鎖商業国家論」のもとになったといわれるが、ケンペルは「この民は、習俗、道徳、技芸、立居振舞いの点で世界のどの国民にも立ちまさり、国内交易は繁盛し、肥沃な田畠に恵まれ、頑健強壮な肉体と豪胆な気象を持ち、生活必需品はありあまるほどに豊富であり、国内には不断の平和が続き、かくて世界でも稀に見るほどの幸福な国民である。……海外の全世界との交通を一切断ち切られて完全な閉鎖状態に置かれている現在ほどに、国民の幸福がより良く実現している時代をば遂に見出すことは出来ないであろう」[*9]と述べており、鎖国を肯定的に評価する議論の代表格と言えるであろう。

これらに対し森嶋鎖国論の独自性は、和辻説に共感を示しつつも、比較生産費説的な観点から鎖国を肯定的に評価している点にある。いわば経済学者の眼でとらえた鎖国観として新鮮な問題提起になっているのである。

森嶋鎖国論は、しかし、まさに経済の実体に即してみれば基本的に誤っているといわざるをえない。なぜなら、鎖国は「西欧の輸出攻勢から、日本の手工業を防衛し、日本が単純な農業国になるのを回避」（一五三〜四頁）したとか、鎖国をしていなければ「日本の手工業が西欧の進んだ工業によって壊滅」（一五五頁）したであろうとかの森嶋の想定は、近・現代の先進ヨーロッパと後進アジアとの関係をそのまま過去にも投影している発想であって、その当時の現実を反映したものではないからである。

もう少し立ち入って説明しよう。鎖国時点でのヨーロッパ諸国の代表的な工業製品とは何か。これは毛織物と鉄砲であろう。だが毛織物は、インドでも、東南アジアでも、中国でも、そして日本でもほとんど売れなかったのである。当時の東インド会社の史料は、毛織物が売れないという報告で埋まっている。[*10] ヨーロッパ産毛織物がアジアの気候、風土に合わなかったばかりか、日本を含めてアジア諸国はそれよりもずっと安価な木綿、麻、絹織物などをもっていたからである。見失ってならないのは、ヨーロッパ人は工業製品を売りに来たというよりむしろ、東方の物産を買いにはるばる危険を冒してやってきたという事実である。当初の目当ては香辛料・胡椒であった。だが、彼らはアジアにふんだんに存在した木綿、絹織物、染料、茶、コーヒー、砂糖、陶器、真珠等の多彩な物産に瞠目した。彼らは、それらと自国産の毛織物との交換を期待した。だが期待はずれであった。彼らの側から交換に供せるものとしては金や銀しかなく、特に銀で支払わねばならなかったのである。実際、イギリスとオランダの東インド会社によるアジア貿易支払いの八十〜九十パーセントが金貨、銀貨でなされていたのである。*11 ヨーロッパ人がアジアにやってきた一五〇〇年頃から、ヨーロッパで産業革命が緒につく一八〇〇年頃まで、この三百年間を通じてヨーロッパは地金の流出に悩まされていた。*12 イスラム商人が仲介していたそれ以前の時期を含めれば、ヨーロッパがアジアからの製品の輸入国（従って赤字国）であった期間はもっと長くなるであろう。*13

そればかりか、森嶋の想定とはまさに逆に、手工業が危機にひんしたのはアジア諸国ではなく、東方の絹や木綿の織物がもちこまれたヨーロッパの方であった。*14 一七〇〇年頃からイギリスを初めヨーロッパ諸国は国内の手工業を守るため、保護関税どころか数度にわたって輸入禁止法——その実効のほどを問わないにしても——を設けてその対策にやっきになっていたのである。[*15]

時代が下り、十八世紀イギリスの有名なジョン・ケイ、ハーグリーブス、アークライト、クロンプトン、カートライトなどの発明でようやく輸入代替産業を興す目途がつき、それに続く産業革命によってやっと事態が一変したのである。[*16]つまり、今度はイギリスの綿製品が東方へ輸出され始めた。このときに初めてアジア諸国の手工業が危機に直面した。[*17]東インド総督が「その窮乏は、商業史上にほとんど類を見ない。木綿職工の骨は、インドの野をまっ白にしている」[*18]と報告したのは一八三〇年代のこと、つまり十九世紀に入ってからの事態であって、それに二百年も先立つ鎖国の時点で、ヨーロッパがアジア諸国より産業的に先進的であったとするのは見当はずれであろう。

もう一つ鉄砲の問題がある。鉄砲はポルトガル人によって一五四三年頃の種子島に伝えられたと言われる。日本人はいち早くその製法をマスターし、同じポルトガル人が二年ほど後に日本を再訪するが、その頃にはもう堺や紀伊、九州で鉄砲の製造や売買が行われており、これを知って彼らは驚嘆したそうだ。[*19]その頃にはアラブ人も、インド人も、中国人もすべて火器を使用していたが、ヨーロッパ人以外で大量の鉄砲製造に成功したのは独り日本人のみであった。それから半世紀も経たぬうちに、日本は世界最大の鉄砲使用国に成長した。のみならず、matchlock（火縄銃）を改良した flintlock（火打ち石式銃）は、日本からポルトガル人の手を経てヨーロッパに伝わった可能性も示唆されている。[*20]技術は交流していたのであり、朱印船建造にはヨーロッパの造船術もとり入れられ、そして何よりも資源（森林、砂鉄、金、銀、銅）に恵まれた当時の日本は持てる国であった。[*21] 鎖国時点で日本の工業資源、技術がヨーロッパに劣っていたとするのは早計だということである。

二　アジア物産の国際的流通と鎖国

鎖国についてそれではどう考えるべきか。鎖国政策の背景にある考え方は、ひところ対中国政策についてわが国の方針であった政経分離に似た趣きのある宗経分離といえるものではなかったろうか。ポルトガル、スペインの活動は宗経一致であった。つまりキリスト教の布教と商業利益の追求とが不可分をなしていた。[*22] 鎖国はこの宗経不可分の方針を貫くポルトガル人、スペイン人を拒んだ。それに対し、オランダ人とイギリス人は経済的利益の追求のためには宗教に拘泥しなかった。日本は、イギリスがみずから退いたあと、十七世紀ヨーロッパのもっとも富裕な国オランダとのみ通商した。このことは、ヨーロッパ諸国の側からみれば、商業利益一本槍のオランダが日本貿易を独占した形であり、日本の側からみると幕府が貿易を独占することによって宗教が排された形である。わが商人の自由な活動が禁止されたという意味において消極的ではあるが、宗経分離は貫徹されたといえるように思う。

もとより、徳川幕府に鎖国を決断させた要因はさらに複雑である。キリスト教、国内政治の安定化、それに対中国との外交関係など非経済的な諸事情が絡まっていた。[*23] これら鎖国事情についての研究は枚挙にいとまのないほど存在している。だが、ここに重大ながらも見過ごされてきた興味深い問題がある。それはいろいろな事情があったにせよ、そもそも国民が鎖国を強いられてもなお生活を支えた経済的条件はいかなるものであったのかという問題である。なぜこれが重要かというと、鎖国に先立つ二百五十年間は、諸外国との通商がさかんに行われ、自給体制とは逆の貿易立国ともいえる時代であったからである。事の重大性は、現代の日本も貿易立国だが、いま仮に政府がわが国の鎖国を決定したとすればどうなるかを考えてみればすぐわかる。現代日本が鎖国できないのは火を見るよりも明らかであり、それを無理矢理断行すれば経済生活は大破綻をきたすであろう。ところが寛永年間の鎖国令によってわが国は混乱をきたした形跡がない。これは不思議ではないか。

鎖国当時、ポルトガルはオランダとイギリスとの競争に敗れ、イギリスは一六二三年のアンボイナ虐殺のあとオランダに東方貿易の覇権を譲らされた恰好になっていた。ところが当時の西欧商業国家の雄オランダの利益を脅していたのはほかならぬ日本であった。わが国はオランダを凌ぐばかりの貿易をしていたのである。この貿易の詳細についてはK・グラマンの研究や岩生成一『鎖国』（中公文庫　一九七四年）に詳しい。後者から一文だけ引用すると、「当時、日本をのぞく全世界の銀産出額は、三十九万ないし四十二万キロであったと推定されているから、一時、わが年内輸出銀の量だけでも優に全世界産額の三割ないし四割に達していたことになって、当時日本の貿易の世界貿易史上に占める位置がきわめて重要」(二二三頁)だったのである。それほどの大規模な貿易を日本は極端に削減する政策をとったのである。[*24]

したがって問題は、貿易をそのように急激に縮小してもなおわが国民の生活に混乱が生じなかったのはどうしてか、ということになろう。鎖国の是非を論じる前に、そもそも鎖国による自給自足体制を可能にした足もとの生活の基盤について知っておく必要がある。

わが国は、十五~十六世紀(室町・戦国期)に流通、商業の面にとどまらず、言語、婚姻形態、女性の地位、遊戯等の習俗、さらに食物体系にまで及ぶ民族史的次元での大転換を遂げたといわれる。[*25] この時期に華々しく展開された国際交流がその転換に与って力があったことはまず間違いない。日用品のレベルでみれば、衣料面においてわが国は「繊維革命——麻から木綿への転換——」を経験した。[*26] 木綿は戦国大名の兵隊たちの兵衣、船の帆布、そして火縄銃の火縄に使われ、その当時の軍需品としてなくてすましうるものではなかった。その木綿は朝鮮や中国からの輸入品であった。綿種の移植に成功するのはやっと戦国末期のことである。[*27] 木綿の生産は、麻に比べて労力が少なくてすむので、木綿の移植とともにわが国の家族形態も、それまでの複合大家族から単婚小家族へ変わったといわれる。[*28] 木綿の採用によって「麻のすぐな突張つた外線は悉く消えて無くなり、いはゆる撫で肩と柳腰とが……普通のものになつて……人は昔より一段と美しくなつた」（柳田國男『木綿以前の事』）のである。[*29] 木綿のもたらした生活への影響ははかりしれない。

食糧面では、醬油の発明と普及、茶の湯の盛行にともなう茶栽培の発達などがあげられる。醬油の日用化は重要である。なぜならば、世界のほとんどの地域の料理には香辛料が必要だが、これは東南アジアに産するから輸入しなければならない。だが日本は醬油のおかげでその輸入に頼らなくて済むことになったからである。醬油の歴史は古く古代以前の「ひしお」にまで遡れる。もっともこれは今日の醬油のような日本独自の大豆と小麦からできるものとは違っていた。醬油の直接の祖先は溜《たまり》で、これは鎌倉時代に禅僧が、中国からもたらした径山寺味噌の製法過程でたまたま発見したものである。これが改良されて醬油になった。醬油が初めて文献に現れるのは一五二一年に書かれた『易林本節用集』である。[*30] 広く各家庭に愛用されていったのは室町時代以降のことであった。そのほかにもこの時期に入ってきた重要な日用品がある。砂糖やタバコがそうだ。同じ時期に、陶器、生糸、絹織物等も大量に大陸から入ってきた。

それらの物産に関連して重要なのは、それらを輸入するのに必要な交換手段たる金・銀・銅の鉱山の開発が戦国大名の手で進められ、その結果、ヨーロッパに価格革命をもたらした、かの新大陸の金・銀の量に匹敵ないしは凌駕する生産国・輸出国になったことである。[*31] もう一つ重要なのは、これら物産については近世期に国産化に成功しており、それぞれの特産地が日本各地に出来あがっていったことである。[*32]

ここで注目すべきは、それらの物産の多くについて、ヨーロッパ人がこの時期から後にかけて大西洋をまたにかけて取引きした国際商品に類似物が見出せるという事実である。これは何を物語るのであろうか。けだし、わが国は、広くアジアやヨーロッパの諸国と国際的交流を深めるなかで、室町時代から戦国時代にかけて、つまり鎖国に至るまでに、それまで輸入に頼っていた国際商品の国産化に成功したとみられるのである。このことは、ヨーロッパとの対比において眺望すれば、ひときわ精彩を放つ歴史的事実として浮かびあがってくる。何となれば、ヨーロッパ諸国は、気候等の関係で、それら国際商品のほとんどどれ一つとして満足に自国の風土の中でまかなえなかった、言いかえれば、国際交流・貿易を続けることによってしかそれらを入手できなかった、という事実が視界に入ってこようからである。

ヴァスコ・ダ・ガマが喜望峰を経てカリカットに着いたとき、インドの土侯に何をしに来たかと問われ、彼は「クリスチャンとスパイス（香辛料）を探しに来た」と答えたといわれる。[*33] ヨーロッパ人に地理上の発見を促した主な動機は、宗教的動機を別とすれば、金と香辛料の獲得にあった。この香辛料は、当時「香料諸島」と呼ばれた、今日の東南アジアで産した。[*34] ヨーロッパ人はこの「香料諸島」に来て、中国、インド、東アフリカの三大

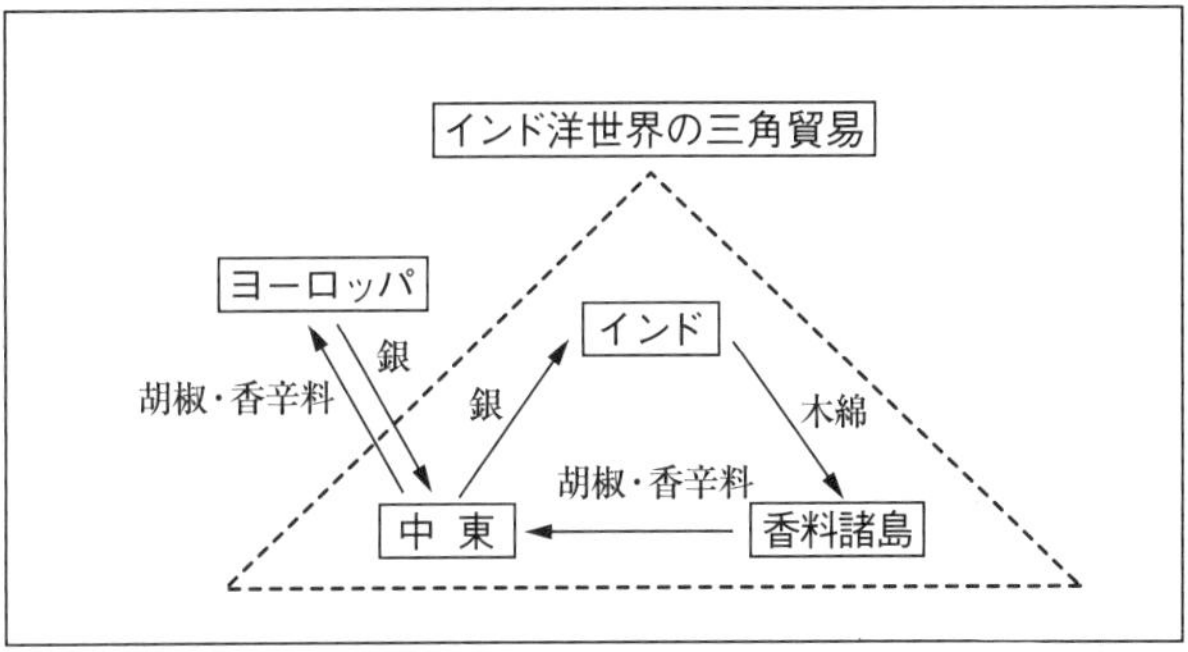

陸を結ぶ活発なアジア貿易の存在を知る。彼らの見出したこの「インド洋世界」においては、胡椒や様々な香辛料のほか、木綿、絹、砂糖、コーヒー、宝石、陶器、アヘン、米、インディゴ（染料）、馬、象牙、塩、木材、奴隷、そのほか「数えあげればきりがない」（A・ルイス）ほど多くの物が交易されていた。[*35] まさにこの時期の東南アジアは世界の交易の一大中心地域であった。なかでも重要なのは上図にみられるような三角貿易の存在である。[*36] アラビア人（のちにはヨーロッパ人）は、香辛料を獲得するためにまずその交換手段たる綿布をインドで手に入れ、それを「香料諸島」に運んだ。その綿布を手に入れるには、金・銀、特に銀を「銀の沈む国」と言われたインドへ運ばねばならなかったのである。ヨーロッパ人はもちろん新大陸へも行ったわけだが、最初の百年間というもの、アメリカは地金（金・銀）を除きヨーロッパが必要とするものを産しなかった。ヨーロッパのほしいものはアジアにしかなかったのであり、一方ヨーロ

ッパ製のものでアジア人のほしいものはなかったのである。その結果、新大陸からヨーロッパへ運ばれた地金の少なくとも四分の一ともいわれる莫大な量が東方物産との交換のために東へ（特にインドへ）流れたのである。地中海沿岸の一部を除いてこれら東方の物産でヨーロッパがその土地で自給できるものはほとんどなかったからである。

そこでヨーロッパ人はどうしたか。彼らはやがてもともとアジア貿易を構成していたものをアメリカ大陸の熱帯地域に移しかえたり（たとえば砂糖、コーヒー、コメ、奴隷等）、あるいは同地で類似物を発見したり（たとえば綿花）して、取引きされた主な物産からみると伝統的アジア貿易のヨーロッパ版とでも名づくべきものを環大西洋地域に形成していったのである。[*37] 換言すれば、ヨーロッパ諸国は、東方物産への依存と金・銀の東方への流出とから自由になる途を新大陸との結びつきを深めるなかで見出したのである。イギリスがその基盤となる大西洋商業世界（'The Commercial Empire of the Atlantic'）の盟主となり、[*38] いわゆる大西洋経済圏（'The Atlantic Economics'）という近代の世界経済の基礎構造が形成される。[*39] ウォーラーステイン流にいえば「近代世界システム」の展開である。

このようなヨーロッパ世界の歴史過程を一方で眺めつつ、日本、中国、朝鮮など「鎖国」に入った東アジア世界を鳥瞰すれば、歴史の大きなうねりに気づかされる。それは、東アジア諸国の場合「海洋アジア」から離脱していく過程は、それまで輸入——朝鮮の場合、日本からの再輸出品が多かった——に頼っていた物産を内側にとりこむことに成功し

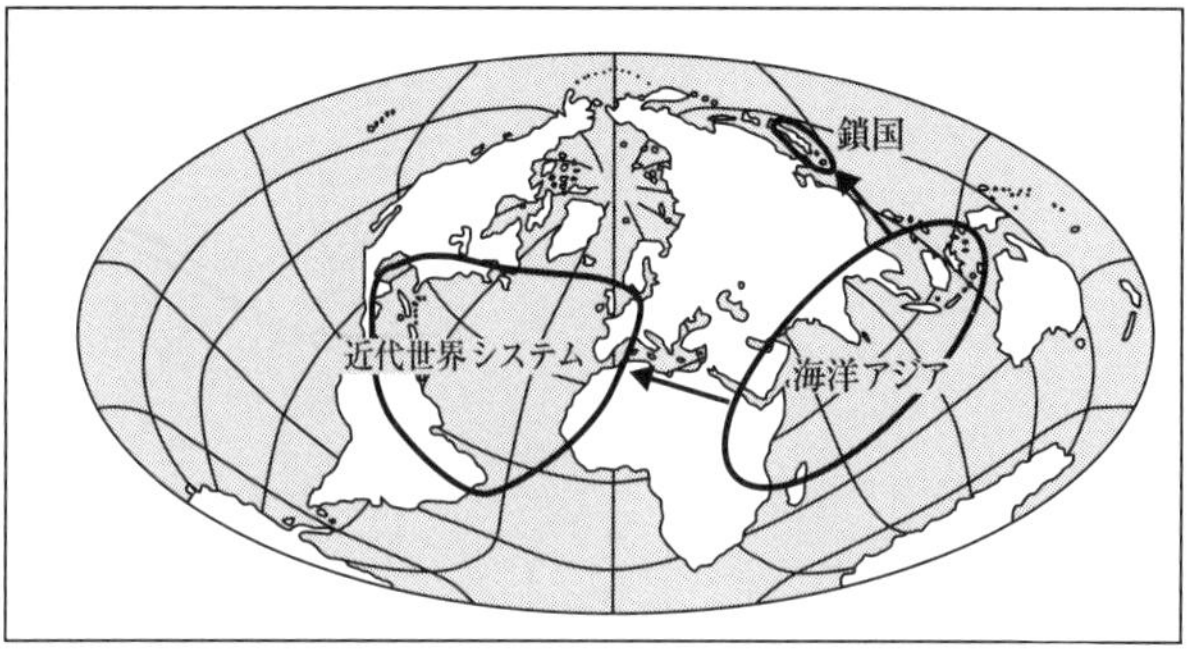

ていく過程であったのに対して、ヨーロッパ諸国の場合は同じ物産の大衆的需要が国内にできあがりつつも、自国内にとりこむことができないために、それらをいわば外側で、つまりヨーロッパ、アフリカ、アメリカの三大陸を結ぶ大西洋圏で再編成していったこと、このきわだった対照的動きである（上図参照）。この、一方は内へ、他方は外へと相反する歴史過程において中心的軌跡を描いた国は、ヨーロッパにあってはイギリス、東アジアにあっては日本であった。なぜイギリスが中心かという理由は同国が加工貿易によって立つ「最初の工業国家」になった事実から自明であろうが、なぜ東アジアのなかでは日本かといえば、貨幣材料（金・銀・銅）を完全に自国内でまかないえたのは独りわが国のみであったことが一つの根拠である。ユーラシア大陸の両端に位置するイギリスと日本とのコントラストをなす動きについて、木綿を例にとっていま少し詳しく述べておこう。綿こそまさにいま述べた歴史過程のなかで大衆衣料となった物産

であり、綿業はなかんずくイギリスにあっては産業革命の主要部門、日本にあっては江戸時代の商品経済の中心的担い手となったからである。

綿花は紀元前数千年よりインドで栽培されていた。長くインドが独占を誇った物産だが、それが東アジア地域へ伝播したのは十四～十六世紀のことである。この間に中国、朝鮮、そしてわが国へと順次移植された。[*40] 移植がかくも遅れたのは、綿花はもともと熱帯植物なので、東アジアの温帯地域で冬に耐えうる品種を開発するのに久しく困難をともなったからである。そして品種改良による移植に成功したとき、品質に変化が生じた。その結果世界でもっとも短い繊維の綿花——学術名を *Gossypium arboreum race sinense* といい、中国、朝鮮、日本、台湾にのみ分布[*41]——が生まれた。東アジアの短繊維綿花は太い糸の紡出に適合的で、これを材料として東アジア地域に伝統的な厚手木綿が織られた。「木綿のふつくりとした、少しは湿っぽい暖かみで身をつつむことが普通」（柳田國男）[*42]となったのである。

一方、インド綿花の西方への伝播は九～十一世紀の「アラブ農業革命」[*43]によって先鞭がつけられ、中世後期には地中海沿岸の一部で栽培されるようになる。[*44] これはファスチアン（麻と木綿の交織）の材料として使われるが、材料不足による価格の高騰と三十年戦争などの外的要因が加わって衰退した。[*45] ヨーロッパ人と綿布との本格的な出会いは、東方から大量にもたらされた廉価で良質のインド綿布の輸入をまたねばならない。厚地の毛織物を衣料としていたヨーロッパ人は、インドからの「風の織りなした織物」と形容される美しい薄手の木綿に魅了された。その用途はテーブルクロス、カーテン、シーツと様々であったが、衣料としては下着に用いられた。[*46] それまで西洋の一般大衆は下着というものを知らなかった。したがって清潔感という徳目もなかった。ちなみに風呂に入る習慣もなかったのだ。肉体を不浄のものとするキリスト教の影響であろう。[*47]

毛織物とちがい洗濯が簡単な木綿は価格も安くすこぶる珍重され、莫大な需要をひきおこした。インド製薄地綿布の輸入攻勢に対する対応は西欧諸国の国家的急務となる。この薄地綿布の代替品の生産には細い糸が必要であった。その細糸の生産は新大陸で自生していた繊維が細くて長い綿花の発見と細糸紡績機「ミュール」の発明（一七七九年）とによって初めて見通しがついた。ちなみに、この長繊維綿花と、旧世界（アジア）産の短繊維の綿花とは種（species）を異にし――両者の交配による繁殖は不稔――、このことは一九二八年にロシアの遺伝生物学者ザイツェフが発見した。[*48] こうして、新大陸の原料、イギリスの技術、そして販売先としての環大西洋地域（ヨーロッパ、アメリカ、アフリカ大陸）とが結びついたのである。有名な大西洋の三角貿易――アメリカへの奴隷の輸送、イギリスへの綿花、アフリカ大陸への製品の輸送――が形成されることになる。[*49] ここに略述した経緯をもって、起源はインドに共有しつつも異なる歴史的環境の中で、十九世紀ともなると西ヨーロッパと東アジアとの間には次のような対照的な品質連関をもつ綿業が確立することになったのである。[*50]

原料綿花　綿糸　綿布
西ヨーロッパ……長繊維綿→細糸→薄地
東アジア　……短繊維綿→太糸→厚地

西ヨーロッパも東アジアもともに、かつてインドの専売特許であった木綿に接してこれを必需品となし、やがては木綿の自給にそれぞれ成功するのではあるが、一方が大西洋経済圏という開放体制のなかで、他方が鎖国という封鎖体制のなかでまかなったというコントラストが観察されるわけである。西ヨーロッパのなかでイギリスがその中心、いわゆる「世界の工場」として綿業王国になったことは周知のことがらであろう。東アジアのなかでは近世日本における綿業の発展は、同時期の中国や朝鮮のそれに立ちまさっていた。[*51] 中国の場合、不変の耕作面積のもとで綿作が他の穀物と競合したことや技術の改善に対する経済外的制約のために伸び悩み、[*52] 朝鮮の場合は綿布が貨幣として用いられ政府の重要な財源であったことから苛斂誅求が激しく、綿作の発達が抑えられてしまった。[*53] それに対しわが国の綿作・綿業は畿内、瀬戸内を中心に目ざましい発展を遂げ、[*54]「江戸時代経済発展の最高段階」を示したのである。[*55] 東西両洋の木綿の経済史という観点からみた場合、西ヨーロッパ世界におけるイギリスの相対的優位と東アジア世界における近世日本の相対的優位とが対応するのである。

木綿の事例に示されるごとく、インドをめぐる地域に共通の起源をもつ諸物産が、東西両方向に伝播していったのである。この事実を踏まえておくならば、例えば次のことがわかる。鎖国の夢から醒めた安政の開港以後、ヨーロッパからの輸入の中心は木綿と砂糖であった。この両物産を日本はすでに有していた。これは偶然とされ、この偶然は「後進国」日本の綿と砂糖の在来産業にとって不運とみなされてきた。一方、ヨーロッパ人の需要――日本の輸出――の中心は生糸と茶であった。この輸出品をもった偶然は、これで外貨が獲得できたので、幸運とみなされている。しかし、ともに偶然ではない。わが国とヨーロッパとが類似の重要物産をもっていた理由は、それら物産の起源を問うてみるならばおのずと理解しうるからである。それらの物産はかつてアジアに存在し、日本とヨーロッパが遅ればせに参加したアジアの世界貿易（K・チャウダリ言うところの'The Trading World of Asia'）に起源をもっていたのである。

かくして、イギリスが中枢となって環大西洋圏に作りあげた商品世界を近代的なマクロ世界経済と呼ぶとすれば、物産のレベルでみるかぎり、近世江戸社会を箱庭的なミクロ世界経済と呼んでさしつかえないかもしれない。近世江戸社会は、なるほど身分制社会であった。だがそれは同時に速水融いうところの「経済社会の形成・確立の時代」でもあった。

前述のように、速水によれば、ヨーロッパが Industrial Revolution（産業革命）を経験していたとき、わが国はIndustrious Revolution（勤勉革命）を経験していた。その違いは二つの生産要素（資本と労働）のどちらに力点をおくのかの違いである。わが国が小さな箱庭に労働を集約したのに対し、ヨーロッパは世界第二のオーシャンをとり巻く広大な大陸に資本を投下した。こうして規模には著しい違いが生じたが、わが国でもヨーロッパでも経済社会、すなわち「その内で、人々が経済行動をとるような社会をいい、経済的価値が、他から独立したものとなり、諸々の経済法則が回転をはじめるような社会」（速水）を形成したことに変わりなかったのである。*56

三　日本の鎖国・開国と近代世界システム

ウォーラーステイン『近代世界システム』は上述の近代ヨーロッパ世界経済が、何が原因でいついかにして成立したかを正面からとりあつかっている。彼によると、ヨーロッパ世界経済は一四五〇〜一六四〇年頃に大西洋を囲む大陸で中核、半辺境、辺境の三重構造をもって成立する（ときあたかも日本では鎖国政策が形を整えた時期である。時期が重なっていることに注意されたい）。ではその原因は何か。ウォーラーステインは十四世紀のヨーロッパ全域に「危機」があったとする。危機の内容は、技術進歩のない封建制のもとでの土地の疲弊、戦争の勃発、そして十四世紀半ばからヨーロッパ全土を間欠的に襲った疫病である。この危機を克服する新しい経済秩序の模索が後のヨーロッパ世界経済に結実するという筋である。

ウォーラーステインは気づいていないが、十四世紀の危機はヨーロッパに限られたことではなかった。中東でもユーラシア大陸の他の地域においても人々は未曽有の危機に直面していた。この危機の原因を、十四世紀から十五世紀にユーラシア大陸を見舞った寒冷な気候に求める学者もいるが、注目をあびているのはマクニールという学者の疫病説である。[*57] ヨーロッパでは人口の三分の一が死亡したといわれる疫病のもたらした影響は大きい。信心浅き者も神に仕える者も無差別に襲った疫病は中世の権威であった宗教に対する懐疑を生み、その原因を求めるなかから近代の科学精神の土台がつくりだされていった。しかし、近代医学の成立には時間がかかり、差し迫った死の恐怖に対処するため、人々は中世の医療に頼らざるをえなかった。

では、そのこととヨーロッパの地理上の拡大とはどう関係するか。それはかいつまんでいえばこうである。中世医療を構成していた重要なる医療のなかに、ほかならぬ胡椒やさまざまな種類の香辛料が含まれていたのである。[*58] これらは病院の管理のもとで薬局(Apothecary)で売られていた。西洋人が危険をもかえりみず、なぜ、あの一定時期に、何かに憑かれでもしたかのように、香辛料を探し回ったのか。その理由のなかには、むろん食料の保存剤、薬味として珍重されるという事情はあったわけだが、身分の上下を問わず無差別に人々を死に導いた疫病のはびこった時期に医療品として用いられたという事実を知れば、納得できるであろう。いくら高くても売れたのが香辛料である。貨幣の代わりに使われたこともある、莫大な利益をもたらした物産であった。高くても買わざるをえなかったのである。砂糖、茶、コーヒー、いずれも最初は薬としてヨーロッパに入ったのである。

ユーラシア大陸のかなり広域な部分を襲ったとみられる疫病はほぼ一三五〇年に始まり、その後少なくとも百五十年間は深刻な危機をもたらす形で続発した。一三五〇年頃という と、わが国ではちょうど倭寇の跳梁が始まる時点に当たっている。倭寇は中国、朝鮮の沿岸を荒らし回り、主として人と米を略奪した。国内の食糧事情に問題があったのではないかと推測される。その国内は南北朝の内乱期であった。まさにわが国でも危機的兆候が顕著であった。わが国の中世はこの時期を境に前期と後期に分けられている。否、日本史全体の転換期とさえみなされる深い断絶を画した時代であった。網野善彦によれば「それは民族の体質、あるいは民俗の根底に関わる大きな構造上の転換期」であり、この動乱期を節目として「呪術性が次第に社会から消えていく……理性が優位を次第に占めてくる」[*59]のである。ヨーロッパにおける宗教への不信、合理精神の擡頭と軌を一にしているのは偶然ではなかろう。

もし事実が上述のごときだとすれば、旧大陸の人類は押しなべて十四世紀半ばに未曽有の生活上の危機に直面し、その解決を求めて海外に進出し、旧大陸に囲まれたインド洋上で海賊もどきの貿易商として邂逅したというようにみることもできよう。そしてここに有史以来初めてともいえる多数の民族による多彩な国際交流が繰りひろげられることになる。その舞台はアジアの海であった。日本人もアジアの海――環シナ海――で勇躍したのである。たとえ、その主たる動機が現世的利益の追求に堕したにせよ、同時にそこには異なる精神が火花をちらす華々しい文化交流が随伴した。ヨーロッパ文化のインパクトがキリスト教の布教活動に代表されるとすれば、日本文化の精華の一つは茶道であった。茶の湯は西洋人に強烈な精神的インパクトを与え、特にイギリス人の生活にくいこんでいったのである（角山栄『茶の世界史』中公新書　一九八〇年）。

再言すれば、そのような経済的、文化的な交流の背景に、中世における人知・人力を超えた疫病のような共通の体験（危機）があったように思う。その解決を求めての未知なる海外への進出、そこでの強烈な国際交流のなかから、そのときまで地理的にも歴史的にも文明世界の周辺、否、辺境でしかなかったユーラシア大陸の両端の地域――イギリスと日本――に、それぞれに合理的で新しい秩序をもった近世（近代）社会が形成されてくる。その一つの方向がヨーロッパの開放的な「近代世界システム」に帰結し、もう一つの方向が封鎖的なわが近世江戸社会に結果するものではなかったか。

歴史家バラクラフは、その著『世界史の転換点』において、ヨーロッパが拡大しようとしたまさにそのときに東亜諸国が国を貝のように閉じる有様を驚きの念をもって語っている。[*60] 活動の規模を新世界にひろげたヨーロッパと、それを箱庭の小天地におさめた日本とでは、合理的な経済社会としての共通性よりも、確かに相違の方が際立つ。その相違に一言して本章を閉じることにしよう。

それは、軍備と経済、広くは戦争と平和の問題に係わる。江戸社会の成立は「鉄砲の放棄」とともにスタートしている。我々はわが国への鉄砲の伝来についてはよく聞かされる。では鉄砲の放棄についてはどうであろうか。

鉄砲放棄のもつ意味合いは鉄砲伝来の意義にまさるともおとらぬくらい大きい。世界の歴史は戦争の歴史ともいわれる。戦争の歴史は、同時に武器の発達の歴史でもあった。武器の発達は、技術の発達と密接な関連をもつ。人類史の長い道程において、技術（道具）は一貫して発達してきたようにみえる。技術、道具の発達は、しかし、同時に人類殺戮の技術、道具の発達をともなった。この過程は後戻りのないもののように見える。

しかし、例外があった。日本である。戦国時代に深められた国際交流のなかからわが国はヨーロッパの科学技術の精華＝鉄砲を導入し、その製法をマスターし、やがて世界最大の鉄砲保有国になる。秀吉の朝鮮の役でも大いに活用された。[*61] それが近世江戸社会の展開とともに顧みられなくなり、刀の世界にいわば逆戻りする。それがいかなる政策的意図のもとになされたかはともかく、結果は人殺しの技術の後退であった。この事実は、今日の核兵器のディレンマ――人類の輝かしい科学技術の進歩の象徴であると同時に、人類の絶滅の象徴でもある――に、一つの示唆を与えてはいまいか。

けだし、鎖国の選択には、ヨーロッパとの対比でみれば、鉄砲の放棄による平和の選択という面があった。「鎖国」のなかでわが国が天下泰平の世を謳歌していたとき、片や「近代世界システム」の中でヨーロッパは戦争にあけくれていたのである。十九世紀中葉、そのヨーロッパが世界の覇者となった秋《とき》に書かれた名著のほまれ高いランケ『世界史概観――近世史の諸時代』（ここでいう世界史とは西洋史以外の何ものでもなく、ランケのヨーロッパ的偏見、アジアを文化破壊者ときめつけるアジア蔑視は随所に顕著である）[*62]を繙く者は、ランケの息もつがせぬ歴史叙述によって、ヨーロッパ「近世史の諸時代」がつぎからつぎへの戦争の歴史であったことをいやがおうでも納得させられるであろう。かくして「近代世界システム」とは経済と戦争とを一つのセットにしたものとも特色づけられよう。

その「近代世界システム」と二百五十年ぶりの再会を画した大事件こそ黒船来航であった。ここに始まる新たな国際交流に対処を迫られたわが国は旧を捨て新を採って維新を断行し、スローガンに「富国強兵」をかかげた。このスローガンには「経済力と軍事力」をワンセットとする「近代世界システム」の本質がたくみに見抜かれているとはいえまいか。富国強兵路線に乗りかえたわが国は、ヨーロッパ起源の近代世界システムの仲間入りをし、日清戦争、日露戦争、第一次大戦と勝ち進み、そしてついに第二次大戦で大敗北を喫した。ここでわが国はもう一度軍備を放棄した。最初の鉄砲の放棄は、ポジティブな国際交流の帰結であり、このたびの軍備の放棄はネガティブな国際交流（戦争）の結果である。前者は近世経済社会の確立へとつながり、後者は高度経済成長をもたらした。これらはともに期せずして平和の選択と軌を一にしていたのである。

誤解のないように断っておきたい。以上の議論は鎖国を賛美するためのものではない。Our Planet＝宇宙船「地球号」の時代に、鎖国に戻れと説くのは時代錯誤である。大著『世界経済の歴史・理論・展望』を著した堀江忠男の力説するごとく「地球的規模での取組みの必要性」こそが現代の課題である。[*63]

だが、地球が与えられた全体であるという事実と、鎖国という封鎖的な世界との間にはアナロジーが成立するであろう。全体が所与であるという点においてである。鎖国は国境という明らかな限定をもつ。地球も限られた存在である。地球の物質資源は無限ではない。有限にして稀少である。世界を限りなく開かれたもの、征服さるべき対象ととらえ、フロンティア開拓（自然破壊）を善となし、優勝劣敗、弱肉強食、ダーウィン流の自然淘汰・適者生存に表現を見出した「近代世界システム」の世界観に対して、世界を地球という限られた全体性のなかでとらえ、生物同士の闘争よりも共存共栄、すなわち今西錦司のいわゆる「棲み分け」原理に表現を見出した自然観——それは諸民族の「住み分け」という世界観へと通じている——には学ぶべきものがある。[*64] 今西進化論ないし今西自然学の根底にある「全体のなかでの調和」という理念は、深まる国際交流のなかで諸外国と運命を共有しつつある日本には欠かせないであろう。

注

*1 『社会経済史学』第四十四巻五号（一九六九年）編集後記参照。

*2 同四十八巻一号（一九八二年）編集後記参照。

*3 Immanuel Wallerstein, *The Modern World-System I, II, III*（Academic Press, 1974, 1980, 1989）。彼の理論の一般的骨格については彼のエッセー集 *The Capitalist World-Economy*（Cambridge Univ. Press, 1979）参照。

*4 *Review*—A Journal of The Fernand Braudel Center for the Study of Economic, Historical Systems and Civilizations. 一九七七年創刊、年四回発行。

*5 ウォーラーステインと同じ考え方のものとして、*Dynamics of World Development*, ed. R. Rubinson（Sage, 1981）; *Processes of the World-System*, eds., K. Hopkins & I. Wallerstein（Sage, 1981）; *The World System of Capitalism: Past and Present*, ed. W. L. Goidgrank（Sage, 1979）;

Social Change in the Capitalist World Economy, ed. H. Kaplan（Sage, 1978）; *Studies of the Modern World-System*, ed. A. Bergesen（Academic Press, 1980）などがある一方、Patric O'Brien, 'European Economic Development: The Contribution of the Periphery', *Economic History Review*, Vol. 35, No. 1（1982）のようなきわめて手厳しい批判も出ている。

＊6　詳しくは、たとえば、正田健一郎・速水融『日本経済史』（世界書院　一九六五年）八五頁以下を参照。

＊7　森嶋通夫の著 *Why Has Japan Succeeded ?*（邦題『なぜ日本は「成功」したか』）では、この儒教倫理のわが国への適用は、古くは聖徳太子の十七条の憲法にまで遡及し、その憲法理念を具体化したものが大化の改新であって、これ以降、儒教倫理は今日に至るまで時代ごとにその影響範囲を拡大しつつ日本の歴史を貫いてきたものとされている。

＊8　たとえばR・N・ベラー（堀・池田訳）『日本近代化と宗教倫理』（未來社　一九六六年）、東畑精一『日本資本主義の形成者』（岩波新書）などもほぼ同じ考え方を示しており、特に経営史の分野で、土屋喬雄『日本経営理念史』（日本経済新聞社　一九六四年）、同『続日本経営理念史』（日本経済新聞社　一九六七年）、J・ヒルシュマイア（土屋・由井訳）『日本における企業者精神の生成』（東洋経済新報社　一九六五年）をはじめ、日本資本主義の独自のエートスを探る試みがなされている。いずれもウェーバー『プロテスタンティズムの倫理と資本主義の精神』（岩波文庫　一九八九年）やシュンペーター『経済発展の理論』（岩波文庫　一九七七年）の図式の適用である。

＊9　小堀桂一郎『鎖国の思想』（中公新書　一九七四年）一〇〇頁。

＊10　F. J. Fisher, 'London's Export Trade in the early Seventeenth Century', *The Growth of English Overseas Trade*, ed. W. E. Minchinton（1969）, p. 72; John Irwin, 'Indian Textile Trade in the Seventeenth Century', *Journal of Indian Textile History*, No. 1（1955）, pp. 6-8.

＊11　Jan de Vries, *Economy of Europe in an Age of Crisis*（1976）, p. 135.

＊12　K. N. Chaudhuri, *The Trading World of Asia and the English East India Company*（1978）巻末所収の C.1 表及び C.4 表を参照されたい。

＊13　R. Lopez, H. Miskimin, A. Udovitch, 'England to Egypt, 1350-1500: Long-term Trends and Long-distance Trade', ed. M. A. Cook, *Studies in the Economic History of the Middle East*（1970）, pp. 109, 114, 128.

＊14　P. J. Thomas, *Mercantilism and the East India Trade*（1926）, p. 30; A. P. Wadsworth and J. de L. Mann, *The Cotton Trade and Industrial Lancashire*（1931）, pp. 116-7.

＊15　西村孝夫『キャラコ論争史の研究』（風間書房　一九六七年）に詳しい。

＊16　小松芳喬『英国産業革命史』（一条書店　再訂新版　一九七一年）第四章「繊維工業」を参照。

＊17　西村孝夫『インド木綿工業史』（未來社　一九六六年）第五章参照。

＊18　『資本論』第一巻（岩波文庫　一九六九年）。

＊19　奥村正二『火縄銃から黒船まで』（岩波新書　一九七〇年）三〇頁。

＊20 Noel Perrin, *Giving Up The Gun* (1980), p. 70. 拙訳『鉄砲を捨てた日本人』（中公文庫　一九九一年　一二三頁）を参照。

＊21 奥村　前掲書　一〇頁。

＊22 高瀬弘一郎『キリシタン時代の研究』（一九七七年）。

＊23 ロナルド・トビ「初期徳川外交政策における鎖国の位置づけ」（社会経済史学会編『新しい江戸時代史像を求めて』東洋経済新報社　一九七七年所収）は、鎖国によってわが国は、中国の冊封体制からの自立を図ったという興味深い指摘をしている。

＊24 オランダとの貿易についての包括的研究は、**K. Glamann, *Dutch-Asiatic Trade, 1620-1740* (1958)**、朝鮮との貿易、特に日本の莫大な銀輸出については田代和生『近世日朝通交貿易史の研究』（創文社　一九八一年）という画期的業績がある。

＊25 網野善彦『日本中世の民衆像』（岩波新書　一九八〇年）一六九～一八〇頁。同「中世史の立場から」（前掲『新しい江戸時代史像を求めて』所収）二五六～二五七頁。

＊26 永原慶二「繊維革命」（小学館版『日本の歴史十四　戦国の動乱』所収）参照。

＊27 小野晃嗣「本邦木綿機業成立の過程」（同『日本産業発達史の研究』所収）参照。

＊28 安良城盛昭『太閤検地と石高制』（ＮＨＫブックス）二三二～二三三頁。

＊29『定本柳田國男集』第十四巻（筑摩書房）九頁。

＊30 科学技術教育協会『しょうゆの科学』第四版一〇～一四頁。

＊31 小葉田淳『日本鉱山史の研究』（法政大学出版局　一九七六年）などを参照。

＊32　日本地方史協議会編『日本産業史体系』全八巻参照。

＊33　J. H. Parry, *The Age of Reconnaissance*, 2nd ed.（1966）, p. 19.

＊34　インドでも産したが、インドの香辛料は品質が劣ったといわれる。Bal Krishna, *Commercial Relations between India and England*（1924）, pp. 29-33, S. A. Khan, *The East India Trade in the Seventeenth Century*（1923）, p. 264.

＊35　Archibald Lewis, 'Maritime Skills in the Indian Ocean 1368-1500', *Journal of Economic and History of the Orient XVI*（1973）, pp. 254-8.

＊36　この三角貿易の存在については、W. H. Moreland, 'Indian Exports of Cotton Goods in the Seventeenth Century', *Indian Journal of Economics*, Vol. V, part 3（1925）, p. 225; John Irwin, 'Indian Textile Trade in the Seventeenth Century, II Coromandel Coast', *Journal of Indian Textile History*, No. 2（1956）, p. 24; 同'Indian Textile Trade in the Seventeenth Century, III Bengal', *Journal of Indian Textile History*, No. 3（1957）, pp. 59-60; John Irwin & Margaret Hall, *Indian Painted and Printed Fabrics*, Chapter IV 'Export Fabrics'（Ahmedabad, 1971）, p. 36 参照。

＊37　もちろんなかには陶磁器のように自国の土を用いて真似るのに苦労をしながら国産化していったものもあった。

＊38　D. A. Farnie, 'The Commercial Empire of the Atlantic, 1607-1783', *Economic History Review*, Vol. 15, No. 2 参照。

＊39　Ralph Davis, *The Rise of the Atlantic Economies*（1973）参照。

＊40　中国への移植については、Kang Chau, *The Development of Cotton Textile Production in China*（1977）, pp. 4-24; 西嶋定生『中国経済史研究』（東京大学出版会　一九六六年）第三部（七二九頁以降）、加藤繁『支那経済史考証』下巻（東京大学出版会　一九五三年）七一一～七一二頁。朝鮮への移植については周藤吉之「高麗末期より朝鮮初期に至る織物業の発達」（『社会経済史学』十二巻三号所収）、日本へのそれについては小野晃嗣、前掲書を参照。中国では明朝、朝鮮では李朝、我が国は江戸時代のそれぞれの始まりが木綿の本格的な生産の展開と軌を一にしており、また、単なる偶然か、それぞれの国における朱子学の採用ともほぼ時を同じくしているのは興味深い。

＊41　R. A. Silow, 'The Genetics of Species Development in Old World Cottons', *Journal of Genetics*, Vol. 46（1944）, pp. 68-9; J. B. Hutchinson, R. A. Silow and S. G. Stephens, *The Evolution of Gossypium*（1947）, p. 49; J. B. Hutchinson, *New Evidence on the Origin of the Old World Cottons*, Heredity, Vol. 8, part 2（1954）, p. 235; Sir Joseph Hutchinson, *The Application of Genetics to Cotton Improvement*（1959）, p. 19.

＊42　柳田國男「明治大正史」『定本柳田國男集』第二十四巻所収、一四五頁。

＊43　A. M. Watson, 'The Arab Agricultural Revolution and Its Diffusion, 700-1100', *Journal of Economic History*, Vol. 34（1974）, p. 9.

＊44　M. F. Mazzaoui, *The Italian Cotton Industry in the Later Middle Ages 1100-1600*（1981）, p. XI の地図参照。

＊45　H. Wescher, 'Cotton and Cotton Trade in the Middle Ages', *Ciba Review*, 64 (1948), pp. 2347-9.

＊46　P. Cunnington and C. Wollett, *The History of Underclothes* (1951), pp. 18, 94, 114.

＊47　同一五、一八、二二、五五、九八頁。角山栄『生活の世界史10　産業革命と民衆』（河出書房新社　一九七五年）も参照。

＊48　G. S. Zaitzev, 'A Contribution of the Classification of the Genus Gossypium L.', *Bulletin of Applied Botany and Breeding*, Vol. 18, part 1, pp. 45-6.

＊49　A. P. Wadsworth & J. de L. Mann, 前掲書一四八〜九頁参照。

＊50　この相異なる品質連関は、十九世紀後半、東アジア諸国が開港させられ、西ヨーロッパの近代綿業と東アジアの在来綿業が競合するとき、後者に有利な形で働いた［拙稿「明治前期における内外綿関係品の品質」（『早稲田政治経済学雑誌』二五〇〜二五一合併号）、拙稿「十九世紀末葉における英国綿業と東アジア市場」（『社会経済史学』第四十七巻　二号）参照］。なおここでいう綿体系とは、国民の服飾に対する嗜好のような文化的要因と、特定の種（species）の綿花が分布している地域といった自然的要因とに規定される〔綿花―綿糸―綿布〕の間の品質連関の謂である。綿花、綿布の栽培・加工過程には、それに応じた農作技術・加工技術があり、これを綿作・綿業の技術体系ということがある。同じ過程を、作る技術の側ではなく、作られる生産物の側からとらえたものが綿体系である。

＊51　Sung Jae Koh, *Stages of Industrial Development in Asia*, 1966.

＊52 M. Elvin, *The Pattern of the Chinese Past*（1973）, pp. 214-5, 267-84.

＊53 沢村東平「李朝後期木綿の徴収地域と生産立地」（『経済史研究』二十八巻二・四号）参照。

＊54 W. B. Hauser, *Economic Institutional Change in Tokugawa Japan—Osaka and the Kinai Cotton Trade*（1974）参照。

＊55 古島敏雄『資本制生産の発達と地主制』（御茶の水書房　一九六三年）一五四頁。

＊56 速水融「経済社会の成立とその特質——江戸時代社会経済史への視点」（『新しい江戸時代史像を求めて』所収）、同『日本における経済社会の展開』（慶應通信　一九七三年）参照。

＊57 W. H. McNeill, *Plagues and People*（1976）の第四章を参照。十四世紀中葉からの中東における黒死病の蔓延についてはM. W. Dols, *The Black Death in the Middle East*（1977）に詳しい。

＊58 Iris Origo, *The Merchant of Prato*（revised edn., 1963）, pp. 293-5; R. T. Gunther, *Early Science in Oxford*, Vol. 1（1923）, pp. 3-5; Hymen Saye, 'Translation of the Fourteenth Century French Manuscript dealing with Treatment of Gout', *Bulletin of the Institute of the History of Medicine*, Vol. 3（1940）, p. 53; W. Bailey, *A Short Discourse of the Three Kinds of Peppers in Common Use, and Certain Special Medicines made of the Same, Tending to the Preservation of Health*（1588）.

＊59 網野善彦「日本中世の民衆像」一七一頁、一七八頁。

＊60 G. Barraclough, *Turning Points in World History*（1977）, p. 24.

＊61　詳しくはN. Perrin前掲書参照。

＊62　ランケ、鈴木成高・相原信作訳『世界史概観――近世史の諸時代』（岩波文庫　一九六一年）三五頁、四一～四二頁、一五六頁、二九一頁参照。

＊63　堀江忠男『世界経済の歴史・理論・展望』（ダイヤモンド社　一九七九年）の第四章「未来社会の展望と地球経済学」、特に三七一～四三四頁を参照。

＊64　『今西錦司全集』全十三巻（講談社）、わけても『生物の世界』（同第一巻所収、および講談社文庫　一九七二年）を参照。

承之章　歴史観について

十五年ほど大学で日本経済史の講義を担当しながら、新しい歴史教科書の必要性を痛感してきた。日本経済史の講義では、日本史はもとより、西洋史・東洋史に説きおよぶ。それにたいし、学生の試験答案に講義内容が予想と異なっていたという感想が書かれることがある。失望したというのではない。歴史が暗記ものではなく、壮大な人類史の物語であり、日本史理解に世界史的視野が不可欠だと知って、驚きを感じたり、経済史が面白いというのである。では、日本経済史の講義に学生は何を予想して臨むのか。日本経済史は高校で習った日本史の延長線で、日本の国境内の経済史的出来事で話が完結するものと予想しているのである。東洋史や西洋史が日本史理解に不可欠だとは頭から予想していない。まさに鎖国的発想である。

その責任は学生にはない。歴史の教師にある。いや、歴史の教科書は学者が執筆しているのであるから、最終的な責任は歴史家にある。現在、全国レベルの歴史関係の学会として、歴史学研究会、土地制度史学会、社会経済史学会などがある。そのなかで七十年近い伝統と千人以上の研究者を擁する社会経済史学会は最も盛況であり、毎年の全国大会では多くの研究報告がなされる。報告会場は判で押したように日本関係、西洋関係、東洋関係の三会場に分けられる。三地域を横断する報告は稀れである。歴史研究もそれぞれに連関のない三つのいわばタコ壺のなかで行われているのである。

日本がどこから来てどこに行くのか。グローバル時代の日本の来歴を説明するのに、日本列島の中で起こった出来事だけで説明し切れるであろうか。日本は世界の諸国と相互依存の関係にある。日本史を世界の歩みから切り離しているのは問題である。世界史理解をとりこんだ日本史の樹立が必要である。

研究が専門化し、個別分析になるのは必然である。だが、教育の現場では、それらを総合した成果を青少年に伝えるものでなければならない。現実はそうはなっていない。歴史学界のタコ壺的状況に対応して、日本史と世界史は、高校では別々の教科書を用いて、別々の教師によって教えられ、受験生はそのどちらかを選択することになる。世界史で受験する学生は日本史を無視することができ、日本史を選択する学生は世界史を知らなくてもよい。相互に連関のないタコ壺的な歴史理解である。現在、高校進学率は九割、日本の大学（含む短大）進学率は五割になんなんとしている。日本の全青少年がこのようなタコ壺的な歴史認識をもって歴史に接しており、歴史家もそれを許容している。これは日本における歴史の研究と教育にかかわる問題である。グローバル時代の日本の行く末を見誤らないためには、日本の来し方をグローバルにとらえることが不可欠である。日本の将来は世界諸国との共生にかかっている。日本の歩みを世界の歩みから切り離して理解しているのは深刻な問題である。なぜ、このようなことになったのか。

日本に近代歴史学の基礎が据えられたのは一八八七（明治二十）年、帝国大学（現在の東京大学）に史学科が設置され、ドイツの歴史家ルートヴィッヒ・リース（Rudwig Riess, 一八六一〜一九二八年）が招聘されて世界史を講じたのが始まりである。そのときリースはまだ二十六歳であった。以来、彼は一九〇二（明治三十五）年まで十五年間世界史を講義した。リースは近代歴史学の父といわれるドイツの歴史家レオポルト・フォン・ランケ（一七九五〜一八八六年）の弟子である。ランケには『世界史概観――近世史の諸時代』という名著がある。そこには有名な「一切の古代史は、いわば一つの湖に注ぐ流れとなってローマ史の中に注ぎ、近世史の全体は、ローマ史の中から再び流れ出る」という名言がある。その名言からも推察されるように、ランケにとって世界史とは西洋史にほかならない。つまり、内容が西洋史でしかない歴史が「世界史」として導入されたのである。その「世界史」には当然ながら日本は含まれていない。そこで二年後に日本を扱う国史学科が設置され、また漢籍を扱う東洋史学科が、一九一〇（明治四十三）年にできた。こうして西洋史、日本史、東洋史という今日のタコ壺的な歴史学の基礎が築かれた。今日われわれはそのツケを払っているのである。

なぜ、タコ壺的な歴史学が一世紀近くも存続したのか。それは西洋史、特にドイツの歴史学に特徴的な発展段階論を受け入れたからであろう。発展段階論の萌芽は福沢諭吉が『文明論之概略』において、フランス人ギゾー『ヨーロッパ文明史』、イギリス人バックル『イギリス文明史』を下敷きに提示した未開→半開→文明の三区分論にあり、また大森貝塚の発見で名高いエドワード・モースが進化論を紹介したことによって、明治期に素地が与えられていた。発展段階論のもっとも完成した理論はマルキシズムの歴史観である。多くの人間の世界史を見る眼を変えたといわれるマルクスの『経済学批判』（武田隆夫・遠藤湘吉他訳　岩波文庫　一九五六年）序言には、社会の発展段階として「アジア的、古代的、封建的、および近代ブルジョア的」という序列を示す区分が書かれている。近代市民社会をもって「人類の前史は終わりを告げ」、人類が平等な社会主義・共産主義に至るという展望が明言されたのである。その続編であるマルクスの『資本論』ドイツ語版序文には「先進国は後進国の未来像を示す」というテーゼがある。多くの学者はこれを信じた。日本の知識人もその例外ではない。

近代の日本社会には、マルクス主義は砂漠に注がれた水のように浸透した。その背景には、幕末維新期の攘夷派はもとより、開国派にも西洋への対抗意識があり、近代西洋文明をトータルに批判したマルクスと共振するところがあったからだと思われる。それはともかく、知識人の多くが陰に陽にマルクス主義と関わったのである。マルクスの分析対象は西ヨーロッパ、なかんずく英国である。英国史を比較の基準にして、日本史・東洋史の歩みが研究されてきた。ヨーロッパでは古代奴隷制社会から中世封建制を経て近代資本主義社会が築かれてきた。この歴史的事実は社会の発展法則と理解され、日本史も同じ脈絡で、封建社会→資本主義社会→社会主義社会へ移行するという脈絡で解釈されてきた。明治維新が封建制の最後の段階である絶対主義への編成替えなのか、それとも近代社会を生み出すブルジョア革命であったのか、という論争は、まさにヨーロッパの歴史を座標軸に据えていたからこそ起こったのである。現代中国でも、歴史の教科書には、封建社会→資本主義社会から反封建・反帝国主義運動を経て社会主義社会を建設して今日に至ったというように書かれている。中国もマルクス主義的歴史観で塗りつぶされているのだ。

しかし、資本主義と社会主義が、経済発展における市場経済か計画経済かの違いにすぎず、発展段階とは縁のないものだという理解が確立し、ソ連・東欧の社会主義的計画経済が破産し、中国も社会主義とは名ばかりの「社会主義市場経済」へと急速に移行し、北朝鮮は深刻な飢えに苦しんでいる。社会主義を理想化することはできなくなり、マルクスの歴史観で教科書を編むことは時代錯誤になった。マルクス主義的な歴史観のアナクロニズムに対する反省は中国の歴史学界にも必ず波及し、遅かれ早かれ、公式主義・教条主義の歴史教科書の書き換えが課題になるにちがいない。日本における教科書問題は、戦後日本の歴史理解に基本的枠組みを提供してきたマルクス主義歴史学の破産に根をもっている。それに代わる新しい歴史観の提示が歴史学の現代的課題である。

西洋舶来の歴史観の代表がマルクスの唯物史観であるとすれば、日本固有の歴史観の代表は京都学派の生態史観であるといえる。本章では、それぞれの歴史観を、それと対をなす自然観（ダーウィンの進化論と今西錦司の棲み分け論）と併せて批判的に検討し、次章で人類がいま経験しつつあるグローバル時代における日本を理解するために、新たに海から世界史を捉えなおす歴史観「海洋史観」を提示してみよう。

一　唯物史観——ダーウィンとマルクス

二十世紀は戦争の世紀であり、革命の世紀であり、社会主義・マルクス主義の世紀であった。社会主義は資本主義の次にある世界史の高次の段階であると信じられ、自由主義圏・資本主義圏に属する西側諸国はマルクスの亡霊におびえた。だが、冷戦に負けたソ連・東欧圏の実態が明るみにでると、そこには深刻な貧困が蔓延しており、旧社会主義圏が自由主義・市場経済・資本主義経済への「逆戻り」を公然とめざすことになって、マルクス主義の歴史観は破産した。マルクスの世紀が幕を閉じたのである。これは二十世紀の総括の一つである。

マルクス主義の古典は『資本論』（第一巻は一八六七年刊）であるが、その内扉に「わが忘れえぬ友、プロレタリアートの大胆忠実にして高貴なる選士ヴィルヘルム・ヴォルフに捧ぐ」という献辞がある。『資本論』の献辞の相手として当初マルクスは『種の起原』の著者であり進化論の創始者であるチャールズ・ダーウィン（一八〇九〜八二年）を考えていた。だが、ダーウィンはそれを謝絶したというエピソードがある。このエピソードの真偽はともかく、マルクスの資本論とダーウィンの進化論との間に親縁性があることは、両者の著作をみれば歴然としている。ダーウィンの進化論を基礎にした弱肉強食の社会進化論（ソシャル・ダーウィニズムともよばれる）は、マルクスの描いた近代資本主義の競争社会にほかならない。十九世紀に生まれたマルクスの思想が、二十世紀の実験を経て、マルクスの社会観が用をなさないことが判明したからには、それと親縁性のあるダーウィンの自然観にも問題が指摘できるはずである。

マルクスとダーウィンは交信したはずである。ところが、かねてより不思議に思っていたが、『マルクス・エンゲルス全集』全四十八巻（大月書店　一九五九〜八一年）に、両者の交信を示す記録がない。そんな折、中村勝己の『イギリス歴史紀行』（リブロポート　一九九一年）に「ロンドンの南十六マイルのダウン村に、進化論のチャールズ・ダーウィンの隠棲した家がある。ダーウィンは進化論のために、教会および社会に容れられず、この寒村に隠棲し、四〇年間研究と思索の日々を過ごした。……蔵書の中にマルサス『人口論』が含まれ、食料と人口との間にも科学的法則があるというマルサス学説を読み、感銘深かったというマルサス宛書簡が展示されている。又マルクスから寄贈された『資本論』第一巻、およびこれについてのダーウィンのマルクス宛書簡と、マルクスが『種の起源』をよみ、感動した旨を伝えた書簡も展示されている」という記述に出会った。

一九九五年夏に渡英の機会があり、当地を訪れた。ダウン村は、ロンドンのヴィクトリア駅から鉄道で二十分ほどのブロムリー南駅で降り、そこからバスで半時間のオルピントンの町に出て、一時間一本のミニバスに乗り換えて十五分くらい郊外に入ったところにある。閑静なカントリー・サイドであり、バス停の傍らにダーウィンが亡くなる一八八二年までの四十年間を思索と研究に過ごした白亜の洋館と庭園（Down House & Garden, Kent）があり、見学を許している。老朽化が進み、援助資金を募集していた。内部の写真撮影は禁止されている。マルクスの手紙は見当たらなかったが、ダーウィンがマルクスに宛てた手紙があった。手書きである。これは余り知られていない資料であろう。書き写した内容は次の通りである。

Oct. 1, 73.

Dear Sir,

I thank you for the honour which you have done me by sending me your great work on Capital, and I heartily wish that I was more worthy to receive it, if understanding more of the deep and important subject of political economy. Though our studies have been so different, I believe that we both earnestly desire the extension of knowledge, and that this in the long run is（一語不明）add to the happiness of mankind.

I remain, Dear Sir, yours faithfully

Charles Darwin

（資本に関する貴台の偉大な労作をご恵贈くださり、有り難く光栄に存じます。小生が本書を拝受するに足る者であればと衷心より願わずにおれません。政治経済学のこの深くかつ重要な主題について、小生がもっと理解できる者であればと念じる次第です。私どもの研究はきわめて異なってはいますけれども、ともに知識の増進を熱心に希求しており、知識の増進は、長い眼でみれば、人類の幸福に寄与するものと信じております。）

差出人のダーウィンの手紙がここにあるのはどうしてであろうか。『マルクス・エンゲルス全集』にないところから推して、出されなかったのか。それとも草稿なのだろうか、そんな疑念がよぎった。そのかたわらにダーウィンに謹呈された一八七二年刊行（第二版か）ドイツ語版『資本論』が置かれていた。両者が交信していたことは明らかであり、マルクスのほうがダーウィンに入れ込んでいた。マルクスはダーウィンの何に惹かれたのであろうか。

I　ダーウィンとマルクス

ダーウィンの『種の起原』（八杉龍一訳　岩波文庫　一九九〇年）は一八五九年に出版された。マルクスとダーウィンの関係について、マルクスの無二の親友であったフリードリヒ・エンゲルスがコメントを残している。

本書［『資本論』］でとくに目につくことは、著者［マルクス］が経済学の命題を、ふつうになされているように永遠に妥当する真理としてではなく、一定の歴史的発展の結果としてとらえていることである。自然科学でさえますます歴史的科学になりつつある――ダーウィンの諸著作を参照せよ。（［　］内は川勝。以下同）

（一八六七年十一月十七日付『デュッセルドルフ新聞』のための『資本論』第一巻書評『マルクス・エンゲルス全集』第十六巻　大月書店）

本書〔『資本論』〕自体について……彼〔マルクス〕はダーウィンが自然史について証明したのと同じ漸次的変革過程を社会の領域で法則として立てようとしているだけである。このような漸次的変化は実際これまでも古代から中世をつうじて今日にいたるまでの社会関係のなかで起こった。

（一八六七年十二月二十七日付『ベオバハター』のための『資本論』第一巻書評　全集第十六巻）

これはマルクス『資本論』第一巻に寄せたエンゲルスの書評である。同じ趣旨のことをエンゲルスはマルクスへの弔辞において、「ダーウィンが生物界の発展法則を発見したように、マルクスは人間の歴史の発展法則を発見しました」（「カール・マルクスの葬儀」『デル・ゾツィアルデモクラート』一八八三年三月二十二日『マルクス・エンゲルス全集』第十九巻）と述べ、また『共産党宣言』の英語版に寄せた序文（一八八八年）でも「この〔マルクスの〕思想は、ダーウィンの学説が自然科学の進歩の基礎となったと同様に、歴史科学の基礎となる使命をもつのである」と述べている。さらにエンゲルスの『反デューリング論』（一八七八年）、およびその抜粋である『空想より科学へ』（一八八〇年、大内兵衛訳　岩波文庫　一九四六年）には次のような記述がある。

彼（ダーウィン）は、今日の一切の有機的自然、すなわち植物も動物もしたがってまた人間も、幾百万年にわたるたえまない進化の過程の産物であることを証明し、それによって自然についての形而上学的見方に強烈な打撃を与えた。……ある工業部門にこのような高度の組織（資本主義的生産方法）が導入されると、その部門では古い経営方法はそれと共存することはできなかった。また、それが手工業に侵入すると、それは古い手工業を亡ぼした。労働の場は戦場と化した。かの大陸発見とそれにつづいた植民は、商品の販路を何倍か拡張し、それらはまた、手工業のマニュファクチャーへの転化を促進した。地方的生産者同士の闘争が勃発しただけではない、地方的闘争はさらに国民的闘争に発展し、十七世紀及び十八世紀の商業戦争となった。最後に、大工業と世界市場の成立は、この闘争を世界的にすると同時にこれを前代未聞のはげしいものとした。個々の資本家のあいだでも、全産業と全国家のあいだでも自然的もしくは人為的生産条件のよしあしが、死活を決定する。敗者は容赦なく一掃される。これはまさにダーウィンの個体の生存競争だ。それが一層の凶暴さをもって、自然から社会へと移されたのである。動物の自然の立場が人類発展の頂点と見られる。

このようにマルクスが生存競争という観点から経済の歴史を説明したものであることは明瞭である。ダーウィンの『種の起原』で使われた「生存競争」による「自然淘汰」が人間社会へ適用されているのである。ダーウィンの自然観とマルクスの社会観に共通性があることは否めない。両者の関係をもう少し詳しく検討しておこう。

マルクス経済学の誕生をつげる『経済学批判』は奇しくも『種の起原』と同年（一八五九年）に出版された。その時点でマルクスはまだダーウィンを知らなかったようである。マルクスにダーウィンの『種の起原』を知らせたのはエンゲルスである。エンゲルスはその年の暮れにマルクスに書簡をおくり、『種の起原』を絶賛した。

――いまちょうどダーウィンを読んでいるが、これはなかなかたいしたものだ。目的論はこれまである一面にたいしてまだうちこわされていなかったが、これがいまなしとげられた。そのために、自然における史的発展を立証するという、これまでにないほど壮大な試みが行なわれたのだが、またそのような試みがこれほど成功している例もまたとない。

（エンゲルスからマルクスへの書簡　一八五九年十二月十一日または十二日　全集第二十九巻）

こうして友人エンゲルスにすすめられたマルクスは『種の起原』を読んだ。それから七年後の一八六七年に『資本論』第一巻を脱稿し、献辞の相手をダーウィンにしようとした。

だが、ヴィルヘルム・ヴォルフに変更した、といういきさつになる。『資本論』は第一版の序文にあるように「一八五九年に公けにした私の著書『経済学批判』の続き」であった。マルクスは『経済学批判』から『資本論』へのほぼ十年近い学究の道のりにおいて、ダーウィンをはっきりと意識していたのである。いったい『種の起原』の何がマルクスを魅了したのであろうか。

『種の起原』は序言と全十四章からなる。第一、二章で飼育栽培および自然界で観察される生物の種の変異がとりあつかわれ、第三章「生存闘争（生存競争）」と第四章「自然選択（自然淘汰）」が有名であり、そこで「世界に生息する無数の種がどのように変化してきたものか」という問題を論じている。自然界を見るのに「生存競争」という概念がここに登場したのである。「生存競争」説は今日まで人々の自然観・社会観に多大の影響を与えてきた。それでは、ダーウィンは種の起源を、どうして「生存競争」「自然淘汰」という概念で説明するにいたったのであろうか。序言にはその事情についてこう記されている。

つぎの章［第三章］では、世界じゅうのすべての生物において高い幾何級数［等比数列的］比で増殖する結果おこる〈生存闘争〉が取扱われる。これはマルサスの原理を全動植物界に適用したものである。どの種でも生存していかれるよりずっと多くの個体がうまれ、したがって頻繁に生存闘争がおこるので、なんらかの点でたとえわずかでも有利な変異をする生物は、複雑でまたときに変化する生活条件のもとで生存の機会によりめぐまれ、こうして、自然に選択される。遺伝の確固たる原理にもとづき、選択された変種はどれもその新しい変化した形態をふやしていくことになる。〈自然選択〉のこの基本的な問題は、第四章でかなりていねいに説明される。

ダーウィンがここで「マルサスの原理」に言及していることに注目したい。それは生存闘争（競争）の概念はマルサスから借用されたものだということを示しているからである。この序言は「私は〈自然選択〉が変化の主要な方途ではあるが唯一のものではないことをも確信している」と結ばれている。この結びから知られるように、自然淘汰（自然選択）説にダーウィンは満足していたわけではなかったのである。このことは銘記しておくべきであろう。

マルクスが『種の起原』を読んだのは、次の書簡から推して、一八六〇年の十一月か十二月の頃であり、読後感をエンゲルスに書きおくっている。

> 僕の試練期間——最近の四週間——に僕はいろいろなものを読んだ。なかでもダーウィンの「自然淘汰」にかんする本。これは、大ざっぱに英語で述べられたものだとはいえ、われわれの見解のための博物学的な基礎を含んでいる本だ。

（マルクスからエンゲルスへの書簡　一八六〇年十二月十九日　全集第三十巻）

文中の「われわれの見解」というのが、「これまでのすべての社会の歴史は階級闘争の歴史である」（マルクス・エンゲルス『共産党宣言』）という見解であることは、つぎの書簡から明らかである。

ダーウィンの著作はすばらしいものだ。これは歴史的な階級闘争の、自然科学的基礎としても僕の気にいっている。もちろん、粗雑な、イギリスふうな説明の仕方はおまけとしてがまんしなければならない。あらゆる欠陥にもかかわらず、ここではじめて、自然科学のなかの「目的論」が致命的な打撃をうけただけでなく、その合理的な意義も経験的に分析されたのだ。

（マルクスからフェルディナント・ラサールへの書簡　一八六一年一月十六日　全集第三十巻）

このように、マルクスは『種の起原』が階級闘争史観に自然科学的基礎を提供するものだと評価した。そして一八六二年に『種の起原』を再読した。このときには次の書簡にあるように『種の起原』の序文に注目している。

ダーウィンをもう一度読んでみたが、彼が、自分は「マルサスの」理論を動植物にも、適用するのだ、と言っているのはおもしろい。あたかも、マルサス氏にあっては、その説が動植物には適用されないで、……人間だけに——幾何級数をもって——適用される、ということが核心だったのではなかったかのように。ダーウィンが、分業や競争や新市場の開拓や「諸発明」やマルサス的「生存競争」を伴う彼のイギリス社会を、動植物界のなかでも再認識しているということは、注目に値する。それは、ホッブスの言う**bellum omnium contra omnes**〔万人にたいする万人の戦い〕だ。そして、それは『現象学』のなかのヘーゲルを思い出させる。そこではブルジョア社会が「精神的な動物界」として現われ、他方、ダーウィンでは動物界がブルジョア社会として現われるのだ。

（マルクスからエンゲルスへの書簡　一八六二年六月十八日　全集第三十巻）

この書簡ではダーウィンの学説をマルサスやホッブズと関連させることによって、マルクスは自分の土俵のなかにひきこんでいる。『資本論』第一巻第二十三章「資本主義的蓄積の一般法則」のなかにマルサスの人口論を批判した文がある。——マルサスは、その偏狭な考えかたにしたがって、過剰人口を労働者の絶対的過度増殖から説明し、その相対的過剰化からは説明しない——と。

マルクスの人口についての考え方は「すべての特殊な歴史的生産様式は、それぞれに特殊な歴史的に妥当する人口法則を有するのである。抽象的な人口法則なるものは、人間によって歴史的に干渉されないかぎりにおいて、動植物にとってのみ存在するのである」というものであり、資本主義的生産様式のもとでの人口法則を、好況期の過剰人口の吸収と不況期の過剰人口の形成とから説明する。

マルサス（Thomas Robert Malthus 一七六六～一八三四年）が『人口の原理』（一七九八年、高野岩三郎・大内兵衛訳　岩波文庫　一九三五年）で述べているのはこうである。

私は、人口の増加力は、人類のために生活資料を生産すべき土地の力より大きいと主張する。人口は、制限せられなければ、幾何級数的に増加する。生活資料は算術級数的にしか増加しない。

これがマルクスの批判する歴史性を欠いた「抽象的な人口法則」である。マルクスは『種の起原』を再読した時点で、ダーウィンが借用したマルサスの「生存競争」説がホッブズの言い換えにすぎないとして、進化のメカニズムとしての「生存競争」説につよい留保を付した。しかし、ダーウィンの進化論そのものをしりぞけてはいない。そのことは右の書簡から二年後に、ダーウィンがわれわれの共通の祖先は猿であることを証明してからというもの、どんなショックもこれ以上「われわれの祖先崇拝」をゆさぶることはむずかしい。

（マルクスからリオン・フィリップスへの書簡　一八六四年六月二十五日　全集第三十巻）

とあることから分かる。マルクスは人間社会の形成を進化の相のもとにみるダーウィンに共感した。だが、進化のメカニズムを「生存競争」で説明できるとするダーウィンに疑問をもった。それでは生物はなぜ進化するのか。この問題意識をマルクスが持続していたことは『種の起原』を再読してから四年後のつぎの書面からうかがわれる。

ある非常に重要な著作を、……僕が必要なノートを作りしだい、君［エンゲルス］に送るが、それは『P・トレモ著　人間およびその他の生物の起源と変形　パリ、一八六五年』だ。これは……ダーウィンを凌ぐ非常に重要な進歩だ。……ダーウィンにあっては純粋に偶然的だった進歩が、この著作では、地球の諸発展期を基礎として必然的であり、ダーウィンでは説明できない退化がこの著作では簡単明瞭だ。種の型の発展の緩慢なのに比べて、たんなる過渡的諸形態の非常に急激な消滅も同様であって、そのために、ダーウィンを混乱させている古生物学の空隙はこの著作では必然的なのだ。同様に、必然的な法則として、ひとたび構成された種の固定性（個体などの変異は別として）は発展する。……なぜなら、他の種との交配が、多産的になるとか可能であるなどということがなくなるやいなや、ひとつの種が実際にはじめて構成される、ということが証明されるからである。歴史上および政治上の応用においてダーウィンよりもはるかに重要で内容が豊富だ。

（マルクスからエンゲルスへの書簡　一八六六年八月七日　全集第三十一巻）

トレモの著作の地質学的基礎についてはエンゲルスによる批判が寄せられたが、マルクスはそれに対して次のようにこたえている。

　トレモについて。「彼は地質学も理解していないし、ごく普通の文献―史料批判の能力もないので、彼の全理論はとるにたりない」という君［エンゲルス］の判断だが、それを君は、ほとんど逐語的に、「種の変異」の学説に反対するキュヴィエの『地球変遷論』のなかでも再発見することができる。そのなかで彼がとりわけ笑いものにしているのは、ドイツの自然空想家たちで、彼らはダーウィンの根本思想を自分たちが証明できた範囲内でそっくり主張した、というのだ。とはいえ、このことは、偉大な地質学者であって自然研究者としては例外的に文献―史料批判家でもあったキュヴィエがまちがっていて、新しい着想を主張した人々が正しい、ということを妨げはしなかった。土壌の影響にかんするトレモの根本思想は（彼はこの影響の自然的歴史的変化を評価していないのにもかかわらず、そしてこの歴史的変化のなかに僕自身は農業などによる地表の化学的変化をも、さらには石灰層のような物質がいろいろな生産様式のもとでもっているいろいろな影響をも算入するのだが）、僕の見解では、科学においてははっきり市民権を獲得するだけのためにも主張される必要のある思想であって、これはトレモの記述とはまったく関係のないものだ。

（マルクスからエンゲルスへの書簡　一八六六年十月三日　全集第三十一巻）

このようにマルクスはトレモの著作に対するエンゲルスの批判をうけいれ、その欠点を認識していたにもかかわらず、その貢献を再確認している。マルクスはダーウィンの「生存競争」説の欠点に気づきつつも、自然界を進化という歴史的位相でみるところにダーウィンの新鮮な知見を認めた。同じようにマルクスは、トレモが「進化」とともに「退化」を認識したことは、退化がなぜ起こるかの説明にトレモが成功しているかどうかは別として、評価したのである。資本主義の崩壊を信じていたマルクスにとって自然界における「退化」の存在を知ったことは重要であった。マルクスはトレモの著作をクーゲルマンにも読むようにすすめている。

トレモの『万有起源論』もおすすめします。叙述にしまりがなく、地質学上の誤謬がいっぱいあり、文献的―歴史的批判に多くの欠点があるにもかかわらず、それは――全体として――ダーウィンより一歩先へ進んでいます。

（マルクスからルートヴィヒ・クーゲルマンへの書簡　一八六六年十月九日　全集第三十一巻）

以上は『資本論』を上梓するまでのマルクスのダーウィン観の一端である。これを要約すると、マルクスは『種の起原』を一読して、それが自分の社会観に「自然科学的基礎」を与えるものであると信じて感激した。しかし、再読して、それが根拠薄弱であることを知ったということである。

ちなみに、マルクスが『資本論』第一巻（一八六七年）でダーウィンに言及しているのは、第十二章の注三十一と第十三章の注八十九の二箇所である。後者から引用しよう。

ダーウィンは、自然的技術の歴史に、すなわち動植物の生活のための生産用具としての動植物の諸器官の形成に、関心を向けた。社会的人間の生産的諸器官の形成史、それぞれの特殊な社会組織の物質的基礎の形成史も、同じ注意に値するのではないか？　そして、このほうがもっと容易に提供されるのではないか？　というのは、ヴィコも言っているように、人間の歴史が自然の歴史から区別されるのは、前者はわれわれがつくったものであるが、後者はそうではないということによるからである。

（全集第二十三巻の一）

このようにマルクスは自然史と人類史を区別した。同じ見方は『資本論』第一巻にたいするエンゲルスの書評にもあった。これは先に引用したとおりであるが、実は『資本論』の書評をエンゲルスが書くのを助けるために、マルクス自身がエンゲルスに「下書き」を送っている。そのなかでマルクス本人がこう表明している。

この著者［マルクス］が、現在の社会は、経済的に見て、ある新しいより高い形態をはらんでいる、ということを指摘するとき、彼は、ダーウィンが自然史的に指摘したのと同じ漸次的な変革過程を、ただ社会的に指摘しているだけである。

（マルクスからエンゲルスへの書簡　一八六七年十二月七日　全集第三十一巻）

マルクスは自然史と人類史とを峻別した。両者を混同した議論にたいしてマルクスの筆法は厳しい。ランゲに向けられた批判はその一例である。

ランゲ氏（『労働者問題……』第二版）は僕にたいへんなお世辞を使っていますが、これは自分が勿体ぶるためです。ランゲ氏は一大発見をしたのですよ。歴史全体は唯一の大きな自然法則に包摂することができるというのです。この自然法則とは「生存競争」という空文句（――ダーウィンの言い方もこのように応用されるとただの空文句になります――）で、またこの空文句の中身というのが、マルサスの人口法則、というよりむしろ過剰人口法則なのです。つまりさまざまな特定の社会形態のなかで歴史的に現われる「生存競争」を分析するのではなくて、やっていることと言えば、ただもうそれぞれの具体的な闘争を「生存競争」という空文句に変え、そしてこの空文句をマルサスの「人口幻想」に変えることだけなのです。確かにこれは得るところの多い方法――気取り屋で、学問風を装い、偉ぶりながら無知で考えるのが嫌いな者には――にちがいありません。

（マルクスからルートヴィヒ・クーゲルマンへの書簡　一八七〇年六月二十七日　全集第三十二巻）

こうしてマルクスは自然法則を人間社会に安易にもちこむことに反発し、自然法則として語られる「生存競争」を内容のない空文句だと批判した。マルクスの関心は種の発展よりもむしろ種の消滅にあったとみられる。というのは、マルクスは遺稿『剰余価値学説史』（カウツキーの編集で一九〇五～一〇年に公刊）の第九章第二節で「ダーウィンによるマルサス人口論の事実上の反駁」と題して、つぎのように指摘しているからである。

ダーウィンは、彼のすぐれた著作において、自分が、動植物界のうちに「幾何比的」級数を発見したことによって、マルサスの理論をくつがえしたことに気づかなかったのである。マルサスの理論は、まさに、彼が、ウォリスのいう幾何級数的増加を動植物の空想的な「算術」級数増加に対応させていることに基づいている。ダーウィンの著書には、たとえば種の消滅に関して、（その根本原理は別として）こまかい点においてもまたマルサスの理論に対する博物学上の反駁が見いだされる。

（全集第二十六巻の二）

つまりダーウィンの観察事実はマルサス的な説明からはみだしているというのだ。『剰余価値学説史』においても、マルクスは自然史家としてのダーウィンに高い評価を与えながらも、自分の社会観との異同をつぎのように述べる。

現実に「蓄造」されるもの、といっても死んでいる量としてではなく生きているものとして蓄造されるものは、労働者の技能であり、労働の発展度である。……これこそは、出発点をなす真の先行条件なのであり、この先行条件はまたあらゆる発展過程の結果なのである。蓄造はここでは同化であり、すでに伝承されたもの、実現されたものの不断の維持であると同時に不断の改造である。このような考え方によって、ダーウィンは、いっさいの有機体、植物および動物における遺伝による「蓄積」をそれらの形成の推進原理となし、したがっていろいろな有機体そのものが「堆積」によって形成されるのであり、それらは生きている主体の「諸発明」次漸に堆積した諸発明でしかない、とするのである。しかし、これが生産にとって唯一の先行条件なのではない。動物や植物にあってはそれは動植物にとって外的な自然であり、したがって無機的な自然でもあれば他の動植物にたいする関係でもある。社会のなかで生産を行なう人間もまた、変形された自然を（またことに彼自身の活動の機関に転化した自然的なものを）、そして生産者たち相互の一定の諸機関を、既存のものとして見いだすのである。この蓄積は、一部分は歴史的な過程の結果であり、一部分は個々の労働者における技能の伝達である。

（全集第二十六巻の三）

ここでもマルクスは、動植物にとっての「外的な自然」と、人間にとっての「変形された自然」を対比している。こうしてみてみると、マルクスがダーウィンから学んだ認識は、

「人間の歴史が自然の歴史と区別されるのは、前者はわれわれがつくったものであるが、後者がそうではないということによる」という先に引用した『資本論』第一巻のなかの一文に尽きることが知られるのである。

種が自然の歴史のなかで変化してきたというのは今日では常識であるが、自然に歴史があるという認識は、目的論的自然観の信じられていた当時にあっては斬新であった。だがダーウィンの自然観の根拠はもろい。そのことに気づいていたのは、実は、ほかならぬダーウィンであり、またマルクスであったということである。ダーウィンは『種の起原』の序言で、

——種はどれもみな個々に創造されたものではなくて、変種と同様に他の種に由来するものだという結論に到達するであろうということは、十分に予想できることである。だがこのような結論は、たとえもっともな理由にもとづいていたにしても、ではこの世界に生息する無数の種がどのように変化してきたものか、そしてわれわれをまったく驚嘆させる構造の完全さと相互適応とがいかにしてえられるにいたったものか明らかにしうるまでは、満足なものとはならないであろう。

（岩波文庫版）

と記している。その解答としてダーウィンの用意した「生存競争」は、生物学ではなく人文・社会科学の領域から借用されたものであった。この事実を踏まえれば、なぜダーウィンの生存競争説が、社会進化論という人間世界の説明原理として一世を風靡したかの理由の一端がわかろうというものである。

以上をまとめておこう。なるほど、マルクスはダーウィンの著作を読んだ当初、自己の社会観の根幹をなす階級闘争と、ダーウィンの自然観の根幹をなす生存競争との間に強い親縁性を見出し、歴史的な階級闘争を自然科学的に基礎づける進化論に雀躍した。しかし、その進化論の基礎はもろい。そのことを自覚していたのは、ほかならぬダーウィンであった。すなわちダーウィンは『種の起原』で「世界に生息する無数の種がどのように変化してきたのか」を問い、その解答として「生存競争」と「自然淘汰」という概念を出した。ダーウィンは同書の序言で生存競争という概念は「マルサスの原理を全動植物界に適用したものである」と明言し、この社会科学から借用した「生存競争」という概念を用いて、有利な変異をする個体は複雑に変化する生活条件のもとで淘汰され、淘汰された変種が新しい形態をふやしていくという「自然淘汰」を論じた。だが、自然淘汰という概念についても同じ序言で「私は〈自然淘汰〉が変化の主要な方途ではあるが唯一のものではないことをも、確信しているのである」と結んだのである。そもそも、社会科学の書であるマルサス『人口の原理』から借りた生存競争論と、それにもとづく自然淘汰説であってみれば、ダーウィンがはなから満足していなかったのは、当然であろう。

マルクスは『種の起原』を再読したときに、その欠陥に気づいた。マルサスの人口論の非歴史性に気づいていたマルクスは、マルサス理論からの借用で自然界を説明することのいい加減さをだれよりも強く認識していた。「中身はマルサスの過剰人口法則なのだ。具体的な闘争を生存競争という空文句に変えているだけだ」とけなしたのである。ダーウィンの種の変異（進化）が時間の流れのなかで歴史的に生じたという認識においてマルクスはダーウィンを評価した。しかし、それをどう説明するかの理論の脆弱性を、両者ともにはっきり自覚していたのである。

ダーウィン進化論の理論的根拠は社会科学者マルサスが人間観察から得た生存競争という概念である。なぜ、人間は生存競争をするのか。「人口は幾何級数的に増大するが、食料は算術級数的にしか増大しない」とマルサスは信じた。これが唯一の根拠である。それは論証されていない、マルサスのいわば直観であった。マルサスの生きた時代、イギリスの人口は一七五〇年から一八五〇年の百年間に一千万人から二千八百万人に急増した。人口増大の根本原因をマルサスは性欲だと断定する。「男女の情欲は不変だ」――これが「人間社会の公準」だと彼は信じた。性欲を制御しないと、幾何級数的に増える人口を算術級数的にしか増えない食料では養えない。そこで足りない食料をめぐって生存競争が生じ、貧困と悪徳が生まれる。この悲惨な状態にならないように、マルサスは道徳によって性欲に歯止めをかけなければならないと主張した。人間社会についてのマルサスの観察、いや主観的な思い込みから発想された生存競争説をダーウィンは自然界の説明に採用したのである。マルクスが唾棄したのも当然である。マルクスの『資本論』がダーウィン邸にあり、ダーウィンのマルクス宛の礼状（草稿？）があることから、『資本論』がダーウィンに送られたことは疑いない。だが、当初の献辞の相手がダーウィンであったかどうかについては疑いが残る。

II 〈ダーウィン・マルクス〉のパラダイムを超えて

ダーウィンが進化について考えるきっかけとなったのは、一八三一年十二月から一八三六年十月まで五年間、軍艦ビーグル号に乗っての世界一周である（『ビーグル号航海記』島地威雄訳　岩波文庫　一九五九〜六一年）。なかでも一八三五年九月から十月にかけての一か月ほど（わずか一か月！）の太平洋に浮かぶ赤道直下のガラパゴス諸島での観察記録は有名である。ビーグル号の立ち寄った陸地での観察が、生きた自然界における唯一といってよいダーウィンのフィールド・ワークである。帰国後、彼は健康を害してダウン村に引きこもり、村内でのいわば「小さな自然」の観察を除けば、書斎で思索と著作に専念した。ダーウィンの生きた自然との接触は必ずしも豊富とは言えない。特に今西錦司と比べるときに、その感が深い。今西錦司の「棲み分け」論はダーウィンへの反論であった。
今西錦司は日本では千五百登山を達成し、世界の山々にでかけ登山家・探検家として名声をほしいままにした。九十年の人生の大半を野山を歩いて過ごし、そこで観察した自然の叙述と分析は迫真性をもつ。その観察方法は独りよがりではない。たとえば、今西理論に立脚した日本の霊長類学は、今西の愛弟子伊谷純一郎氏が人類学のノーベル賞といわれるトーマス・ハクスリー記念賞を、霊長類学者としては世界でただひとり受賞したことに示されているように世界一流である。今西が自然界から引きだした結論はこうである。

生物がある環境に適応するということは、一種の特殊化であり、道具というものを持たない生物にとって、それはしばしば身体の作りかえを待たねばできないことである。その結果、ある環境に適応したということは、もはや他の環境には適応しにくくなった、ということにひとしくなるのである。だから、その生物にとって残された道とは、その環境への適応を完成するため、ひたすらにその特殊化を発達さすことであるだろう。……すべての生物がこのようにして、それぞれ特殊な環境に適応し、その主人公になったならば、そこに成りたつ生物の世界は「棲みわけ」によるすべての生物の平和共存の世界である。異種間あるいは同種内におこる生存競争を前提とした自然淘汰説の、踏みこむ余地のない世界である。

（「丘浅次郎の進化論」『私の進化論』所収　思索社　一九七〇年）

今西はこうしてはっきりと生物の世界から「生存競争」説を排し、「棲み分け」論をもって、それに代えたのである。

生存競争は自由競争を原則とする資本主義社会における現実である。だが、生存競争による種の進化を自然界で観察した人はいない。一方、棲み分けは素人でも庭先で観察できる。生物の世界の説明としては今西理論の方がはるかに説得力がある。

とはいっても、今西理論にも難点がある。人類社会の説明ができていないことである。人類もまた生物である。人類は他の生物と棲み分けているであろうか。

この問いに対して、今西は「人間のことをもっと知りたいと思いますけど、僕はやっぱり、生物の世界が限界で、人間の世界まではあんまり出て行きとうない」と私に直接語っており、歯切れがわるい（拙著『富国有徳論』所収の今西錦司との対談を参照されたい）。世界の人口は、西暦元年には三億、一五〇〇年に二倍の六億になり、二〇〇〇年には六十億を超す見込みである。日本の人口は、江戸初期に千百万〜千二百万前後、明治維新期に三千五百万、太平洋戦争敗戦時に八千万、そして現在は一億二千万余である。日本でも世界でも、過去四百年の間に十倍以上の急増をみた。人口増加は必然的に他の生物の生活世界への侵入をともなった。人類と他の生物との間に「棲み分け」原理をつらぬき通すことは困難である。今西の真骨頂は人間以外の生物の世界の徹底的観察と、そこから導き出された洞察であったというべきであろう。

今西がつぶさに観察した生物の世界における棲み分けは、一朝にしてできあがったものではない。それは生物の歴史三十二億年の結果としての景観である。では、どうして、生物の世界は棲み分け的景観をもつようになったのであろうか。この点についての今西の説明は推論の域にとどまっている。それは『生物の世界』に書かれている。自然界のものはことごとく、元は一つのものから分化してできあがってきたものだというのである。同じ一つのものから分化してきたので、この世のものはどこかしら相似たところがある。一方、同じものから分化してきたので、どこかしら相異なるところがある。今西は自然界の形相を相似と相異という二つのコンセプトで括り、この世には一つとして同じものはないが、それらは「分化」を自然界の原理として「変わるべくして変わってきた」のだと論じたのである。

この今西理論への意外な援軍が現れた。宇宙と地球が専門の物理学者松井孝典の近著『地球倫理へ』（岩波書店　一九九五年）である。松井はビッグバン以来、宇宙・地球・生命・人類という四つの世界が順次誕生して今日にいたるまでの百五十億年あまりの過程を「歴史」という統一的観点から物語っている。この壮大な歴史を貫くキー・コンセプトは「分化」であり、「進化論」は「分化論」に置き換えられている。

人類は、地球の四十六億年の歴史のなかで四百万年前に生まれた。分化とは多様化の別名であろう。宇宙史も、地球史も、生命史も、分化の歩みを通して、多様化を意思しているとみなすことができるようだ。人類は、他の生物とはおろか、人間同士の共存にも事欠くありさまである。これは自然界の本質である多様化とは逆行する。では、人類社会の生成をその一部として包む宇宙史的広がりをもつ「大分化史」から何を学ぶべきであろうか。物理学者でありかつ哲学者であったカントは『実践理性批判』において、天上に輝く星辰と内なる道徳律の相似性に感嘆し、尊崇の念を表明した。天上の星々がいわば「澄み分け」ているとすれば、生物は今西錦司が発見したように「棲み分け」ている。ひるがえって人類は如何？　その単位が国にせよ、民族にせよ、分化ないし多元化を是とし、「住み分け」ができるように知恵を絞るときに来ているのではないか。

ダーウィン・マルクス流のパラダイムに代わる新しい自然観・社会観の樹立が課題である。今西錦司の「棲み分け」による種の共存説は、ダーウィンの「生存競争」による「自然淘汰」説の対極にある。民族について「階級闘争」史観を宣言した『共産党宣言』に「すべての民族は、もし滅亡したくないならば、ブルジョア階級の生産様式を採用せざるをえない。一言でいえば、ブルジョア階級はかれら自身の姿に似せて世界をつくる」という主張がある。世界の諸民族が資本主義経済によって一元化されるであろうという展望にたった民族観である。一方、「棲み分け」の基礎はアイデンティティである。これはアイデンティティを同じくする民族は「住み分け」すなわち共存があるべき姿であるとする将来への展望に通じている。かくして種社会の「棲み分け」から民族の「住み分け」へという筋道が展望されるのである。

今西は晩年に自己の学問を自然学と名づけた。今西自然学には、明示的ではないが、人類史を眺望する独自の構想がはらまれている。実際、今西の影響をうけた学者グループ（今西学派）の成果から一つの世界観をひきだすことは可能である。たとえば廣松渉が『生態史観と唯物史観』（講談社学術文庫　一九九一年）において「人類史をその起源から現在まで統一的に把握しようという志向において……マルクス学派と今西学派とは双璧であることがみとめられよう」と述べているごとくである。今西錦司の自然学に立脚した場合、どのような歴史観への道が開かれているのであろうか。次にそれを探ってみよう。

二　生態史観——戦後京都学派（今西学派）

Ⅰ　京都学派の戦後

戦前にしろ戦後にしろ「京都学派」は西田幾多郎（一八七〇〜一九四五年）の存在を抜きにしては語れない。一方、戦前・戦後の東京学派――そのようなものはないと言われるならば進歩的知識人の牙城ないし「東大アカデミズム」と言いかえれば存在感が出るだろう――はマルクスの影響を抜きには語れないであろう。戦前の京都にあっては、西田哲学に心酔せざる者は京大人にあらずといった風潮が支配したが、一方、東京の学者にあっては、マルクス主義と親縁性のない議論に対しては、社会科学者はもとより人文学者、哲学者に対しても風当たりが強かった。社会科学では山田盛太郎『日本資本主義分析』（一九三四年、岩波文庫　一九七七年）がマルクス主義の金字塔といってよいであろう。戦後の「東大アカデミズム」は社会科学の領域では宇野理論、大塚史学、丸山政治学に代表されるようなマルクス主義と親和性の強い「西洋風」ないし「近代的」な学問が開花した。京都学派の西田哲学には、東大アカデミズムのマルクス主義が対応するであろう。

西田哲学とマルクス主義は、一見、水と油の関係のようであるが、両者には共通するところがある。「近代の超克」への志向である。マルクス主義は資本主義の高い生産力の成果を媒介にして近代ブルジョア社会を克服しようとする運動・イデオロギーであり、一方西田哲学は東洋思想を媒介にして西洋近代を超越しようとした。

西田は一九四五（昭和二十）年六月七日に世を去った。同年八月十五日の敗戦によって、政治犯は釈放されたが、脱獄囚をかくまった廉で刑事犯として逮捕されていたために釈放されなかった人物がいる。西田哲学の最良の継承者であった三木清（一八九七〜一九四五年）である。三木は敗戦の年の九月二十六日に巣鴨の刑務所で獄死した。三木清は、共産党からは右よりだと批判され、検察からは思想が左よりだとにらまれていた。三木哲学は、不幸にも未完に終わったが、西田哲学とマルクス主義との媒介たり得るものであり、三木清の好んで使った言葉でその立場を表せば「中間的存在」であった。その三木を共産党員の高倉テルが、日頃は三木清を論難していたにもかかわらず、敗戦をみこして脱獄して頼ってきた。人の好い三木清は高倉テルに宿と食事に加えて金銭を与えて助けた。高倉テルは三木清を官憲に売り、三木は検挙された。三木清はマルクス主義者と官憲の両者の犠牲になった。戦後の京都学派は、出発時点で、西田哲学の最良の後継者を喪失したのである。

西田の思弁は京都学派の哲学的基礎であるが、その日本語の文章は難解である。とはいえ、重要な概念は、他の言語に翻訳すると、拍子抜けするほど明快になる。たとえば「絶対矛盾の自己同一」という周知の概念がある。「自己同一」とは翻訳語であり、英語ではidentity である。この言葉は今日ではそのままアイデンティティなりアイデンティティ・カード（IDカード）等と、外来語として定着している。西田哲学の核心をアイデンティティ論だといえば、字面の上では難解ではない。ではそこについている「絶対矛盾」というかにも難解そうな形容についてはどうか。それはアイデンティティという言葉の用法と無関係ではないであろう。すなわち英語では、'identify A with B by C' となり、「AをC

によって B と同一視する」という使い方になる。ある人物（A）をパスポート（C）によって早稲田太郎（B）とアイデンティファイするというようにAのアイデンティティを問題にするかぎり、BなりCなりが文法構造の上で要求される。アイデンティティ（自己同一）を問題にするかぎり、A（私）はA（私）だけでは絶対にアイデンティファイ（自己同一すること）ができない。C（他）を必要とするのである。それを西田は「絶対矛盾」という難解な語で飾った。

別の例をあげよう。「私と汝」（『西田幾多郎哲学論集Ｉ』所収　岩波文庫　一九八七年）という西田の晩年の論文がある。その一節に「私は絶対の他なる汝を媒介として私自身を知り、汝は絶対の他なる私を媒介として汝自身を知るのである。私と汝との底には弁証法的直観の意義がなければならない」という文章がある。これと類似の表現は何回も出てくる。引用文中の「弁証法的直観」を西田は「一般者」、「絶対無」、「場所」などと言いかえるが、これを神や仏と言いかえても、西田のいうところと遠くはずれてはいない。でてくるのは私・汝・仏の三者であり、私と汝の存在の根底に仏がいると換言できる。これは宗教者には理解困難な命題ではない。さてここで「私と汝」を「男と女」に置き換えてみよう。この置き換えは、「私」は「男」であり得るし、「汝」は「女」であり得るから、不当ではないであろう。さてどうなるか――。

「男は絶対の他なる女を媒介として男自身を知り、女は絶対の他なる男を媒介として女自身を知るのである。男と女との底には弁証法的直観の意義がなければならない」となる。あるいは同論文のなかの別の文章の「私」を「男」に、「汝」を「女」に変えると、「男は女を認めることによって男であり、女は男を認めることによって女である。男の底に女があり、女の底に男がある。男が男の底を通じて女へ、女は女の底を通じて男へと結合するのである。絶対に他なるが故に内的に結合するのである」、「男は女と同感することによって女を知るよりも、むしろ女と相争うことによって一層よく女を知るということができる」……といったあんばいである。これは物心のついた者には実感できる文章であろう。

西田哲学は、このように造作もなく、エロスの世界に転落もし、アガペにも昇華する。

西田幾多郎は『善の研究』（一九一一年、岩波文庫　一九五〇年）の序に「思索などする奴は緑の野にあつて枯草を食ふ動物の如しとメフィストに嘲らるるかも知らぬが、我は哲理を考へる様に、罰せられて居るといつた哲学者（ヘーゲル）もある様に、一たび禁断の果を食つた人間には、かかる苦悩のあるのも已むを得ぬことであらう」と記しているが、そこには西田の禁欲的性格があらわれている。禁欲の度の深さは大志の高さであり潜在的大欲の大きさではあるまいか。西田哲学のもつ悲愴な深刻性が、一転して明快な楽天主義さらには快楽主義にさえ転化するのは、理由のないことではないであろう。戦前・戦中に西田哲学が青年の心をとらえたのは、死に直面した者に「死の哲学」を説き、それが同時に「生命哲学」でもあった、という『善の研究』以来の西田哲学の性格によっているに違いない。

自己の永遠の死を知るものは、永遠の死を越えたものでなければならない、永遠に生きるものでなければならない。而も単に死を越えたものは、生きたものでもない。生きるものは、死するものでなければならない。それは実に矛盾である。併しそこに我々の自己の存在があるのである。

（「場所的論理と宗教的世界観」『西田幾多郎哲学論集Ⅲ』所収　岩波文庫　一九八九年）

まさに生死一如の哲学である。主観と客観、私と汝、生と死、有と無……などの二項対立を「絶対無」や「場所」の概念を用いて克服する論理構成が至るところでなされている。「生と死」という西田哲学の追究した存在の問題を、「死」の常在という危機意識をもってうけとめれば悲劇的性格が強まるであろう。一方、永劫の「生」という生命賛歌ととれば楽天主義となるであろう。その二面性のうち、戦前において、危機意識を代表したのは三木清であり、楽天主義のほうは戦後に中心的役割を演じた今西錦司である。二人は同世代であるが、戦後の京都学派を特徴づけたのは、まちがいなく、楽天主義である。悲劇的な知は、三木の文字通り悲劇的死によって消えた。これは象徴的である。戦後の京都学派からは、デモーニッシュな情念、生への意志、死・宗教との融和といった性向は消失した。

悲劇性の跡を絶ったことが、戦後の京都学派の悲劇といえよう。サルとの共感に真顔で打ち込む学者を、世間はそこばくの尊敬の念とともに、無心の笑いを誘う観劇気分で、うち眺めていた。戦後の京都学派には乾いた楽天性がある。そこから明るい性格をもった堂々たる現状肯定が出てくる。人文学での代表は梅棹忠夫（一九二〇〜）であろう。梅棹は戦後すぐに「旭日昇天教」をとなえた。これほどの楽観主義を他にさがすのはむつかしい。完全なる現状肯定は虚無（ニヒリズム）に通じているが、それとすれすれの現状容認の姿勢が戦後の京都学派の一大特徴をなす。それは現状否定の姿勢をとってきたマルクス主義の対極をなすものである。

II　近代日本を支配した世界観——唯物史観

日本は「中心——周辺」の文明史的位置関係では、つねに周辺であった。日本人の世界観は、中国文明や近代西洋文明といった、その時々の世界の中心文明に憧れ、受容し、対抗するなかから生まれた。近世以前の中心は中国文明である。上山春平監修『日本文明史』（全七巻　角川書店　一九九〇〜九二年）が、中国文明の導入（七〇〇〜九〇〇年）を日本文明の形成の出発点に置いたうえで、日本文明の創造（九〇〇〜一二〇〇年）・展開（一二〇〇〜一六〇〇年）・成熟（一六〇〇〜一九〇〇年）というように時代区分しているのも、そのような認識にたったものであろう。近世の朱子学の場合、江戸初期に林羅山（一五八三〜一六五七年）が幕府儒官林家の祖となって以後、官学となってすぐれた学者・思想家を輩出した。そのなかから朱子学にとどまらず儒教の原教典の研究が活発になるのは当然である。山鹿素行（一六二二〜八五年）の古学、伊藤仁斎（一六二七〜一七〇五年）の古義学、荻生徂徠（一六六六〜一七二八年）の古文辞学がそれである。それは国学の発達を促したのである。四書五経の研究の深化にかかわらず、否それゆえにこそ、儒教が日本のものというよりは、中国に固有のものたることがますます浮彫りになり、ひるがえって日本に固有の心は何かという問いを生み、その問いかけが、わが国の民族精神の根源にある古道を模索させ、古事記、万葉集を復活させた。契沖（一六四〇〜一七〇一年）、賀茂真淵（一六九七〜一七六九年）、本居宣長（一七三〇〜一八〇一年）らの日本の国学の興隆の前提には古典復帰をめざした古学派があり、日本の古学派の擡頭の前提には朱子学の受容があり、朱子学の前提には儒教があり、儒教の前提には中国文明がある。

近代西洋から日本が受容した世界観には変遷がある。開国後、一八七三年に禁教令が廃止され、キリスト教が許された。だがその普及は同志社、札幌農学校などを拠点として広まったが、戦前期をつうじて信者数は人口の一パーセントにも満たなかった。むしろ、明治の啓蒙時代には「野蛮→半文明→文明」という発展段階論的な世界観、あるいは弱肉強食の社会進化論が風靡した。それは進歩、進化、開化などという意識とともに西欧からはいってきた新しい思想である。発展段階論的な世界観として、日本人のあいだにもっとも深く根をおろしたのはマルクスの唯物史観であろう。

唯物史観とは、社会はアジア的生産様式から古代奴隷制→中世封建制→近代ブルジョア資本主義を経て、社会主義から共産主義へ移行すると説く世界観である。これは「世界史の基本法則」ともいわれ、唯物史観を受容した権威ある歴史家がこの「法則」を信じて日本史の教科書を書き、今日の教科書で「封建社会→近代市民社会」という構成をとらないものはなくなった。教科書を検定する文部省もまたこの唯物史観に染まっている。唯物史観は、観念のレベルにとどまらず、日本人の日常生活にもはいりこんだが、唯物史観の支配する時代は冷戦の終結とともに終わった。近代日本における唯物史観は、古代中世における仏教の歴史観、近世における儒教の世界観に匹敵しよう。唯物史観という山の全貌を捉えるには、下山しなければならない。東京から箱根の山を越えて京都盆地まで下ってくると、東大アカデミズムの偉容がよく見える。東大アカデミズムは唯物史観を含む欧米の文化ストックを吸収する知的装置であり、欧米文明の変電所であり、日本における近代社会建設のモデルを提供してきた。しかし、明治百年の間に、欧米近代文明から主なストックが入り、変電所をもはや必要としなくなり、それと平仄をあわすように、戦後半世紀の間に、西洋起源の唯物史観に質量とも対抗する世界観が出現してきた。今西錦司を中心とするグループの仕事である。

まず、マルクスの唯物史観を一瞥しておこう。唯物史観のもっとも簡潔明瞭なる表現はマルクス『経済学批判』の序言にある。「わたくし［マルクス］にとってあきらかになり、そしてひとたびこれをえてからはわたくしの研究にとって導きの糸として役立った一般的結論」。これがいわゆる唯物史観の公式の書きだしである。マルクスは社会の発展は生産力と生産関係との矛盾によって生みだされるものとみる。生産関係とは人が生活していくために好き嫌いの別なくとりむすばざるをえない関係、たとえば賃金労働者と資本家との関係であり、その関係は経済機構ないし下部構造といわれる。社会はこの下部構造の制約をうけ、政治、法律、宗教、芸術、哲学等いずれもこの下部構造に規定される上部構造とみなされる。労働の生産力が高まって、それを包摂する生産関係がこれをおさめきれなくなると、下部構造が変化する。上部構造もそれにつれて変わる。こうして社会が変容する。この公式の末尾は「経済的社会構成が進歩してゆく段階として、アジア的、古代的、封建的、および近代ブルジョア的生産様式をあげることができる」とむすばれている。

一見すると、アジア的生産様式→古代奴隷制→封建制→近代ブルジョア社会が継起的に出現するかのように読める。事実、そう読まれてきた。だがそれは誤りである。同じ書物の「経済学の方法」という一節で、マルクスはみずからの歴史理論を説明している。鍵となる命題の一つはこうである――「いわゆる歴史的発展は、一般に、最後の形態が過去の諸形態を自分自身にいたる段階だとみなすということにもとづいている」。最後の形態とは近代ブルジョア社会をさしている。「この社会の仕組みの理解は、同時にまた、すでに没落してしまったいっさいの社会形態の仕組みと生産諸関係とを洞察することを可能にする」。つまり、近代ブルジョア社会を基準にして、それ以外の社会が比較される。あたかも「人間の解剖は猿の解剖にたいする一つの鍵である」ように「ブルジョア経済は、古代やそのほかの経済への鍵を提供する」のである。こうしてブルジョア社会以外の社会形態が近代ブルジョア社会にどれだけ遠いか近いかにしたがって段階的に並べられる。ブルジョア社会を正面に押し出す遠近法的な構図である。マルクスの発展段階論は世界の実際の歴史過程にそくして帰納され抽象されたものではない。マルクスが明言しているごとく、その論理構成は「歴史的発展の順序に照応するものと、まさに逆」の操作によっているのである。

その証拠に、マルクスの手になる唯物史観の例証である『資本主義的生産に先行する諸形態』（手嶋正毅訳　国民文庫　一九六三年）には、各生産形態の基本構造（生産手段の所有関係）は詳述されていても、諸形態間の移行の説明はない。しかしマルクスの歴史理論の性格からすればそこには何のふしぎもない。マルクスが同書ならび『資本論』第一巻の「本源的蓄積」でのべた封建制への移行は、西ヨーロッパの歴史である。封建制から資本制への移行については、マルクス自身が「はっきりと西ヨーロッパ諸国に限定されている」（「ヴェラ・ザスーリッチへの手紙」『資本主義的生産に先行する諸形態』所収）と言明した。

封建社会からブルジョア社会への移行は、理論ではなく、西ヨーロッパの史的事実でしかない。ゆえに、マルクス自身に即するならば、唯物史観はどの地域にでもなりたつ「世界史の法則」ではない。すくなくともマルクス自身は単線的な発展段階論は考えていなかった。

それゆえ、西ヨーロッパ以外の世界たとえば日本は「法則」に縛られていない。日本がヨーロッパとちがう空間にあるというのは自明であるが、ヨーロッパの地平からみはるかす東の地はおしなべて東洋であり、マルクス主義者は、東洋を「アジア的生産様式」一色にぬりつぶし、ヨーロッパをきわだたせる遠近法の遠景に沈めたのである。この遠近法からの脱却、それが真の意味での自己認識である。内村鑑三、岡倉天心、新渡戸稲造などの先覚者の仕事にその傾向があったが、それをもっとも体系的におこなったのが戦後の京都学派、より具体的には今西学派である。

Ⅲ　存在と空間——京都学派の認識論

アジアの地平から世界の文明地図を描いた画期的なものは『中央公論』一九五七年二月号に載った梅棹忠夫「文明の生態史観」である。梅棹はこう書いている。

——わたしに比較文明論への眼をひらかせてくれたのは……パキスタンおよびインドの旅だった。……わたしが、西ヨーロッパおよび東ヨーロッパを実地にみていないことが、いまのおおきな弱点だ。

（梅棹忠夫『文明の生態史観』中央公論社　一九六七年）

こうして梅棹がアジア大陸を旅しながら構想した文明モデルの独自性は、ユーラシア大陸の東北から西南方面へ斜めに走る大乾燥地帯の生活様式を文明史の中に位置づけたことである。乾燥地帯に隣接する農耕地域では、遊牧民の破壊にさらされ、そこに専制帝国の建設と破壊が繰り返された。しかし、乾燥地帯から遠く離れた日本と西洋とでは遊牧民のもたらす破壊をまぬかれ、あたかも植物群落が順調に遷移（サクセッション）をとげて極相（クライマックス）にいたるように、順調に展開して近代文明をうみだしたというのである。

この発想の軸になっているのは、歴史の段階よりも地域の類型、抽象的にいえば時間よりも「空間」である。逆に「時間」軸は弱い、というより斥けられている。梅棹は自分の立場を「機能論」と表現し、諸地域における文明を構成する諸要素の全体の連関に関心があるのであって、個々の要素の歴史的由来をあれこれいう「系譜論」には関心がない、とはっきり言っている。実際、梅棹文明論はユーラシア大陸の諸地域の文明のパターンを説明してはいるが、諸帝国の興亡が、なぜ特定の時期にあらわれたのか、という歴史の因果関係を説明するものではない。歴史的由来や系譜には無関心なのだ。「地域」や「空間」への偏り、これは偶然ではない。

梅棹忠夫の恩師今西錦司は『生物の世界』で、その立場を鮮明にした。「棲み分け」論である。棲み分け論はダーウィンの生存競争論への反論であった。前述のように、ダーウィンの自然観とマルクスの社会観との間には親縁性がある。ダーウィンは生物個体の変異を出発点におき、個体のうちの適者が生き残るという自然淘汰の位相のもとに生物をみた。ダーウィン『種の起原』の最大の貢献は、マルクスによれば、生物界に歴史を発見したことである。それに対して、今西錦司は種社会の棲み分けが生物界の実態だと説明する。棲み分けという概念には空間へのかたむきがある。『生物の世界』における最大の眼目は棲み分け論を展開した第四章「社会について」である。これは空間的な社会構造論であり、後に『生物社会の論理』（思索社　一九五八年）に発展させられた。この書によって今西は生物社会学をうち立てたが、その内容は、サクセッション（遷移）とクライマックス（極相）をとりあつかった生態学者クレメンツ（一八七四〜一九四五年）の学説の是非をめぐるものである。クレメンツの単一極相論に対し、今西は多極相理論を展開した。クライマックスは、ただ一つではなくて、いくつあってもよいという見方である。

梅棹は『文明の生態史観』において「わたしの頭のなかに、理論のモデルとして、生態学理論をおいている。……わたしの意図するところは、共同体の生活様式の変化である。それなら、生態学でいうところの遷移（サクセッション）である」と言い、生態学的史観を「生態史観とよぶ」として、進化史観との比較に言及してこう述べている。

ふるい進化史観は、進化を一本道とかんがえ、なんでもかでも、いずれは、おなじところへゆきつくとかんがえた。現状のちがいは、そこへゆきつくまでの発展段階のちがいとみたわけだ。……生態学的な見かたをとれば、当然道はいくつもある。第一地域と第二地域とで、社会がそれぞれべつの生活様式を発展させてきたところで、ふしぎではない。

これはいわば今西の多極相理論の人間社会への応用である。今西錦司と梅棹忠夫の学説の関係はきわめて深いといわねばならない。

今西錦司への西田幾多郎の影響は明白である。『生物の世界』の第一章にその根本思想が書かれている。

――この世界を形成しているすべてのものが、もとは一つのものから分化発展したものである。

というのである。これは西田『善の研究』にある「実在の分化発展」という根本思想と同じである。

――無限なる唯一実在が小より大に、浅より深に、自己を分化発展するのであると考へることができる。比の如き過程が実在発現の方式であつて、宇宙現象は之に由りて成立し進行するのである。

西田の「実在」は「意識現象」であるが、今西の生物の世界は具体的である。『生物の世界』の講談社文庫版に哲学者上山春平が「西田さんと今西さんのちがいは、西田さんが哲学の世界から一歩もふみだそうとしなかったのにたいして、今西さんが哲学の世界から科学の世界への道をつけた点である」と解説しているのは至当であろう。

晩年の西田は場所的論理に思索を集中させた。西田の「絶対無」としての場は、ヘーゲルの絶対精神の顕現する時間の世界と好一対をなす。ヘーゲル晩年の『歴史哲学講義』(一八三七年、長谷川宏訳　岩波文庫　一九九四年)にあるとおり「世界史は一般に時間のなかにおける精神の展開」である。西田の場所の哲学はその対極に位置するといえる。

こうして、近代西洋の生んだ知的三巨人、哲学者ヘーゲル、自然科学者ダーウィン、社会科学者マルクスがそれぞれ絶対精神の自己実現、生物の進化、社会の発展段階というように時間軸によって世界観を立てたのに対し、京都学派の哲学者西田幾多郎の場所、自然科学者今西錦司の棲み分け論、人文学者梅棹忠夫の生態史観は空間軸によって世界観を立てているのである。西洋文明の変電所の役割をもち、「後進日本」に向かって近代化の基礎を説いて大衆を啓蒙してきた東大アカデミズムの「進歩的立場」に対して、京都学派がアンチ・テーゼを出しつづけてきたのは、世界観を構成する枠組みが根本的に相違しているところによるといえるであろう。

東大アカデミズムに対する京都学派の鮮やかな反措定は、京都学派が近代西洋の知の体系に対して閉鎖的であったからとはいえない。むしろ、逆である。ヨーロッパ世界に向かって精神を開くということが同時に、西洋の知的体系では捉えきれない異質の地域や世界への自覚を高めたのである。西田幾多郎→今西錦司→梅棹忠夫の系譜に代表される京都学派の特徴は近代西洋の知的パラダイムを受容しつつ、それと対抗してみずからの境地を切り開いたところにある。とはいえ、近代西洋の知性が世界を歴史の形式、時間の形式において了解したのに対し、京都学派は場所、棲み分け、生態、地域などの概念によって世界を了解しようとする。それが近代西洋の知の体系に対するアンチ・テーゼになっていることに変わりない。図式的にいえば、近代西洋（およびその変電所であった東大アカデミズム）には「存在と時間」という構図があるのに対して、京都学派には「存在と空間」という認識論の構図がある。

ヘーゲルに西田幾多郎を、ダーウィンに今西錦司を対置することに、それほど異論はないであろう。しかし、マルクスに梅棹忠夫を対置することは、どこか無理がある。上山春平はマルクス史観と生態史観とを比較した論文「歴史観の摸索」（『大東亜戦争の意味』所収　中央公論社　一九六四年）において、「生物（動・植物）社会の論理としてのサクセッション理論はけっして無媒介で人類社会の論理として用いることはできないし、もし用いるとすれば、比喩かアナロジーにとどまらなければならない。もちろん、梅棹氏は、そのことをよく心得ていると思うが、彼の理論を完成するためには、生物社会の論理と人間社会の論理を統一する論理の構成が必要であることを、強調しておきたい」と述べている。核心をついた批判であると思う。この指摘を受けて、生物学を柱とする今西理論、それに影響をうけた今西学派が社会科学への道を理論的につけることに成功したのかどうか、それが問題である。

Ⅳ　今西学派の世界

今西理論の射程

今西錦司の学問はカゲロウ研究、生態学、生物社会学、進化論、霊長類学、人類学、さらに山岳学と称される登山や探検と結びついた分野に及ぶ（『今西錦司全集』全十三巻　講談社）。それはゲオコスモスという地球的拡がりをもち、自然における目にふれるもの、形あるものを、ことごとく包摂しようという構えをもつ。当人は「自然学」と名づけた（『自然学の提唱』講談社　一九八四年、『自然学の展開』同　一九八七年）。

今西の「自然」には息づかいがある。今西は若い頃、死んだ生物の標本づくりや形態分類をする生物学の方法に懐疑をいだき、生物はそれが生きているフィールドにおいて、観察し研究しなければならないという啓示をえた。それは今西の学問遍歴におけるコペルニクス的転回である。フィールド・ワークは今西の背骨をなす学問方法であるが、今西の独創ではない。その独創性は、自然のなかで生きている生物が「生物全体社会」という全体構造のなかで、生活形を同じくする個体が種社会をつくっていることを発見し、種社会の関係を「棲み分け」と捉え、それにもとづいて生物社会論ならびに進化論を提示してみせたところにある。

種に属さない個体はないという意味において生物の構成単位は「種」である。世界には約百七十万の種が存在する。もし種同士が弱肉強食の関係にあるならば、生物の歴史三十二億年のうちに弱いものは淘汰され、わずかの数の強い種だけが残ることになったであろう。現実にはその数の多さが示しているように、強い種だけが残っているのではない。生物は同じ一つのものから分かれて、強弱大小、古い種から新しい種にいたるまで多様な種が生物界に共存している。生物の歴史は一つのものへ収斂するのとは逆方向、多様化への運動であり、棲み分けの密度の高度化である。

生物が同じ一つのものから分化してきたものであるとすれば、互いに似ているところがあるだろう。ここから「相似」という概念が抽象される。同時に、万物は一つのものから分化してきたとすれば違いが生じるのも理の当然である。ここから「相異」という概念が抽象される。生物は「物」であり、形をもつ。物の形相は「相似」という形式でも「相異」の形式でも捉えられる。「相似と相異」はありとあらゆる生物の形から抽象される形式である。

すべての生命あるものは形の統一をもっているが、生物は環境と主体との相互関係から作られているのであって、環境的に限定されるとともに、主体的にも限定されているというべきであろう。「種社会」の種内構造（一つの種社会の内部における個体間の関係）や、種間構造（種社会同士の関係）はいくらでも細かく観察できる。だがそのようないわば外側からの研究が深化しても、なぜ棲み分けが存在しているのか、この根本問題に答えたことにならない。棲み分け現象をささえている生物主体の内側の原理は何かという問題が残る。今西理論のアキレス腱ともいえるこの問題にたいして今西は「プロトアイデンティティ（原帰属性）」という概念をもちだした。

プロトアイデンティティとは生物個体すべてがみずからの帰属する種にたいしてもって

いる本能的・直観的あるいは先験的な帰属能力である。そのような先験的能力の存在を証明できれば、なぜ生物が「種」を構成単位としているのか、その原理的な基礎づけを生物主体にそくしてできるが、証明は不可能であろう。プロトアイデンティティとは言ってみれば形而上学の領域にはいる概念であろう。ただ、プロトアイデンティティという形而上学的概念が棲み分け現象と表裏一体をなすものとされたことで、今西自然科学の学問的奥行きが深まった。古典物理学も形而上学にささえられている。人間が物体の落下や光の屈折など物理の運動にかかわる物理現象を理解できるのはどうしてか。この問題に対して、みずから物理学者でありイギリス経験論の影響をうけていた哲学者カントは経験的事実としての物理現象を科学法則として認識できる根拠を論じた。『純粋理性批判』がそれである。カントによれば、人間の認識は経験とともにはじまるが、経験から発するのではない。

経験にさきだって（先験的に）ものを認識する能力（直観）を人間はそなえている。この直観的能力をカントは「先験的感性」と名づけた。先験的感性のはたらきは二つの形式をそなえている。空間と時間である。物の運動は時間と空間という両軸のなかでおこる。それを人間が理解できるのは、人間は生まれつき時間・空間を認識できる能力をもっているからだ、というのである。『純粋理性批判』でカントが試みたのは、自然科学なかんずくニュートンに代表される古典物理学を認識主体の側から基礎づけることであった。物の機能を分析（帰納――演繹）によって概念にまで、つまり科学という学問にまで高めていく働きをカントは「悟性」という。重要なことは、悟性を媒介とする科学的認識が成立するのにさきだって、時間・空間を直観できる人間の先験的能力を前提にしなければ、そもそも物はなに一つ認識できない、とカントが主張しているところである。先験的感性は経験にさきだつものとして、実験（実証、経験）を柱とする科学の世界ではない。カントの先験哲学は、認識される対象のほうではなく、認識主体の世界であり、形而上学の世界を論じたものである。

物理学は物質の運動という現象を、生物学は種社会の棲み分けという現象を解明するのが課題である。物質の運動という物理現象にたいして、人間＝主体にそれを先験的に認識する直観＝「先験的感性」があるとするカントの形而上学と、「種社会の棲み分け」という生物界の現象にたいして、生物個体はすべてそれが属する種社会を先験的に認識する直観＝「プロトアイデンティティ」をそなえているとする今西のそれとは、ともに認識主体の先験的な能力を論じているのである。今西の議論はカントとくらべれば精緻さに欠ける。しかし、その試みは生物理論の哲学的基礎づけである。今西は生物現象の基礎づけとして、個体による種のアイデンティティの直観能力の先験性、したがって生物一般の主体性を提示した。もうすこし敷衍しておけば、物質の運動は「時間と空間」の形式において直観されるのにたいして、種（のアイデンティティ）は「相似と相異」の形式において捉えられる。物理現象を概念・法則にする働きは「悟性」である。今西にあって「棲み分け」にしたがっている種の類縁関係を見抜く働きは「類推」だという。このように整理してみると、今西生物学は物理学に匹敵する構成をそなえている。

	物理学	生物学
現象	物質の運動	種社会の棲み分け
直観の名称	先験的感性	プロトアイデンティティ
直観の形式	時間と空間	相似と相異
概念化の作用	悟性	類推
認識結果	物質の運動法則	生物の類縁関係

棲み分け論からいくつもの命題が生まれる。もっとも重要なのは、同一種の個体には甲乙なし、というものである。この命題から、突然変異ですぐれた個体が種内に生まれても、それによって種自体が進化することはなく、またその個体が事故で死んでも種が退化しないという主張がでてくる。この主張は、種内の個体変異ないし個体間の優劣の差によって淘汰が働き、進化が生じるとしたダーウィンの進化論と対立する。今西によれば、進化は種全体でいっせいに生じる。種社会が変化すれば、そのときまで当該種の社会は他の種社会と棲み分けて平衡的な相互依存の均衡状態にあったのであるから、棲み分けで安定して

いた種社会全体の均衡が破られる。それは種社会のつくりあげている生物全体社会が変わることでもある。種社会という部分社会も生物の全体社会もすべてが「変わるべくして変わる」ことになる。

とはいっても、どうして進化が起こるのか、この問いは生物の歴史三十二億年を対象としなければならないので、その実証はとても困難であり甲論乙駁という性格をまぬかれない。しかし一方で、進化は化石に刻まれたあきらかな事実である。中生代は爬虫類の全盛時代であり恐竜が世界を支配し、新生代には哺乳類がとってかわり、マンモスが世界を跋扈した。人類はそのあとを襲って現在にいたっている。この事実は、たとえ進化のメカニズム自体はわからなくても、進化が現に存在するということと、進化の最先端をになう生物がどの時代にもいることとを物語っている。

棲み分けとして今西が捉えた生物の世界は、動態的・ダイナミックな世界でなく、むしろ静態的であり、現状維持的な自己完結性をもった世界である。そのかぎりでは進化を拒否する観を呈している。そうなると、種の進化という動態と種の棲み分けという静態とはどのように整合するのか、という疑問がでてこよう。

もうすこし具体的にいおう。今西錦司は、棲み分けという観察事実を根拠に、生物は自然淘汰という弱肉強食の「競争原理」でなく、平和な「共存原理」のもとに生きている、と主張する。その主張は、しかし、つねに進化の最前線にいる生物が存在してきたという事実と相容れないように思われる。なんとなれば、進化の最先端にいる生物種、たとえば人類にとって、自然界における空間は無限にひろがっているかのごとくであり、人類がそれを「開発」してきたことは紛れもない事実である。それは種がみずからの生きる空間を自己限定した「棲み分け」という存在のしかたとは明らかに矛盾する。人類は他の種社会と「棲み分け」の関係にはない。今西自身は人類を含むすべての生物が生物全体社会の大原則「棲み分け」に従っているという立場である。「棲み分け」とは生物がそれの生きる環境との相即において捉えられたときの概念であるから、生態学と深く関わっている。人類史を生態史観という観点から捉えようという今西学派の試みもそこに胚胎するが、しかしこの点は理論的に詰められたわけではなかった。ゆえに、梅棹「生態史観」のごとく、今西生物学をよりどころとして無批判に「人類の世界」を「生物の世界」の延長で論じるわけにはいかないのである。

今西学派の人類学

今西錦司の影響をうけた学者の数は多く、分野も多岐にわたる。今西錦司還暦記念論文集『自然』『人間』『サル』(一九六五〜六七年)、あるいは古稀記念論文集『山岳・森林・生態学』『形質・進化・霊長類』『社会・文化・人類学』『探検・地理・民族誌』(一九七六〜七八年　いずれも中央公論社)に寄稿された諸論文は題名通り、諸科学の全域に及ぶ。まことに「今西学派」と称されるにふさわしい陣容を誇っている。そのなかでも特に注目されるべきは霊長類学であろう。

ところで、今西は種を構成する個体をスペシオン、種社会をスペシア、世界に存在する約百七十万の種がつくりあげている全体を「生物全体社会」ないしホロスペシアと名づけた。「生物の世界」はこのように種個体（スペシオン）・種社会（スペシア）・生物全体社会（ホロスペシア）の三段構造をもっている。この生物全体社会を包みこんでいるのが今西自然学のいう「自然」である。それは地球上の自然であり、ゲオコスモスとも呼ばれている。したがって全体として今西自然学は四段構造をもつ。

これら種個体、種社会、生物全体社会、自然の四者のうち、なかんずく種個体と種社会との関係の捉えかたは今西進化論の基本的主張とかかわる。すなわち、ダーウィンが種個体の違いに着目して優秀な個体が生存競争に勝って多数者となり、もって種の進化が生じると説くのに対して、今西進化論では種個体の差は種社会からみれば甲乙のないものであって、進化は種個体レベルではなく種社会レベルで生じ、新たに誕生した種社会は互いに棲み分ける、と論じる。この主張は今西の進化論の全著作をつらぬく。

それでは残りの種社会、生物全体社会、自然の三者の関係はどうか。これらの関係については漠然としている。人類に関する著作は多いが、人類とそれら三者との位置関係もはっきりしない。今西理論によれば、種個体は自らが属する種への帰属意識すなわちプロトアイデンティティ能力をもって種社会をつくっている。では、人間についてはどうか。今西は、人類が種として帰属感をもっているかどうか、という質問に答えて「それはむずかしい質問。いまだ人類というものは人類社会を一つの種社会だって確認しとらへん。将来は種社会を確認するかと言われると、確認する方向に向かっているということまでは言えますね。果たして確認するかどうかわからん」(『VOICE』一九八四年一月号)と答え、あるいは別のところで「われわれはつね日頃はまだ人類の一員であるという、人類に対する帰属意識を十分には持っていない」(『人類の周辺』筑摩書房　一九八一年)と述べている。このように、今西は他の生物にみとめた帰属意識をほかならぬ人類には留保した。この点は今西晩年の最大のアポリア(難問)であったというべきである。そしてこのアポリアをついに解明しえないまま、今西錦司は世を去った。

今西錦司は絶筆となった『自然学の展開』における「あとがき」(一九八七年四月十日口述筆記)においてこう述べる――

「生物全体社会」についてはなんとか書いてやろうと思いながら間に合わなかったが、これは非常に大きな問題である。これがゲオコスモスと結びついてくる。ゲオコスモスとは生物と環境をひとまとめにしたものだ。そこまでゆくと、私がいままで考えてきたスペシアというアイデアが一筋縄ではいかなくなった。スペシア以上のものにゲオコスモスがなる。そこのところを説明しようと思っていたんやが、間に合わなかった。本来なら入っておらないかんのやけど……。だから、自然学の展開は続きがあると思っていてほしい。

――これは「棲み分け」論では生物全体社会・ゲオコスモスまで論じ切れないということを今西錦司が認めたものであり、最後までアポリアを解けなかったという敗北宣言である。

今西によれば、種個体はみずからが帰属する種社会を直観していればこそ棲み分けているのである。人類にその帰属意識が欠けているというのであれば、人類は棲み分けを大黒柱とする今西理論からはみ出てしまうのである。

棲み分け論が静態的な印象を与えるのは、そのことと関係しているのであろう。すなわち人類抜きの生物の社会の自己完結性なのである。棲み分けは種社会の共存にほかならないから、この議論からは、「変わるべくして変わる」といった今西一流の命題以外に、生物社会のダイナミズムの論理は出てきようがない。

しかし、生物全体社会のなかに棲み分けていない人類が存在する以上、種社会と生物全体との関係はつねに不安定であるといわねばならない。積極的にいいかえれば、人類は生物全体社会のなかの攪乱要因であることによって、自然のなかにダイナミズムをもちこんでいる存在である、といえよう。あるいは、より一般的にいえば、進化の最先端にいる生物の存在が生物全体社会のダイナミズムをつくりだす、ということである。

人類が生物の世界の攪乱要因であるとすれば、今西の人類についての一連の仕事『人間以前の社会』（岩波新書　一九五一年）、『人間社会の形成』（ＮＨＫブックス　一九六六年）、『人類の誕生』（河出書房新社　一九六八年）、『私の霊長類学』（講談社　一九七六年）等は、今西自然科学の四段構造のなかではどこに位置するとみればよいのか。

今西グループの霊長類研究は、まず日本ザルの研究が一九四八年に開始され、翌年には霊長類研究グループが発足、五六年にはモンキーセンターが設立されて研究体制を整えた。欧米では合衆国で戦前に先鞭はつけられていたが今回の世界大戦で中断し、新たに研究気運がもりあがったのは一九六〇年以後のことである。したがって霊長類研究に関するかぎり、欧米の学問成果をさして気にかける必要がなかった。また欧米にはサルが棲息していないのに対して、日本にはサルが身近にいるという研究条件にも恵まれた。こうして日本の霊長類学は、近代日本の学問の大勢が、自然科学にしろ、欧米からの輸入学問であるなかで、例外的に異彩を放つ自生的学問に成長したのである。研究方法も自前のものである。

今西グループの霊長類の研究方法は餌付け、長期継続観察、個体識別がその三本柱であるが、そのどれも西洋人には思いつきにくいものである。餌付けは、研究対象への干渉であり、長期観察は、観察者がサル社会の「社会史」をサルになりかわって記録するという息の長さであり、長期観察が進むと観察者には個々のサルが識別され、個性がわかってきてサルと観察者のあいだに「共感」が通い、交感度が高まると男性の観察者にはオスの行動は合点されてもメスのそれはわかりにくいところがでてくるという。今西グループの観察報告に対し、当初は西洋の学者は今西グループがアンスロポモルフィズム（人間の感情移入による擬人主義）に陥っていると批判した。

しかし、いまやその成果は国際的な評価を博し、前にも述べたように霊長類学者伊谷純一郎は一九八四年に人類学のノーベル賞といわれるトーマス・ハクスリー記念賞を受賞した。過去の受賞者には『金枝篇』のフレーザーほか、ラドクリフ＝ブラウン、レヴィ＝ストロースなど錚々たる名が含まれている。霊長類研究者の受賞は世界で初めてである。人類の起源にかかわる今西グループの研究をもはや無視できない。その成果をここで紹介する余裕はない。霊長類研究は人類の起源ないしサルからヒトへの進化過程をかなり明らかにしてきており、その特徴を敢えて一言でいえば、サルとヒトの連続性を発見したことにあるといってよいと思う。社会、文化現象（幸島のサルの芋洗い）、道具の使用（チンパンジー）、インセスト・タブー（近親相姦の回避）などヒト固有のものと信じられてきたことがらがそうではなく、すでにサルにみられるという事実が明らかにされている。

しかし余りに自明のことなのか、問題にさえならないが、日本ザルにしろ、チンパンジーあるいはゴリラであれ、生息地が決まっている。つまり棲み分けている。サルとの連続で構想されているヒトというのも狩猟採集段階にある未開社会であり、この段階のヒトは「棲み分け」原理にしたがって生きている。なぜならば、狩猟採集段階にあってはヒトの生存は食糧として採集できる植物・魚介類や狩猟できる獲物の存在に依拠しており、生活環境が食糧となる生物の存在域に限られている。そのかぎりでは狩猟や採集をする他の動物の生存条件とは異ならない。そうした動物はもちろん「棲み分け」原理にしたがって生きているのである。今西グループが研究しているサルもヒトも「棲み分け」枠を破るものではないであろう。そこから得られる知の体系は、いかにそれが知的刺激をさそうものであれ、本質的に歴史のない世界である。あるのはいつも同じ現実であり、重要性からいえばどの生物社会も同等であり、それぞれが棲み分けの構成要素として、そっくりそのまま甲乙なく種社会として存在し続けるのである。

だが今日地球的規模で進行している生態系の破壊は、棲み分けている生物の世界へ人類がいわば土足で侵入しているようなものである。人類の存在の仕方は棲み分けとは矛盾する。サルとの連続線上にあるヒトの歴史の長さは人類史の九割九分以上を占めるであろうが、残りの一分未満のところで生じた断絶の過程すなわち文明の発生は、今西自然科学に対する原理的な挑戦である。今西「棲み分け」論も今西学派の人類学も生物の進化三十二億年を眺望する広大な射程をもつにもかかわらず、人類の文明段階の入口のところまでしかとどいていないと総括できよう。

今西学派の文明論

今西学派とその周辺では文明論が百花繚乱である。それを系統立てて論評する方法はなさそうである。筆者の関心をひいたものを数点あげるにとどめたい。農耕文明の起源に関しては、飯沼二郎『農業革命論』（未來社　一九六七年）がすでに古典的位置を占めているが、中尾佐助『栽培植物と農耕の起源』（岩波新書　一九六六年）が先鞭をつけた照葉樹林文化論（上山春平編『照葉樹林文化』中公新書　一九六九年の他、多数の文献がある）が、日本文化の源流への眼を開かせた功績はきわめて大きい。「肥沃の三日月地帯」に「東亜半月弧」が対置されたのであるが、文明論としての難点は、「肥沃の三日月地帯」が大農耕文明それ自体であるのに対し、「東亜半月弧」が大農耕文明であるというより栽培植物化の始まった地域であり、この地域を起源として揚子江とガンジス河の流域に大農耕文明が発達したというのであるから、農耕文明の成熟度において比較のレベルが違いすぎることである。また、今西錦司が「混合樹林考」（『季刊人類学』第十六巻三号）において、照葉樹林が人間生活の否定に働く植生だと厳しく批判したことも指摘しておかねばならない。川喜田二郎の『素朴と文明』（講談社学術文庫　一九八九年）は孤高のアジア文明論の観があるが、梅棹文明論にならぶ大きなスケールをもつ。アジアの個別地域の文明論的試みとして、東南アジアをフィールドとした京大グループを主体とする矢野暢編『講座　東アジア学』全十巻（弘文堂　一九九〇～九二年）を逸するわけにはいかないであろう。

牧畜文明論の白眉は梅棹忠夫『狩猟と遊牧の世界』（講談社学術文庫　一九七六年）ならびに『梅棹忠夫著作集』第二巻（中央公論社）におさめられた『モンゴル研究』であるが、これらは今西錦司『遊牧論そのほか』（『今西錦司全集』第二巻所収）とともに、狩猟起源の牧畜文明論を展開している。人間は狩猟の対象としていた動物の「群れ」そのものをそのまま家畜化したというのである。今西・梅棹にとって、栽培植物の起源と家畜の起源とは、どちらが先行の原因というのではなく、いわば並行進化とみなされている。『狩猟と遊牧の世界』は「自然社会の進化」という副題をもっているが、自然社会については伊谷純一郎や河合雅雄らが先駆的仕事をし、植物の栽培化によって成立する農業文明については中尾佐助、動物の家畜化によって成立する牧畜文明については梅棹忠夫が、それぞれ先鞭をつけたという関係である。農耕社会と牧畜社会は自然社会が分化してできたという文明の発生史的理解は、今西学派に共有されている学説である。全体の話の筋は今西錦司『世界の歴史1　人類の誕生』（河出書房新社　一九六八年）がつけている。

産業文明論は、マルクス史観でいう「封建制から資本制への移行論」にあたるが、一九六〇年代における東大「大塚史学」に対する京大「世界資本主義論」（河野健二・飯沼二郎編『世界資本主義の形成』岩波書店　一九六七年、『世界資本主義の歴史構造』同　一九七〇年）の京大側の論客であった角山栄が『産業革命論』（『人間』所収）において、産業革命をエネルギー革命として捉え、旧来の階級史観に一石を投じたのはいまなお新鮮である。京大人文科学研究所の桑原武夫を中心としたグループの近代フランス研究の成果も戦後の京都学派を彩るものである。日本文明については上山春平『受容と創造の軌跡』（『日本文明史』第一巻）がもっともよくこれまでの成果をまとめている。上山の一連の仕事は戦後の人文科学研究所を中心とした京都学派の最良の道案内である。その他、梅原猛のアイヌ学、横山俊夫の「礼譲の体系」としての日本文明論が異彩を放っている。

今西学派は、自然社会から農耕文明・牧畜社会までの道筋をつけたといえるだろう。しかし、近代文明については百家争鳴の観がある。そこに立論上の体系性の欠如を感じるのは、動物生態学から比較文明論へと関心を移し、文明論という分野において戦後京都学派のシンボル的存在となった梅棹忠夫の知のありかたと関係しているように思われる。学術的発見を平易な日常言語で発表する手際は今西が意識的に指導したものであろうが、戦後京都学派のよくするところであり、ひらがなを多用し、誰にでもわかる文章を半世紀にわたって書きつづけてきた梅棹の文章スタイルはそのよき典型である。近代の知の体系は欧米起源であり、学術論文の多くは翻訳臭がつきまとい、難解であった。学術用語と日常言語との壁を取り払った功績はいくら強調しても足りない。

一方、梅棹あるいは川喜田によって知は技術にされた。「知的生産の技術」や「KJ法」は知の普及に一役かったであろう。知識を獲得するノウハウをもって膨大な知識が集積され、それらは見事に整理されて、その一部は博物館に陳列されて大衆を迎えいれた。

国立民族学博物館には世界の諸文明なり諸文化が優劣なく横ならびに展示されている。「ならべる」という思想を具体化したものであろう。民族の大小にかかわりなく、地上のすべての文化が同列にならべられているのである。今西が意図したゲオコスモス的広がりを眼前に見せることに成功しており、文化や文明の一元史観（「つらぬく」思想）にたいする強烈なアンチ・テーゼになっている。そのような長所は認めるとしても、一方で相対主義に陥っているとの批判もまたまぬかれないであろう。動物にせよ植物にせよ、自然界の生物社会への作為によって、文明は成立した。作為がこうじて、今日では自然社会の破壊がすすみ、ひるがえって人類社会もまた、それがよってたつ自然をこわすことによって危機にたたされている。危機にたいして相対主義では解決への糸口はつかめないであろう。それは知識の本来の役割にもとるであろう。知識はなるほどひろい意味では技術であるが、あらゆる技術は役割をもつ。役割は使命的なものであり、使命は役割にそくして社会的・歴史的に規定されている。ならべられた地上の文化・文明についての知識を傍観するのではなく、みずからの立脚点を、歴史・社会・地域に規定された立体的な人類文明史の流れのただなかにおく作業がもとめられる。予見をふくんだ歴史意識の復権がもとめられるのである。社会も歴史も、たんに与えられたものではなく、人間はそのなかにあって、その形成要因として、日々つくっている存在である。歴史・社会・地域を形成する主体性をとりこんだ方法論の欠如が、今西学派における近代文明へのとりくみにたいする足並みの乱れの原因であろう。主体性への自覚的回帰が課題である。

V　結語

西田幾多郎におけるコペルニクス的転回

カントは『純粋理性批判』において、認識は対象によって規定されるというそれまでの模写説に対し、対象が認識によって規定されるのだとした。視座を逆転させたのであるが、そのことをカントは第二版序文において「コペルニクスの主要な思想とまったく同じ」ことをしたのだと自負している。ともあれ、カントによって認識は主観と客観に二分され、観念論が確立した。

二分法と主観主義を克服する道は二つあった。まず、二分法に対してはヘーゲルが弁証法の論理を樹立した。マルクスはヘーゲル弁証法を継承しつつも、その観念論の逆立ちをただし、現実世界へ媒介する唯物弁証法の論理を構築した。

克服の道はもう一つあった。すなわち、カントの二分法に対し、主客未分の「純粋経験」論によって「主客合一」を試みた西田幾多郎『善の研究』である。ただし、それは観照的であり、観念的である。それを克服し、現実世界を基礎づける論理をその後の西田は

「悪戦苦闘」の末に提示した。『働くものから見るものへ』（一九二七年）において提起された「場所の論理」と、『哲学論文集』において強調された「制作（ポイエシス）の論理」である。

「場所の論理」において、西田はアリストテレス以来の哲学の前提であった主語の論理を述語の論理へ転換した。自己の属性とは、集まり（「有」）であり、主語的統一と考えられていた。だが、西田はそれを逆転させ、自己とはそこで何かがおこる場（「無」）であり述語的統一であると考えた。「有」から「無」への転換、主語的論理から述語的論理への視座の転換は、西田におけるコペルニクス的転回である。主語的論理では「有」の度合いが問題であり、述語的論理では「無」の度合いが問題である。「無」は「有」の欠如ではなく、無底にして豊かな世界とされたのである。

自己は「無」の底をつき破った「絶対無」であり、時間も空間も生まれず、あるのは主客未分の「純粋経験」である。時間・空間は「有」とともに生成する。「有」なる物は、生き物であろうと、無生物であろうと、人工物であろうと、一定の「場所」を占める。空間が場所を決するのではなく、「場所」の成立が空間を形成し、空間の構造を規定するのである。空間はその意味で「有」の属性である。物は持続しなければ物たりえないであろう。物理学でいう慣性がそれにあたるが、生物の場合は形のアイデンティティを持ちつづけることである。物の持続から時間が発生する。時間もその意味で「有」の属性である。

物が場所と持続とを存在の条件とすることによって、空間と時間が発生するのである。「有」なる物は空間と時間の統一体であり、それぞれの物が各位の場所を持続することによって多様な空間・時間を形成するのである。

場所には「無の場所」「相対無の場所」「有の場所」がある。この三つの「場所」のうち「無の場所」の論理こそ西田幾多郎の生涯の哲学の核心であったことはいうまでもない。眼に見える生物の世界は「有の場所」であり、これを対象にしたのが今西錦司であり、パスカル『パンセ』に啓示をえて人間を中間的存在ととらえた三木清は「相対無の場所」を占めている。これらの二つの場所は歴史的実在へと道を開いている。

今西錦司におけるコペルニクス的転回

今西錦司は「有の場所」の論理を展開した。生命の時空における統一体である生物が占める「有の場所」とはどういうものか。

山の中を歩きながら、私はふと一匹のバッタが、フキの葉を食っているのに眼をとめた。いままでの私の習性にしたがえば、ここで私はそのバッタを捕えて、ポケットから取りだした毒びんにほうりこむか、それだけの価値がないとみた場合には、そのまま見過ごしてしまうか、そのいずれかしかなかった。そして、前者の場合には、家へかえってから、その死んだバッタをピンに刺し、標本箱に並べたうえで研究する。それが私の考えていた分類学であるとすれば、分類学とは、その材料集めのためにいかに野外をかけめぐろうと、けっきょくは室内で、死物を対象とした学問である、ということになるであろう。

私のいま見ているバッタは、そのような死物とちがい、生きて、葉っぱを食っているバッタであり、自然の中でこのようにして生きているバッタこそが、ほんとうのバッタなのだ。ここに一つの転機があった。死物を対象とした分類学の意義、あるいはその価値を無視しようというのではないけれど、私はこれから、死んだ生物ではなくて、生きた生物を研究しなければならない。

（「わが道」『今西錦司全集』第九巻所収）

これは今西が分類学から生態学へ踏み出した時のエピソードであるが、重要なのは、生物の世界は「存在する場所」において観察してはじめて理解可能だという方法への自覚である。それは今西の生物理解におけるコペルニクス的転回ということができよう。棲み分けは「生物（有）の場所」の存在形式である。今西は棲み分けという「場所」を発見し、場所（フィールド）をあるがままに観察するという野外観察（フィールド・ワーク）の方法論を確立した。生物は生命のある自己完結体であり「有なる場所」を占める。そのような場所（フィールド）は観察可能である。今西学派の方法論はフィールド・ワークを本質とするのである。

しかし、西田哲学にしたがうならば、「有の場所」は「無の場所」に媒介されない限り、主体による根拠づけはできない。意識の底を破った「絶対無」の世界は主体性それ自体である。それは西田によれば「叡知的自己」であり、「自由意志」であり、「行為的自己」であり、「行為としての直観」である（「論理と生命」『西田幾多郎哲学論集II』所収　岩波文庫　一九八八年）。この「行為的直観」こそ、まさに今西が「動物の本能」という呼び方を断固拒否し、「動物による生活の創造」「自由」という言葉を用いて言わんとした主体性にまちがいない（「人間以前の社会」の巻末における今西・伊谷の論争を見よ。『今西錦司全集』第五巻）。

今西が「棲み分け」や「進化」を「主体」の観点から説明せんとした意欲はすさまじい。そもそも「個体識別」という今西が信念をもって貫いた独自の観察法が、生物個体は一つ一つ異なるパーソナリティをもっているという生物の主体性を前提にしている。また、今西は進化論に関する多くの著作をものし、「進化とは種社会の棲み分けの密度化である」という命題を立てたが、進化論のしめくくりとなった『主体性の進化論』（中公新書　一九八〇年）において、進化とは「主体のあらわした自己運動の軌跡である」と言い換えている。カゲロウの種社会とその棲み分けの発見後の今西の後半生における理論的課題は「主体」論の確立であったように思われる。八十三歳になっても今西は「『生物の世界』以来、私は生物に主体性を認めさそうとして、さんざん苦労してきた」(「『生物の世界』への回帰」『自然学の展開』所収)と書いており、彼は九十年の生涯の最後まで自己の発見した「有の場所」を主体的に根拠づける「無の場所」に通じる道をさがし求めつづけたといえるであろう。

「プロトアイデンティティ」の概念は、一九八〇年代に出され、今西の学問的営為の掉尾を飾るが、これが今西にとっていかに重要な意味をもっていたかについては、「プロトアイデンティティを一枚入れないことには、私の生物社会学も私の進化論も、仏つくって魂入らずということになるのではないか、とさえ考えるところがあった」(「プロトアイデンティティ論」『自然学の展開』所収)という述懐からも明瞭である。プロトアイデンティティは今西の魂が追い求めた青い鳥であった。それは生物社会の自己完結性のもとにあるすべての生物個体の主体的能力である。プロトアイデンティティという概念に今西は「有の場所」から「無の場所」へ開示する道を見いだしたと信じたのである。

今西学派は「有の場所」を観察するのに長けている。彼らの野外観察(フィールド・ワーク)は国際的にも評価が高い。「野外観察者」であるということは、しかし一方で、観察者であるという事実が示しているように、終始傍観者にとどまってきたということである。サルや他の生物に対する野外観察がいかに徹底したものであるかの一例は、伊谷純一郎の『高崎山のサル』（思索社　一九五四年）から『サル・ヒト・アフリカ』（日本経済新聞社　一九九一年）にいたる記録と分析に明瞭である。しかし、観察者が動物の世界形成への参加者でないことはいうまでもない。事情は人類を相手にする民族学においても変わらない。日本人をふくむ世界諸民族についての膨大な記録である『梅棹忠夫著作集』（中央公論社　一九八九〜九四年）は、現代人類学誌とも呼べるものであろう。全巻を通じて言えることは、梅棹の学問方法が徹底した「現地における観察」であった、ということである。これらの感嘆すべきすぐれた現地観察の基礎にある今西理論からは、しかし、世界形成に参加する必然性は出てこない。主体を世界形成へ媒介する理論を欠いているのである。今西自身は、プロトアイデンティティ論への深い思いこみに見られるように、主体論の欠落の深刻さに気づいていたが、それは彼の影響を受けた今西学派のよく理解するところとはならなかったようだ。今西は一九六六年に伊谷純一郎に対して、「伊谷君とわたしとは、ずいぶん長いつきあいにもかかわらず、いまだにかれがわたしの真意を理解しかねているようであるのは、残念というほかありません」（『人間社会の形成』）と言っているが、それから四半世紀を経た一九九〇年、伊谷は今西最終の著作『自然学の展開』の講談社学術文庫版への解題において、今西のプロトアイデンティティ論に言及し、「あせりと矛盾の結末」と評価した。今西と今西学派との間にある溝は単に観察事実に対する説明においてどちらが整合的かというレベルの問題ではないであろう。それよりももっと重要な認識論上の問題をはらんでいるように思われる。

それを一言で言えば、「無の場所」を引き受けた西田と、「有の場所」を引き受けた今西錦司・今西学派との間を媒介する議論が欠如している、という問題である。その媒介の論理を抜きにしては、「生物の世界の論理」と「人間の世界」との統合理論は不可能であり、主体を離れては意味をなさない人間社会を分析する社会科学の構築は、今西学派からは望みえない。

未完のコペルニクス的転回――「形の論理」

上山春平はかつて「マルクス史観と生態史観」(『大東亜戦争の意味』所収)において「この「今西」グループの理論的指導者である今西錦司氏の生態学理論は、その主著『生物社会の論理』(一九四九年)および『生物の世界』(一九四一年)にまとめられている。この今西理論とマルクス理論とを手がかりとして社会科学と生態学の統一の方法を明らかにしてみたいというのが、私の数年来の理論的課題である」と述べた。これは今西学派が社会科学としての体系をもっていないことを認めたものとも読める。

京都学派から新しい社会科学が生まれる可能性は、西田哲学から自然科学への道をつけた今西自然科学を媒介にしながら、今西理論の母胎となった西田哲学にふたたび立ち返り、西田哲学から社会科学への道を模索するところにあるように思われる。その道を歩んだ先達がいた。マルクス理論を手掛かりとして、西田哲学から社会科学への道を踏みしめながら道なかばにして獄中に倒れた三木清である。

西田の「場所」、今西錦司の「棲み分け」に当たるのは、三木における「現実」であろう。西田の「場所」は物理的に特定できる場所ではない。一切の存在の根拠であり、有の存在を可能にする「絶対無の場所」である。今西の「棲み分け」は色彩、音声、匂い、形を持つ「有の場所」である。三木はいう。

現実は我々に対してあるというよりも、その中に我々があるのである。我々はそこに生まれ、そこで働き、そこで考え、そこに死ぬる、そこが現実である。

（『哲学入門』岩波新書　一九四〇年）

『人生論ノート』（新潮文庫　一九四一年）を「死について」から書きはじめ、「死せるものの生命の論理」について語る三木の立場は、今西の「有の場所」よりも、西田の「無の場所」に近い。それは「相対無の場所」であるといえる。

三木は、人間をパトス（感性）とロゴス（理性）をもつ存在として捉える。パトスとは物を捉える主体の意識であり、ロゴスとは捉えられる客体についての意識である。ロゴスは高まるほど、いっそう対象を含み、いっそう客観性を増す。それに対してパトスは深まるほどに、対象を見失い、無対象になるが、パトスの捉えた主体的事実は、存在の根拠を含むがゆえに、客体的事実よりもいっそうリアルである。三木は客体的事実を根拠づける主体的意識たるパトスの構造の解明に力を注いだ。新しい形を構想し、新しい物を制作し、歴史を形成する主体としての人間は、今西自然学にはない。三木はそのような主体としての人間のパトスとロゴスを統合する能力を「構想力」と言った。「構想力」は三木における主客合一の理論である。

三木哲学の到達点といわれる『構想力の論理』（岩波書店　一九三九年）の序に「私の考へる構想力の論理が実は『形の論理』であるといふことが漸次明かになつてきた」とあるが、構想力の論理が「形の論理」であることを強調しておきたい。同じ序に「すべての行為は広い意味においてものを作るといふ、即ち制作の意味を有してゐる。構想力の論理はそのやうな制作の論理である。一切の作られたものは形を具へてゐる。行為するとはものに働き掛けてものの形を変じて新しい形を作ることである。形は作られたものとして歴史的なものであり、歴史的に変じてゆくものである」とあるが、構想力の論理が制作という行為の論理であることも強調しておきたい。三木は「形」を形成する主体という構想を、西田が晩年に『哲学論文集』で展開した「制作」の論理から得たのであろう。それはたとえば『哲学論文集第二』（一九三七年）の序にいわく、「働くといふことは、歴史的現実の世界に於て物を作ることでなければならない。……生きると云ふことは、感情とか神秘的直観とかにあるのでなく、客観的制作にある」といふ立場であり、あるいは同論文集に所収の論文「実践と対象認識」において明言された「矛盾的自己同一といふことは、物が作られるといふことである、制作といふことである」といふ命題であり、『哲学論文集第三』（一九三九年）では、冒頭命題「歴史的現実の世界は制作の世界、創造の世界である」のほか、「絶対矛盾的自己同一として、作られたものから作るものへといふ世界は、またポイエシスの世界でなければならない」「我々は行為的直観的に即ちポイエシス的に実在を把握する」等枚挙にいとまがなく、それは『哲学論文集第四』（一九四一年）に所収の論文「ポイエシスとプラクシス」で西田哲学の主題となるのである。

三木の『構想力の論理』は制度、神話、技術、経験等いずれも人間の制作する形を主題にして論じられている。構想力の論理は今西自然学との統合を「形の論理」において可能にするものである。

構想力の論理は形と形の変化の論理である……。形の論理は……自然と文化、自然の歴史と人間の歴史とを結び附けるものである。自然も技術的であり、自然も形を作る。人間の技術は自然の作品を継続する。自然と文化或ひは歴史とを抽象的に分離する見方に対して、構想力の論理は［自然と歴史の］両者を形の変化（transformation）の見地において統一的に把握することを可能にする。自然から歴史を考へるのでなく、歴史から自然を考へるのである。

三木哲学は自然・生物の歴史、人間の歴史を包摂する「形の哲学」として完成するはずのものであったのである。

生物は長い進化の過程をへて現在のような形をもつにいたった。人間は身体という形のほかに、新しい形を構想し、新しい形をもつ物を制作する。人間の作った物の形は自然のものではない。しかしそうして作りあげられてきた物は人間にとって所与であり、第二の自然である。このような第二の自然の形を主体的に形成する行為は、動物にはない。人間は「形」を創造する。自然の歴史も人間の歴史も「形の変化」にほかならない。前者は作られたものとして存在し、後者は人間がそのなかで作られ作り変えていくものとして存在する。人間は実在の仕方を変えることによって歴史の形を変えるのである。

「形」は三木人間学の晩年におけるキー・コンセプトであるが、今西自然学にとっては出発点である。今西は『生物の世界』の冒頭で「われわれの世界は実にいろいろなものから成り立っている」と述べ、そのような物の形を「相似と相異」の概念で捉えた。中村雄二郎は『かたちのオデュッセイ』（岩波書店　一九九一年）において、宇宙の現象のすべてが「形」にかかわるという注目すべき考察を展開しているが、「相似と相異」は生物の形だけでなく、響き、リズム、音、匂いなどいずれにも貫いているはずである。「相似と相異」

はそのような意味において一切の物の形相を識別する二つの形式である。今西のこの二つの概念はきわめて重要である。

今西は自己完結性をもち保守的な生物の形に関心をもったのに対し、三木は形を作り変えるという存在の仕方をもつ人間に関心をもった。今西が生物学を哲学的に基礎づけるに際して自然が創造した形について論じたのに対し、三木は人間学を哲学的に基礎づけるにあたって人間が創造する形について論じたのである。今西自然学も三木人間学も「形の論理」によって基礎づけられている。今西自然学は形の静態学であり、三木人間学は形の動態学であるということもできるであろう。

今西が生物を、三木が人間を「形の論理」において捉えた画期性は、物が近代以前にあっては実体概念で思考され、近代以後は関係概念（函数概念）によって思考されてきた事実を振り返れば際立つであろう。三木はそのことを自覚していた。「物　関係　形」と題された『哲学入門』の一節はそのことの証であり、「古代は実体概念によって思考し、近代は関係概念あるいは機能概念（函数概念）によって思考した。新しい思考は形の思考でなければならぬ。形は単なる実体でなく、単なる関係ないし機能でもない。形はいわば両者の綜合である」という『人生論ノート』のなかの「人間の条件について」に挿入された一文は、三木の「形の論理」の簡潔な位置づけである。なお、自然科学の法則が函数概念に基礎づけられ、また社会科学の父とみなしうるマルクス唯物論の基礎も「関係」概念

（生産関係）であったことは、「形」概念がそれを止揚するものとして提起されていることとあわせて、ここに注記しておくべきであろう。

形は主体を生かし、主体を統一するものである。今西は自然の作りあげた既成の形を捉えた。だが、晩年の今西は生物の形をかくあらしめる「主体」をとりこむべく格闘し、死の直前になってプロトアイデンティティという主体概念をたてた。一方、「主体」から出発した三木は「形」の重要性に気づき、投獄で断ち切られるまで「形の論理」である「構想力の論理」を追究した。今西は生物の側から三木人間学の前提にある「主体」に近づき、三木は人間の側から今西自然科学の前提にある「形」に近づいた。それは偶然ではないだろう。「形」の論理は「主体」の論理と対立するものではない。両者はともに吸引しあった。両者をつつむ理論体系への志向が未完の「構想力の論理」であったといえる。

社会科学は歴史的実在としての人間の存在の仕方を分析するものである。存在の仕方を分析するとは、存在を型として捉えることにほかならない。型とは形が構造と化したものである。形の自覚のうちには、存在する型としての客体（社会構造）を変革する行為・主体的契機がはらまれている。形の自覚には新たなる型の構想が含まれるからである。社会科学の前提にあるのは、客体としての人間だけでなく、主体としての人間である。主体とは客体に対して行為するものであり、行為を離れて主体はありえない。

三木の主体性へのこだわりは、三木清という人間存在の悲劇性と関係しているようにも思われる。三木哲学の出発は『パスカルにおける人間の研究』（岩波書店　一九二六年）であり、それは人間の悲惨さを生の存在論の根本に据えたものである。生きることの悲惨さを認識する知の体系には悲劇的性格が刻印されるほかない。悲劇的な生には解脱を求めてやまない衝動が結びついている。三木の絶筆は「親鸞」であった。客体としての人間は「現代」という歴史の型のなかに埋没するにせよ、主体としての人間は永遠の今の自己限定としての「現在」に立つ。「現在」を自覚するとは、永遠の生と永遠の死とをはらんだ危機の意識に照らされることであり、歴史意識はかくのごときものとして常に新しく生まれかわる。三木の未完の社会科学は危機意識と結びついている。それは戦前の京都学派の置き土産であるが、戦後の京都学派がどこかに置き忘れたもののようである。

転之章　文明の海洋史観

一　海洋史観

I　海から見た歴史への船出

フェルナン・ブローデル Fernand Braudel の名著 *La Méditerranée et le Monde Méditerranéen à l'Epoque de Philippe II*, 1966（第二版）の翻訳が、浜名優美の苦心の訳業によって完成した（『地中海』五分冊　藤原書店　一九九一～九五年）。それが日本の歴史学にたいしてもつ意義は小さくないであろう。ブローデルは『地中海』の初版（一九四九年）の序文の冒頭に、こう記している——。

私は地中海をこよなく愛した。……思うに、人々がながめ、愛することができるような海は、過去の生活において存在する最大の資料であり続ける。

『地中海』の意義は、何をおいても、世界の歴史に注ぐ眼を陸地から海洋へと移し替えたことであろう。

戦後日本人の歴史観は、後に述べるように、陸地史観であった。その代表格は唯物史観と生態史観である。陸地史観に濃く染めあげられてきた日本人にとって、原著出版後、四十六年目にして出現した邦訳版の序文冒頭の一文は、はるばる海をわたってきた新鮮な沖の息吹である。ブローデルの文章は、洗練された表現のなかに深い情熱を秘めて綴られており、その芳醇な潮の香りを胸いっぱいに吸う読者は、歴史観における静かな革命を経験するであろう。ブローデルの『地中海』は、内陸に根をもち土地に呪縛されてかたちづくられてきた従来の世界史像を一挙に時代遅れのものとなし、〈海〉に開かれた世界史像に変えてしまう力をもつ。それは革命的書物である。

すでに多くの歴史家がブローデルの海からの歴史に触発されており、歴史学には大きなうねりが生じている。その紹介だけで数巻の書物になるであろう。それは目下のところ新しい歴史学誕生のプレリュード（序奏）であるといえようし、まちがいなく現在進行中であり、さらに大きな波となって人々の歴史を見る眼、世界を見る眼を洗っていくであろう。

いまや、だれの眼にも明らかなように、世界各国は相互依存を深めており、日本はいうまでもなく、アメリカもイギリスもインドも中国もどれ一国として孤立しては自立できない。世界中の諸国がそれぞれ自立しつつ依存しあっている。それは各国がいわば島的存在になりつつあるということである。現代世界は、タコ壺のなかに閉じこもった国を時代遅れにし、国々が島として海を媒介にして交流する、いわば多島海的世界の様相を呈している。あらゆる歴史は現代史といわれるように、歴史はつねに今日的観点から書かれる宿命を負う。それはほかならぬ歴史家が今日に生きる人間だからである。

歴史を見る眼を陸からとき放ち、海から眺めかえしてみよう。かつて中世から近世への転換期に燦然と輝いたヴェネチアは海に浮かぶ海洋都市国家であった。十六世紀のスペインは海洋帝国、十七世紀のオランダは海洋国家として発展し、十九世紀に覇をとなえたイギリスも海洋帝国であった。そして二十世紀の覇権国アメリカは、旧ソ連をスパルタとみたて、自国をアテネに比した海洋国である。日本もまた島国である。アジアNIES（新興工業経済群）やASEAN（東南アジア諸国連合）のように、その構成国の多くは島国である。島国ないし海洋国家が自立しつつ急速な経済成長をとげ、国際社会のなかで地位を高めてきたのである。

一つ一つの島の歴史を、大小の海洋（海域と大洋）から眺めれば、海がつなぐネットワークの連関のなかで見直すことになるであろう。世界史を島々と海とからなるいわば〈多島海〉という座標軸のもとに見直すのである。それは帝国主義的発想の対極にたつ。帝国主義は、島々を帝国内部にかかえこもうとする、いわば囲い込みの思想にささえられている。帝国は帝国外の存在に対する排他性の思想を含んでいる。

それに対し、ここでいう多島海とは、一つ一つの島が自立しながら、海によってつながっている様をとらえたものである。つなげること、つながることは最近の用語でいえばネットワーキングないしネットワークである。十九世紀までは、島をつなぐ手段は船であった。多島海という座標軸をたてることは、世界をネットワークの相のもとにみるということであり、歴史的には、船を生活手段としてきた海民、漁民、商人、海賊などの非農業民、非牧畜民にあらためて光を当てることである。十九世紀以降には、船のほかに、航空機、電信・電話が加わった。二十一世紀には、さらにマルチ・メディア、インターネットなどが加わることになり、交通情報通信基盤の整備は加速する。

世界各地域は連関しており、地球上の大小さまざまの陸地が海を介して連関している様をかりに多島海とよぶとき、多島海は比喩であるが、ネットワークは現実である。かつて船でしかつながっていなかった多島海が、いまや他のさまざまな交通・情報のコミュニケーションの手段によってつながりつつある。ネットワークという観点はグローバル（地球規模的）な視野で世界史をとらえることを必然的にうながす。日本史、東洋史、西洋史といったタコ壺的並存はもはや許される状況ではない。タコ壺的・鎖国的発想の限界を知り、多島海の世界ないしグローバルなネットワークという観点から歴史を見直すために、発想の思いきった転換をはからねばならない。日本史に世界をとりこみ、世界史に日本をとりこむことが課題である。日本史と世界史とが互いに連関する〝ネットワークの海〟にむけて離陸することは現実からの要請である。

II　陸地史観から海洋史観へ

歴史観における海への離陸は日本において切実な課題である。日本は島国であるから、日本列島における歴史は、海をわたってくる文明に洗われながら、島として自立の過程を歩んできた。西洋、東洋、日本の歴史は言うまでもなく、相互に連関なく発達してきたのではない。むしろ連関を深めつつ発達してきた。日本にドイツから近代歴史学が導入されたこと自体、日本史における史実であるとともに、西洋史の史実でもある。両者の関連を抜きにしては、歴史学自体の歴史も語れないのである。ところが、歴史研究の基礎ともいうべき歴史観において、交流をつなぐ海は本質ではなかった。唯物史観にせよ、生態史観にせよ、内陸の歴史事象が念頭におかれている。それは従来の縦割りないしタコ壺的な歴史学のあり方と無縁ではないであろう。

戦後のマルクス主義的歴史学の牽引車であった大塚久雄は、ヨーロッパなかんずくイギリスにおける「封建制から資本主義への移行」を追究し、「農村の中産的生産者層の資本家と労働者への両極分解」の理論モデルは大塚史学と呼ばれた。封建制の基礎は土地所有であり、資本主義の基礎は生産手段（工場、機械、労働力等）の私的所有であり、陸地におけるそのような所有関係の変化を、とくに内陸農村において追究したものであり、大塚史学は陸地史観である。

一方、梅棹忠夫（元国立民族学博物館長）は「文明の生態史観」（梅棹忠夫『文明の生態史観』中公文庫　一九七四年）の提唱者として著名である。梅棹はユーラシア大陸を斜めに走る巨大な乾燥地帯において、「牧畜革命」を経て成立した遊牧社会に注目した。牧畜革命とは、群れをなす有蹄類動物の家畜化であり、メスの乳絞り、オスの去勢からなる（『狩猟と遊牧の世界』）。乾燥地帯の遊牧社会が湿潤地帯の農業社会と対等の力関係にあることを踏まえて、両者の対抗関係でユーラシア大陸の歴史のダイナミズムを鳥瞰したのであった。生態史観の構成要素は遊牧社会と農業社会であるから大陸に根を張った陸地史観である。生態史観と唯物史観とは、一見、水と油の関係のようであり、事実、廣松渉はそのような観点から『生態史観と唯物史観』をまとめているが、両者はともに陸地史観としての共通性をもつ。

そのほか、村上泰亮・公文俊平・佐藤誠三郎『文明としてのイエ社会』（中央公論社　一九七九年）は、日本文明の歴史を「ウジ社会」から「イエ社会」への転換をもって構想したユニークな史観であるが、その内容は、ウジ社会のなかで十〜十一世紀に「突然変異体」としてイエ社会が東国に出現し、両者が共存し競合した後、五百年後にウジ社会がイエ社会によって駆逐されたとするものであり、これも陸地史観である。そのほかの代表的な歴史構想として上山春平の『受容と創造の軌跡』では、自然社会→農業社会→工業社会という三段階を区分しているが、陸地における「生産方法の不可逆的な展開」を基準にしており、これも陸地史観である。

こうして、戦後の日本人は海をとりこんだ歴史観をもってこなかった。海洋をとりこんだ歴史観をここでは陸地史観との対比において海洋史観と呼ぶことにしよう。

ブローデル『地中海』や、それに触発されて生まれた日本人の歴史家が集ったシンポジウムの記録『海から見た歴史』（藤原書店　一九九六年）で論じられた事実や構想をとおして、海と人間社会、とくに海と市場経済の発達との関係は、やがてそれを理論化し体系化するべき段階を迎えるであろう。いまはその前夜だという予感がある。一方、すでに旧来の資本主義発達史の理論は生命力を喪失しているように思われる。この点をすこし敷衍しておこう。

Ⅲ　「大塚史学」を海から洗う

日本において、資本主義発達史を研究する理論が誕生したのは一九三〇年代の日本資本主義論争である。その影響ならびに成果は小さくない。なかでも山田盛太郎の『日本資本主義分析』ならびに宇野弘蔵の原理論・段階論・現状分析からなるいわゆる宇野理論は、そのなかの金字塔であるといえよう。

日本資本主義論争の当事者が立脚した理論はおもにマルクスの『資本論』であった。『資本論』はイギリス経済を理論的・実証的・長期的（歴史的）に分析した書物である。それゆえ、イギリス資本主義研究は特段の意義をもち、次第に独立した分野になった。だが、その研究はもっぱら日本国内に向けて発信され、外国の学界との意思疎通を欠いていた。たとえば、イギリス経済史の専門集団のいるイギリスのEconomic History Society（経済史学会）との交流があったわけではないのである。日本におけるイギリス資本主義研究は、極論すれば、日本資本主義分析に分析基準を提供する補助学であったとさえいえる。その代表格は農村起源のヨーマンリー（中産的生産者層）が産業革命の担い手であったとする大塚久雄『近代欧洲経済史序説』（岩波書店　一九八一年）である。

「先進国は後進国の未来像を示す」という『資本論』第一版序文の命題を信じるならば、

イギリス資本主義は、先行モデルとして、日本を理解する比較基準になりえたわけである。『資本論』に描かれたイギリス資本主義像を鑑にして日本社会の近代化の遅れや歪みが論じられたのである。『大塚久雄著作集』（岩波書店　一九六九～八六年）が今日なお一読に値するのは、イギリス資本主義を知る手段としてよりも、一九二〇～六〇年代に日本経済がかかえていた課題（農村の近代化、国民生産力の形成）を知る手がかりとしてである。大塚史学は、日本資本主義発達史の方法論としての役割を担い、大塚史学に代表される日本のイギリス資本主義研究は、日本資本主義分析の一分野であったと総括しうる。

しかし、今日では、大塚史学は日本資本主義分析、東アジア資本主義分析の方法論としての意義を喪失したといわなければならない。一九九〇年代に、イギリスの一人当たりの国民所得が、植民地時代の香港（一九九七年七月一日に中国に返還）のそれを下回ったような、イギリスの国民生産力の形成過程を、それが世界第一位の日本資本主義の分析基準にすえるのは無意味である。また、生産力至上主義は、環境問題に照らしても、深刻な問題をはらんでいる。

それだけではない。大塚久雄によって近代人のモデルとされた人間類型にも問題がある。ダニエル・デフォー（一六六〇～一七三一年）著『ロビンソン・クルーソー』（一七一九年）の主人公ロビンソン・クルーソーは、大塚久雄『社会科学における人間』（岩波新書　一九七七年）、『近代化の人間的基礎』（筑摩叢書　一九六八年）などによって、十八世紀イギリスの中産的生産者の理念の体現者であり、近代的人間類型の理念型だと解説されてきた。大塚は『社会科学における人間』において、ロビンソン・クルーソーの生活をこう描いている。

　住居を作る。そして、その住居の周りを木立で囲む。また、その住居にくっつけて仕事場を設け、そこで山羊の皮を使って衣服や帽子や日傘を、また陶器なども作ります。それから、そういう住居のための囲い込み地のほかにも、柵でもって土地を囲い込み、いくつかの囲い込み地を作る。そして、ある囲い込み地は小麦畑にして、船で見つけてきた小麦を蒔きます。収穫は一部を種子として残し、あとは消費にあてます。それからまた別の囲い込み地は牧場にして、野生の山羊を捕らえてきて、そこで増殖させ、その一部を必要に応じて屠殺します。そして、その肉を自分で作った陶器の鍋でシチューにして舌鼓をうちますし、その皮を剝いで衣服や帽子や日傘の材料にします。

　この整理に見られるように、大塚のクルーソー像は内陸に住む人間（農民、農産物加工業者）の姿を捉えたものである。しかし、クルーソーは、農民というよりは、むしろ船乗りであったというほうが正確であろう。クルーソーは（デフォーによれば）一六三二年生まれのイギリス人、二十歳で船乗りになり、捕まってアラブの奴隷になり、そこを逃げ出して、ブラジルに渡ってプランテーション経営に成功した。一六五九年に、プランター仲間に船乗りの経験を見込まれて、奴隷を購入するためにアフリカに赴く途次で難破したのである。難破場所は空想の地ではない。そのことは、クルーソーの乗った船が、北緯七度二十二分の地点に達した所で暴風雨に襲われ、北緯十一度、オリノコ川の北に達し、そこからバルバドス島をめざし、北緯十二度十八分の地点にさしかかったときに、再び暴風雨に見舞われて難破し、彼一人無人島に流れついたというのである。このようなきわめて具体的なデフォーの記述からして、それが空想の地でないことは明瞭である。難破した日は一六五九年九月三十日とある。それから二十八年二か月十九日間におよぶ孤島生活が続いたのである。このようなクルーソーの人生遍歴は「中産的生産者層」というよりは、むしろ当時の海外植民者の典型的な姿を彷彿させるものである。

そうした人間類型を生み出した背景を瞥見しておこう。一四九二年にイベリア半島から追い出されたイスラム教徒（ムーア人）は、バルバリア海賊となり、最初はスペイン南岸、後には地中海全域でキリスト教徒を攻撃し、フランスに根拠地を占領されるまで、地中海を荒らし回った。一四九四年のトルデシリャス条約で、西半球はスペイン領、東半球はポルトガル領に分割され、スペインはカリブ海を「スペインの制海域（the Spanish Main）」として他国の侵犯を認めなかったが、両国の取り決めを他の諸国が認めたわけではなく、特にプロテスタント諸国は国家公認の拿捕状をもってスペイン船を攻撃し略奪した。それがカリブ海を海賊の巣窟にした。バーソロミュー・ロバーツ、ヘンリー・モーガン、フランシス・ロロノア、ベンジャミン・ホニーゴールド、エドワード・ティーチ、キャリコ・ジャックことジョン・ラッカム、女海賊のアン・ボニー、マリー・リードなど悪名を馳せた海の猛者が出現した。「スペインの制海域」では、フランスとイギリスが進出してくる十七世紀前半以降、特にスペイン継承戦争（一七〇一～一四年）が終結すると、軍事行動に従事していた海商が失業して、続々と海賊に転じた。しかし、海賊は一七一七年九月の海賊停止法によって、翌一八年九月までの向こう一年間に降伏すれば罪に問わない、という英国王ジョージ一世の宣言によって陸続と降伏し、その後は目立たなくなった。デフォーの『ロビンソン・クルーソー』はまさにその直後の一七一九年に書かれている。それは西インド諸島への本格的な植民活動の前夜に当たっているのである。

ロビンソン・クルーソーの物語の舞台となる孤島について、作者のデフォーは島の名前を明かさない。だが他の地名は書いており、孤島がどこか示唆されている。クルーソーはフライデーとの対話から、遠くに見える島は「トリニダードだ」（岩波文庫版　上　二八八頁）と知るが、トリニダードの島影を見ることのできる島は、トバゴ島しかない（──私はそれをわが眼で確かめに行った）。トバゴ島とトリニダード島は、カリブ海の東南端、南米大陸に接するあたりに浮かんでいる。フライデーとは、周知のように、島での生活二十四年目、野蛮人の一団が二人の男を食うために島に上陸し、一人が殺され、クルーソーは残る一人を助けた。それが金曜日だったので、クルーソーがフライデーと名づけたカリブの青年である。クルーソーはフライデーに英語と聖書を教え、フライデーはそれをよく習得した。だが、クルーソーはフライデーの言葉を単語一つ学ぼうとはしない。この対比はクルーソーの人格をはかるうえで決定的であろう。デフォーのトバゴ島に関する情報源が、船乗りのJ・ポインツの著作『トバゴ島の現況』(Captain J. Pointz, *The Present Prospect of Famous and Fertile Island of Tobago*, 1685)であることもわかっている(Lou Lichtveld, *Crousoe's Only Isle*, Trinidad, 1974)。トバゴ島が、ロビンソン・クルーソーの舞台となった島であることはほぼ疑いない。クルーソー・フライデー・無人島は、大英帝国の支配者・奴隷・カリブ海域に置き換えられるのである。

戦後、イギリス植民地から独立したトリニダード・トバゴ共和国は、エリック・ウィリアムズ(一九一一~八一年)という歴史家かつ名宰相を生んだ。エリック・ウィリアムズは、貧困な黒人家庭に生まれたが、才能に恵まれて奨学金を獲得して、オクスフォード大学を首席で卒業し、アメリカで教鞭をとった後、一九五六年に人民国民運動党(PNM)を組織して党首になり、イギリスを相手に一九六二年に独立を勝ち取って初代首相となり、亡くなる三日前まで執務した。著書『資本主義と奴隷制』『コロンブスからカストロまで』のほか多くの著作で国民を啓蒙するとともに、議事堂前のウッドフォード広場では定期的に国民に直接話しかけたが、それは「ウッドフォード広場の大学」と呼ばれた。彼は、単にトリニダード・トバゴ共和国のみならず、カリブ海全域の指導者と仰がれた。そして、自分の死後に自己を記念する銅像ほか一切を残さないように、遺言して逝った。クルーソーが島の領主・主君と自称したのと大違いである。

大塚久雄は、ロビンソン・クルーソーを自立した近代人として理想化した。だが、はたしてそれは適切であっただろうか。クルーソーは、孤島のなかの小さな囲い込み所有地のなかで労働している人物としてよりも、むしろ彼の人生の舞台となる大西洋・地中海・カリブ海に生きた人物として捉えるべきではないか。日本を含む非ヨーロッパ圏の人間と共通するのは、クルーソーではなく、むしろフライデーの置かれた立場である。自立の精神過程を学ぶべきは、従属的地位に置かれた青年フライデーの運命のその後であろう。そうしたとき、フライデーの真に自立した姿をカリブ海の指導者と仰がれたエリック・ウィリアムズに重ね合わせることができるのである。

Ⅳ　梅棹「生態史観」を海から洗う

梅棹忠夫の生態史観が唯物史観に対するアンチ・テーゼであることは、今日ではよく知られている（上山春平「歴史観の摸索」「マルクス史観と生態史観」『大東亜戦争の意味』所収）。梅棹の「文明の生態史観」モデルは、乾燥地帯と農業地帯との間のダイナミズムを描いたものである。西ヨーロッパと日本における近代文明の勃興にたいして、海洋がどのような影響をもったかについて、唯物史観も生態史観も語るところはない。マルクスも梅棹忠夫も、海洋における歴史的事実について論及しているが、それは彼らの世界史の理論ないし文明のモデルにとっては二次的であり、本質的な構成要件ではない。唯物史観に劣らず生態史観も陸地文明論である。そこで、梅棹忠夫の「文明の生態史観の模式図」(以下、文明地図とよぶ)を海から洗ってみよう。

世界(といっても旧世界のみで、新世界アメリカは含まれていないが)をマクロに地域区分する上で、梅棹の作成した文明地図に触れないわけにはいかない。梅棹のそれは「東南アジアの旅から」(『中央公論』一九五八年八月号、『文明の生態史観』中公叢書 一九六七年に所収。『梅棹忠夫著作集』第五巻 中央公論社 一九八九年に再録)にある。数千年の歴史をけみしてきたユーラシア大陸における人間社会の文化・文明の複雑な地域模様を区分するのは至難の業である。その至難の地域区分を、単純かつ明快に示した梅棹文明地図はユーラシア大陸の文明の分布を見事に概括したものであり、理科系出身(理学博士)の梅棹らしく、その楕円形の形といい、乾燥地帯の走る角度といい、現実の地形・地理から見事に抽象されており、地形と図形の相似に感嘆させられる。天才的作図というべきであり、地域論の出発点にすえるべきものであろう。

梅棹文明地図でもっとも重要なのは、ユーラシア大陸の東北から西南の方向にななめに

梅棹文明地図

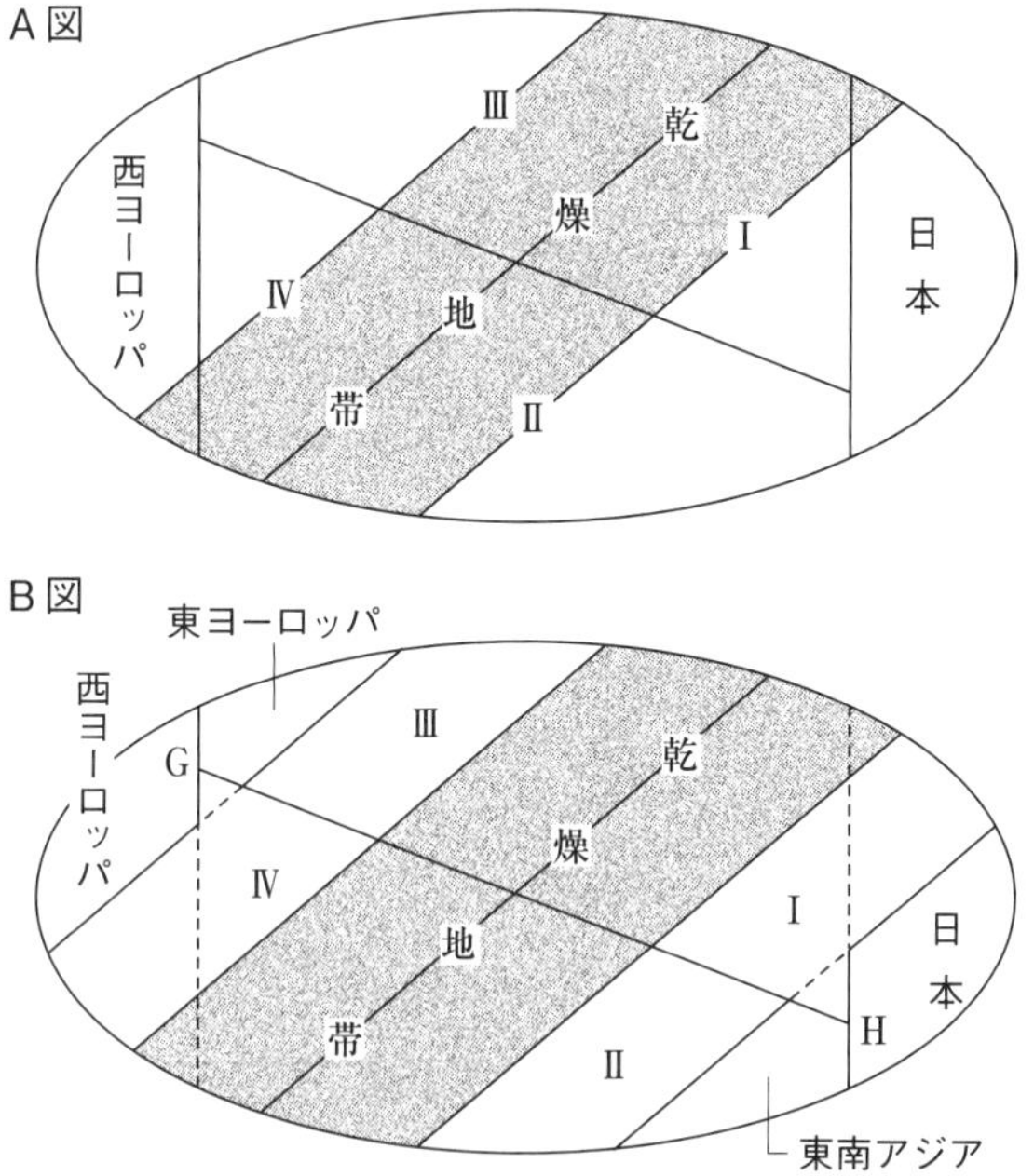

走る巨大な「乾燥地帯」である。「乾燥地帯」の両側には「準乾燥地帯」が平行に走っている。乾燥地帯から遠ざかれば遠ざかるほど、湿潤になるのである。では「準乾燥地帯」よりさらに遠ざかれば、そこには何があるのだろうか。湿潤そのものの海洋である。しかし、梅棹文明地図からは、海洋はみえない。そこで本節では、ユーラシア大陸を四囲する長大無比の波打ちぎわに広がるいくつもの海洋から梅棹文明地図を洗いなおしてみよう。

修正1

梅棹文明地図の「乾燥地帯」からもっとも遠いところに海洋がある。それは二つある。ひとつは西端であり、梅棹文明地図で「東ヨーロッパ」と「西ヨーロッパ」とされているところである。もうひとつは東端であり、梅棹文明地図で「日本」と「東南アジア」とされているところだ。

「東ヨーロッパ」は梅棹文明地図では「西ヨーロッパ」の北東に書きこまれている。だが、これは無理だ。というのは、「東ヨーロッパ」すなわち旧東欧圏は、梅棹文明地図上の「東ヨーロッパ」の位置にはない。こころみに旧東欧圏の首都の緯度を見ると、たとえば「西ヨーロッパ」の中心ロンドンは北緯五十二度に位置するが、それとくらべると、ドイツのベルリンが北緯五十三度、ポーランドのワルシャワの北緯五十二度がわずかに北にある程度で、チェコスロバキアのプラハ北緯五十度、ハンガリーのブダペスト北緯四十七度、

修正図1

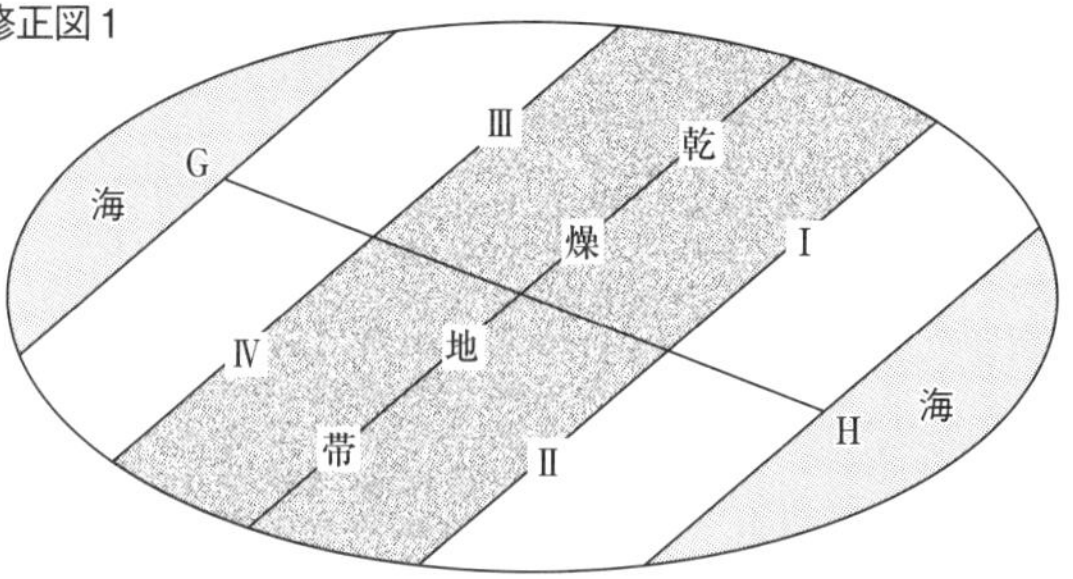

旧ユーゴスラビアのベオグラード北緯四十五度、ルーマニアのブカレスト北緯四十五度、ブルガリアのソフィア北緯四十三度、アルバニアのチラナ北緯四十一度というように、いずれも南にある。「東ヨーロッパ」は「西ヨーロッパ」の北東ではなく、東南にある。梅棹文明地図ではⅢとⅣとの接するあたりから南である。「西ヨーロッパ」の北東は北海とバルト海である。つまり梅棹文明地図で「東ヨーロッパ」とされているところは陸地ではなく、海洋である。

「東南アジア」は、梅棹文明地図では「東ヨーロッパ」と対をなす構図で書きこまれている。だが、その位置にも無理がある。東南アジアは、インドの東というより東南にある。インドの最北部は九州と同じくらい北緯三十度以上の高い緯度にあるが、東南アジアはたとえばバンコクとマニラはインド南部の都市マドラスとほぼ同じ北緯十五度あたりであり、シンガポール、ジャカルタなどはインド亜大陸の最南端よりもさらに南に位置する。文明地図における「日本」の西南に接しているのは、「東南アジア」ではなく、シナ海域である。

つまり、梅棹文明地図における「東ヨーロッパ」にあるのは北海・バルト海であり、梅棹文明地図の「東南アジア」にあるのは東シナ海・南シナ海である。それらの海洋をいれこむと、修正図1のように、文明地図は、中央の「乾燥地帯」、その両側に平行して走る「準乾燥地帯」、そしてさらにその両側に平行にひろがる「海洋」の三つの生態に分けられる。ここで大事なことは、「乾燥地帯」「準乾燥地帯」「海洋」と三つに区分された生態のうち、日本と西ヨーロッパはそれぞれ東西両端の「海洋」に浮かんでいるということである。

修正2

梅棹文明地図には、興味深い一本の線が引かれている。GH線だ（この線にのみ記号が付されている）。GH線は乾燥地帯と交叉することによって、「第二地域」を中国、インド、ロシア、イスラム・地中海の四つの大文明圏に分ける重要な線である。このGH線について梅棹は説明をしていない。説明がないのは、ユーラシアの地形を知る者には、その必要がないほど、明瞭だからだともいえよう。すなわち、大乾燥地帯の中央部（0点としておこう）より東南の方角にはヒマラヤの高峰が広がり、西北の方角へはカフカス山脈、カルパート山脈などが連なっており、GH線はユーラシア大陸のいわば屋台骨ともいうべき高い山なみである。このGH線の勾配が現実の地形と見事に一致していることも、付記しておこう。

梅棹文明地図には「乾燥地帯」の中央に線が引かれている。この線には記号がつけられていないが、現実の地形の高い山なみと一致している。これをKM（北から南へはしる）線と名づけよう。このKM線上には中央部0点から東北方角にテンシャン山脈、アルタイ山脈、スタノボイ山脈などの山なみが走り、西南方角にはヒンズークシ山脈、イラン高原などが連なる。このKM線もGH線におとらぬ高い山なみである。

GH線とKM線は、ユーラシア大陸にそびえる高い山系であり、深山幽谷の大景観をつくりあげている。ユーラシア大陸の「第二地域」の四つの文明は、梅棹が論じたごとく単に乾燥地帯によって区切られているというのではなく、峻嶺峡谷の山なみによって分けへだてられているのである。峻険な山々が人間の往来を困難にし、それによって区切られた四地域に四つの個性的な大文明圏が形成された生態的条件であろう。

大山脈は大河の源泉である。梅棹は一言も触れていないが、旧文明は巨大河川の流域に生まれた。川の役割は決定的に重要である。川の源泉は山である。川は山脈の下方にむけて東西南北さまざまな方向に流れ、東に向けては黄河、揚子江、西にはライン河にすぐに気づくであろう。北にむけてはオビ川、エニセイ川などが代表的である。南にむけてはチ

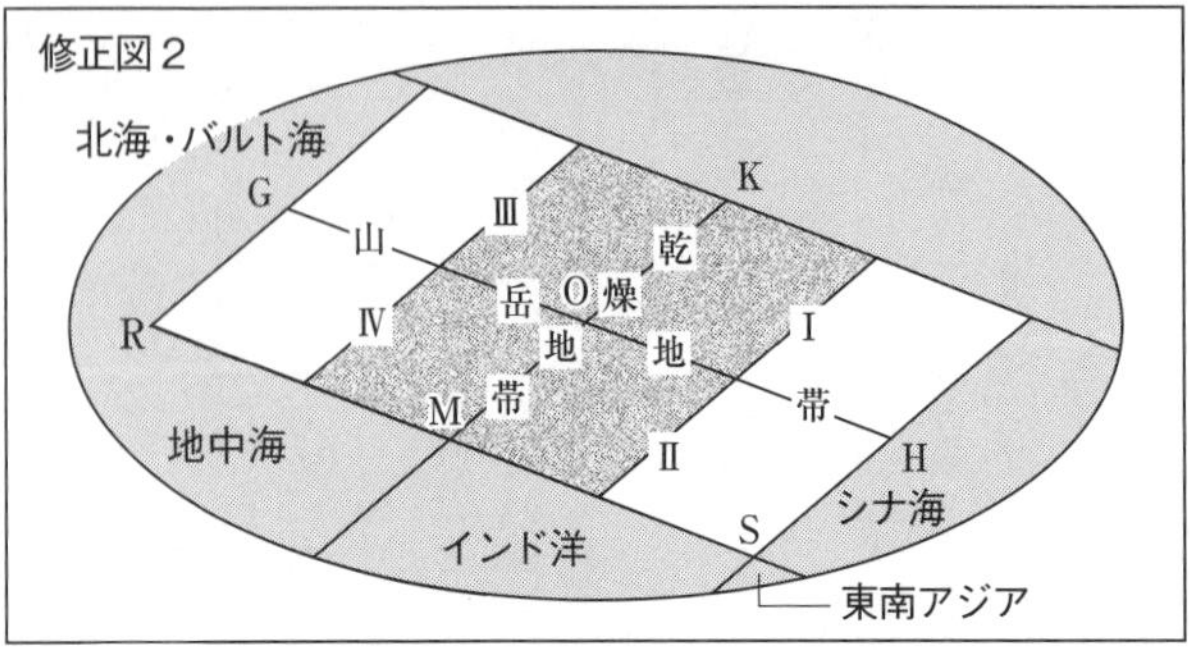

修正図２

グリス・ユーフラテス川、インダス川、ガンジス川、それに東南アジア大陸部を縫って流れるイラワジ川、メナム川、メコン川などがある。川はもちろん海にそそぐのである。東西に流れる川は、乾燥地帯・準乾燥地帯と平行して描かれた海洋にそそぎこむ。一方、南北へ流れる川筋がある。北へむかって流れる川のそそぐ海洋は北極海である。これは人間を拒否する海洋である。南にむかって流れていく幾筋もの大河は古代の農業文明を生んだ。それらの文明は大河の流域にある。すなわち海に面していた。その海は、山なみの尾根であるＧＨ線と平行に線を引くことによって示すことができる。これをＲＳ（River と Sea とが接する）線とすると、ＲＳ線の南側にいくつもの海洋が姿を現す。乾燥地帯の西側には地中海、東側にはインド洋が見えてくる。

インド洋が現れたことにより、東南アジアは、シナ海とインド洋の接するあたりに姿を現す。修正図２を参照されたい。梅棹文明史観では「東南アジアは、全部第二地域に属する」とされた（中公叢書版一六〇頁、著作集版第五巻一三八頁）。だが、「東南アジア」は、大陸からの影響よりも、むしろ「海洋」からの影響にさらされる位置にある。いいかえると、東南アジアは「第二地域」とは区別したほうがよい。海洋なのである。

以上の修正によって、梅棹文明地図の東、西、南の端に「海洋」を描く作業は完了した。大事な問題は「海洋」に属する「第一地域」の日本と西ヨーロッパの相似と相異である。

修正3

梅棹文明地図Aには、日本と西ヨーロッパを東西に位置づける二本の垂直線が引かれている。現実の地図上では、西経十―十五度、東経百二十五―百三十度あたりである。これらの垂直線によって西ヨーロッパと日本は地形として正確に図形の中におさまっており、この垂直線の位置も見事である。ただし、それは西ヨーロッパと日本が単に東西の端にあることをしめすにすぎない。梅棹文明地図Bでは、両者の南北の差が描かれている。これは重要であるが、梅棹が一九八四年にパリのコレージュ・ド・フランスで講演した「近代日本文明の形成と発展」においては、A図のみが用いられている（『日本とは何か』NHKブックス　一九八六年所収。『梅棹忠夫著作集』第七巻　一九九〇年に再録）。日本と西ヨーロッパの文明史的位置は「第二地域」のはずれにあることを示すA図で十分で、日本と西ヨーロッパについては、南北の位置よりも、むしろ大陸の東端、西端にあるという位置関係が基本だ、というように梅棹が考えていることをうかがわせるものだ。

だが、南北の位置関係は、東西のそれにおとらず重要である。なぜならば、南北の相違は、日照時間と温度という栽培植物の生育条件とかかわるからである。文明は、野生植物の栽培化＝農業革命（および野生動物の家畜化＝牧畜革命）から出発したことに鑑みれば、南北の相違には十分留意するべきであろう。

南北の位置関係を文明地図にスッキリと示してみよう。梅棹文明地図の西端はアイルランドの西側をはしる西経十度、東端は日本の東側をはしる東経百五十度である。すなわち経度の計は百六十度である。南北のひろがりはユーラシア大陸のひろがる北半球の赤道から北極までの緯度九十度である。その中央部は東経七十度、北緯四十五度となる。それは、梅棹文明地図においては、GH線とKM線とが交わるところであり、まさに上下左右の真ん中である。それはGH線上にあるヒマラヤ山脈と、KM線上にあるテンシャン山脈とが交わるところ、すなわちパミール高原である。パミール高原は梅棹文明地図の臍である。

南北を明確にするために、臍を真一文字に切る北緯四十五度線をひく。南北の区分はこれできわめて明瞭だ。日本と西ヨーロッパとは、同じように海洋に属するといっても、北緯四十五度線で相違がきわだつ。北緯四十五度は、日本にあっては北海道の北端をかすめ、北ヨーロッパにあってはフランスの南端をかすめる。日本は北緯四十五度以南に位置し、西ヨーロッパは北緯四十五度以北に位置している。ついでに、GH線を延長してG′H′線とすると、それで日本の南端、西ヨーロッパの北端がきまる。日本は垂直線の東側の北緯四十五度以南にピタッとおさまる。北緯四十五度以北にオホーツク海が姿を現す。地中海の位置も、北緯四十五度線によって明瞭になり、西ヨーロッパは垂直線の西側の北緯四十五度以北にピタッとおさまる。北緯四十五度線以南の西端には、イベリア半島が浮かびあがる。

梅棹文明地図では、二つの垂直線は、日本と西ヨーロッパの東西の位置を示すにとどまっていたが、いまや海洋との関係がでてくる。西の垂直線は、G′H′線とRS線とに交叉することによって、北海とバルト海を分け、また西地中海と東地中海を分ける（陸地部分では、この垂直線はG′H′線と交叉する東側に「東ヨーロッパ」――図の三角形のところは旧東独ないしポーランド――がある。旧「東ヨーロッパ」は東南アジアが「海洋」の影響にさらされるのとはちがい、陸地勢力の影響を受ける位置にある）。一方、東の垂直線は、G′H′線と交叉することによって、東シナ海、南シナ海、さらに太平洋の区別を浮き彫りにするのである。

最後に、付随的修正として、「乾燥地帯」にも手を加えておこう。「乾燥地帯」に水がないわけではない。和辻哲郎は『風土』（一九三五年、岩波文庫　一九七九年）において、地中海を「生き物のあまりいない、海草の繁茂しない海」「全く死の海」「痩せ海」、そして「乾いた海」と形容した。それはサハラ砂漠と隣り合わせだからである。梅棹文明地図における地中海・イスラム文明圏の「乾燥地帯」の西側には東地中海がはいりこみ、また東側には紅海が地中海の東南端にまで迫っている（そのためにスエズ運河を掘れたのである）。

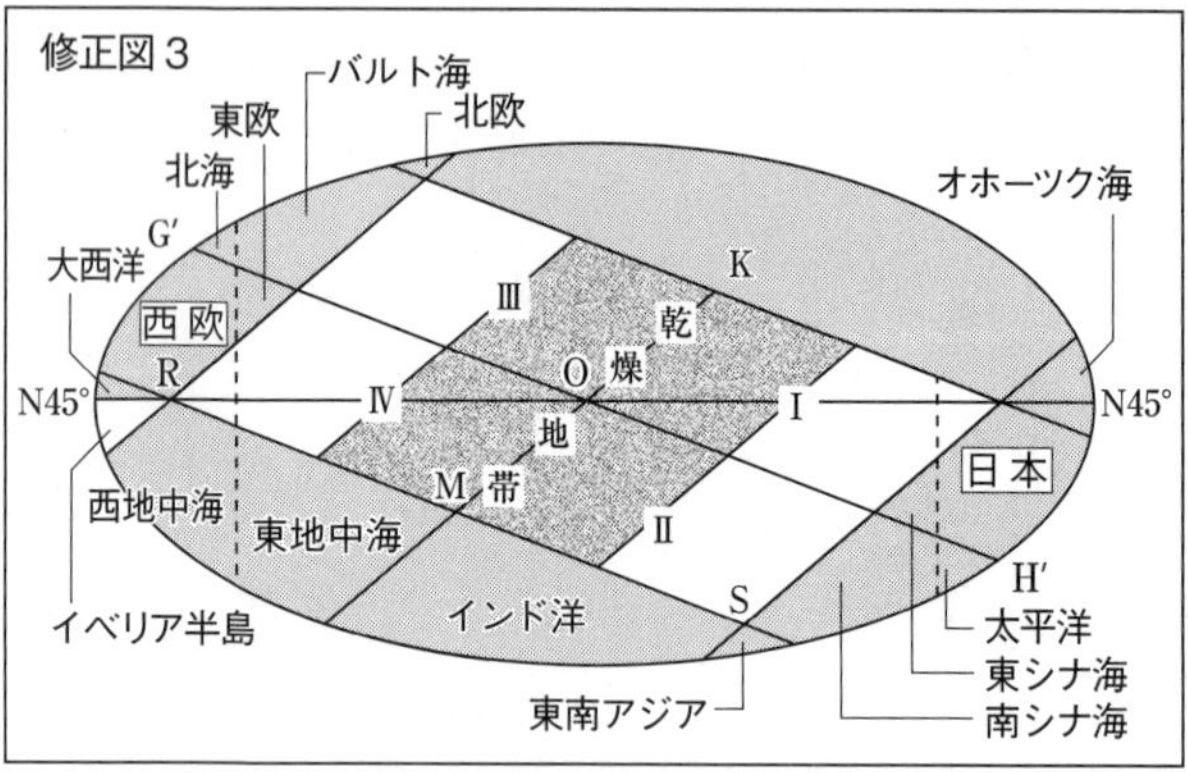

これらの「乾いた海」は、「乾燥地帯」の最南端に位置していることがわかるであろう。こうしていくつもの「海洋」が浮き彫りになる。それらを書き込んだのが修正図3である。

以上の修正は、第一に、乾燥地帯・準乾燥地帯と平行に東西の海洋を描いたことだ。西ヨーロッパと日本はその海洋世界に属する。第二に、RS線で南の海洋を描いたことである。これによってユーラシア大陸の南にひろがる海洋を東西の海洋と区別するものである。第三に北緯四十五度線で日本と西ヨーロッパの南北の相違を明瞭にした。これによって海洋にある日本と西ヨーロッパがどの海洋からのインパクトにさらされているかが展望できる。海洋史観の文明地図に現れた「海洋」は北海、バルト海、西地中海、東地中海、インド洋、南シナ海、東シナ海、オホーツク海である。それに、ユーラシア大陸に直接しないが、大西洋と太平洋も文明図の両隅に波を寄せている。これらの海は西ヨーロッパと日本の歴史に大きな影響を与えてきた。本書が特に関心を寄せているのは、それらの海と近代文明の勃興との関係である。それについては次節以降で扱うが、その前に陸地史観と海洋史観における社会変容の理論を対比しておこう。

V　海洋史観における社会変容論

生態史観の場合、社会変容の原因は遊牧民の暴力である。梅棹の『文明の生態史観』から関連テーゼを引用するならば、

乾燥地帯は悪魔の巣だ。……遊牧民は破壊力の主流であり、……王朝は、暴力を有効に排除しえたときだけ、うまくさかえる。その場合も、いつおそいかかってくるかもしれないあたらしい暴力に対して、いつも身がまえていなければならない。……サクセッションの理論をあてはめるならば、第一地域［日本と西ヨーロッパ］というのは、ちゃんとサクセッションが順序よく進行した地域である。そういうところでは、歴史は、主として、共同体の内部からの力による展開として理解することができる。いわゆるオートジェニック（自成的）なサクセッションである。それに対して、第二地域［ユーラシ

ア大陸部」では、歴史はむしろ共同体の外部からの力によってうごかされることがおおい。サクセッションといえば、それはアロジェニック(他成的)なサクセッションである。

となる。このテーゼの長所は、ユーラシア大陸内部についてはよく妥当することである。難点は、いわゆる第一地域である日本と西ヨーロッパの社会変容について、遷移が順調にとげて極相にいたるという植物群落の比喩があるばかりで、説明が不足、いや、まったくないに等しいことである。

唯物史観の場合、社会変容の推進力は奴隷、農奴、賃金労働者など生産にたずさわる人間の生産力(生産性)である。マルクス『経済学批判』の有名な序言に述べられている唯物史観のテーゼから一部を引用するならば、

社会の物質的生産諸力は、その発展がある段階にたっすると、いままでそれがそのなかで動いていた既存の生産諸関係、あるいはその法的表現にすぎない所有諸関係と矛盾するようになる。これらの諸関係は、生産諸力の発展諸形態からその桎梏へと一変する。このとき社会革命の時期がはじまるのである。経済的基礎の変化につれて、巨大な上部構造全体が、徐々にせよ急激にせよ、くつがえる。

（武田隆夫・遠藤湘吉他訳　岩波文庫　一九五六年）

というのである。このテーゼの難点は、生産力すなわち「何によって」どれだけ生産性をあげるかということに注目するばかりで、「何を」生産するかということを無視しているところにある。言い換えると、もっぱら物の交換価値（価格、数量）に関心があって、物の使用価値（品質、用途）に対する考慮がはらわれていない。そこに決定的難点がある。

それでは海洋史観の場合はどうか。海洋史観の二つの柱は島と海である。島の発展の解明に、島のみならず、その周囲にひろがる海洋にも視点をあてれば、それはおのずと一国レベルの発想を超えることになる。

島と海との関係をとらえるのに有力な理論はシュンペーターの経済発展論である。シュンペーターは「経済発展」という現象を経済学説史上はじめて真正面から主題にした（『経済発展の理論』一九一二年）。シュンペーターによれば、生産とは物と力（エネルギー）とを結合することであり、経済発展とは「新結合を遂行すること」である。社会生活はさまざまな物の組み合わせから成っている。静態的社会では年々歳々同じような結合が行われ、経済は同じ循環をくりかえす。そのような結合をシュンペーターは「循環的流れ」と表現した。一方、新結合（新原料の獲得、新生産方法の導入、新組織の実現、新財貨の生産、新販路の開拓等）がおこると、経済は循環的流れを破られて、動態的発展を経験する。経済はという概念である。「経済発展＝新結合」論の基礎にあるのは「結合」という概念である。社会生活で使用される物はさまざまに組み合わされて使われ、物は生産と消費を通してさまざまに組み合わせが変えられる。シュンペーターは生産的結合をおこなう人間主体に着目して「企業者」という概念を導入し、企業者が銀行家から信用を得ておこなう新結合を「経済発展の根本現象」だとした。

シュンペーターは物を組み合わせる主体である「企業者」という人間に着目したが、ここでシュンペーターとは袂を分かち、私は組み合わされた物の方に着目する。物は衣食住をいとなむために社会的にまとまったセットないし複合をなし、それが生活様式をつくりあげている。物が組み合わされてセットないし複合をなしているから生活様式というまとまったかたちになるのである。マルクス『資本論』の冒頭に「資本主義社会の富は巨大な商品集積として現れる」という有名な一文があるが、『資本論』の叙述はイギリス社会を対象にしているので、マルクスのいう「商品集積」とは、具体的に言えば、イギリス社会の物の集合である。個々の商品はイギリス人の生活に使われ、それらが全体としてイギリスの生活様式を作り上げている。イギリス社会にかぎらず、社会の生活様式をかたちづくるためにセットになった物の複合体は、社会生活の物的基盤をつくりあげており、それを社会の物産複合と呼ぶ。新結合がおこると物の組み合わせが変わり、物産複合は変化する。物産複合は衣食住の生活の物的基礎であり、これをいわば下部構造として、その上に文化がそびえており、物産複合が変化すると、それにつれて上部構造である文化は変容する。経済発展＝新結合がおこると物産複合は変容し、生活様式は一新するのである。こうして、経済発展論に立脚すれば、社会の物産複合の変容の実態をさぐり、またその変容の原因や時期を捉えるという接近法がうまれてくる。

物産複合の変容による社会変化というような事態は、海洋に浮かぶ島国の場合、島の内部から生み出されてくるというよりも、島の外部から舶来する文物のもつ意味が決定的に大きい。先史の日本において、コメが「海上の道」にのって伝来して縄文文化から弥生文化へ転換したといわれるように、また近代のイギリスにおいて、中国やインドから茶が帆船によって舶載されてティー文化が形成されたように、未知の物が既存の物産複合の内部に継続的にもたらされると、生活様式が変化する。生活様式とは文化のことにほかならないから、物産複合が変わると、徐々にせよ急激にせよ、文化が変容するのである。舶来品の使用が継続し拡大すると、既存の物産複合は暮らしに適した状態から適しない状態へと変わる。舶来品の流入が大量で持続すれば、外圧となる。それは社会に危機をもたらし、社会内部からのレスポンスを生み、新しい物の組み合わせをもつ物産複合に変わる。生活革命が始まるのである。

経済発展すなわち新結合による物産複合の変容を説明するには、新規の文物をもたらす海洋の役割を視野にとりこむことが欠かせない。生活様式の変化におよぼす海洋の役割をとりこんだ史観をもたねばならない。唯物史観にも生態史観にもそれは期待できない。唯物史観は生産力、生態史観が暴力を社会変容の主因とみるのに対して、海洋史観は海外から押し寄せてくる外圧を社会変容の主因とみるのである。

『地中海』とならぶブローデルのもう一つの大著『物質文明・経済・資本主義　十五～十八世紀』は三部作よりなる。第一部『日常性の構造』二分冊（村上光彦訳　みすず書房　一九八五年）は、それほど明示的に方法論は述べられていないが、十五世紀から十八世紀にかけて、新世界（アメリカ）、旧世界（アジア）からもたらされた未知なる物産が日常生活にはいりこむことによって、物質生活が徐々にではあるが、根本的に変化していくさまを、悠揚迫らざる筆致で、論述している。さきほどの用語でいえば、新しい物産が海の彼方から舶来し、ヨーロッパ社会の物産複合が変わり、物質生活が変容し、そして近代ヨーロッパが誕生したのである。『地中海』の姉妹編ともいうべきブローデルのこの大著は海洋史観にたってはじめて、その全容をしっかり捉えることができる。

西ヨーロッパにたいして地中海および北海がもった役割は決定的である。近代文明の原型をなしたのは東方貿易で繁栄したヴェネチアであるが、そのヴェネチアについて、カール・シュミット『陸と海と――世界史的考察』（生松敬三・前野浩光訳　福村出版　一九七一年）はこう述べている。

ここに一つの新しい神話的な名前が世界史の中へと入ってくる。ほとんど五〇〇年近くヴェネチア共和国は海洋支配の象徴、海上貿易を基礎として築かれた富の象徴とされ、また高度の政治の輝かしき成果であると同時に、「あらゆる時代の経済史のもっとも特異な産物」であるとされてきた。一八世紀から二〇世紀にいたるイギリス崇拝者たちがイギリスについて賛美してきたすべてのものは、すでにそれ以前にヴェネチアについて賛美されていたものなのである。すなわち――巨大な富、この海国が陸国間の対立をたくみに利用し、自分たちの戦争を他国に行なわせるすべを心得ていた卓越せる外交手腕、国内における政治秩序の問題を解決したかに見える貴族主義的な憲法、さまざまな宗教上、哲学上の意見に対する寛容、自由な理念と政治亡命の避難場所、など。さらに、絢爛たる祝祭や芸術美のあやしい魅力がこれに加わる。これらの祝祭の一つはとくに人間のファンタジーをかきたて、ヴェネチアの名声を広く世界に知らせるのに役立った。それは古い伝説に包まれた「海との婚約」、いわゆる sposalizio del mare〔海の結婚式〕である。

カール・シュミットはこのように海洋都市国家ヴェネチアの本質を見事に捉えた。ヴェネチアは東方貿易でさかえたが、それに対抗して勃興したポルトガル、それを併合したスペイン、スペインから独立したオランダ、オランダの海上覇権を奪い取ったイギリス、いずれも海洋国家である。西ヨーロッパにおける近代文明の形成について、地中海圏に隆盛した海洋イスラム文明とのかかわりをぬきにしては、本質を見誤るであろう。同様に、近代日本にとっては、明治以降に「自由貿易体制」に組みこまれたという事実だけからしても、海洋が国家存立の本質的条件であることはいうまでもない。東シナ海域、南シナ海域は、日本文明にとっての浮沈を制する死活的な海洋でありつづけている。以上のような海洋史観にたって、西ヨーロッパと日本に出現した近代文明の世界史的位置について、節をあらためて述べてみよう。

二　ヨーロッパ史の海洋的パラダイム

I　古代史の画期——歴史の誕生

ヘロドトス（紀元前四八四頃〜四三〇年頃）は紀元前五世紀に『歴史』を著して「歴史の父」と称される。『歴史』は前五世紀のペルシャ戦争を頂点とするペルシャとギリシャとの東西抗争を話の軸にして、アテネがペルシャを打ち破る過程とその余波を、ペルシャ内外の事情を伝える説話をふんだんに織り混ぜながら描いている。それは、一見、ヨーロッパ史というより、オリエント史とも受けとれる内容である。だが、その叙述はオリエントの大陸世界とははっきり異なる海洋世界アテネを浮き彫りにした。たとえば前四八〇年のサラミスの海戦の結末を、ヘロドトスはこう語る。

この激戦でダレイオスの子でクセルクセスの弟に当る司令官アリアビグネスをはじめ、ペルシア、メディアおよびその他の同盟諸国の名ある人士が多数戦死した。ギリシア側にも若干の死者があったがその数は少数であった。ギリシア人は泳ぎの心得があったので、船は破壊されても敵と刃を交えて戦死せぬ限り、サラミス島へ泳ぎ着いたのである。しかし、ペルシア兵の多くは泳ぎのできぬために海中で落命した。前線の艦船が逃亡をはじめるに至って、ペルシア艦隊の大半は撃滅の憂目に会うこととなった。というのは後方に配置された部隊は、自分たちも王に手柄を示さんものと船を前方に進めようとあせり、逃げようとする味方の艦船に衝突したからである。

（松平千秋訳　岩波文庫　一九七一〜七二年）

この叙述から、ギリシャ人は泳ぎのできる海洋民であり、ペルシャ人が泳げない陸地民であることがうかがえよう。ギリシャ人の活躍した海洋の舞台はいうまでもなく地中海である。ヘロドトスが地中海を意識していたかどうかは別にして、ギリシャ人がフェニキア王の娘「エウロペ」を掠めとって以来、その名を受け継いできたヨーロッパが海洋の真っただ中、すなわち地中海において誕生したことをヨーロッパ最初の歴史書は物語っているのである。

II　中世史の画期

ブローデルが二十世紀後半の最高の歴史家であるとすれば、今世紀前半の最も偉大な歴史家はベルギーのアンリ・ピレンヌ（一八六二〜一九三五年）であろう。ピレンヌは有名な論文「マホメットとシャルルマーニュ」（一九二二年、佐々木克巳編訳『古代から中世へ』創文社歴史学叢書　一九七五年所収）で、北方の蛮族によるローマ文明の破壊という見方をしりぞけ、南方から襲った外圧が古代と中世との間に決定的断絶をもたらしたと論じた。外圧とはイスラム勢力である。

地中海は古代にあっては「ローマの湖」であった。だが、地中海が「イスラムの湖水」になり、ヨーロッパはそこから閉め出された。カール・マルテル率いるキリスト教軍がツール・ポアチエの戦い（七三三年）でイスラム軍を破り、両者はピレネー山脈をはさんで対峙することになったのである。こうして陸地に封じこめられたヨーロッパは、かえって文化的統一体としての形を整えた。それが中世である。「文化的統一体としてのヨーロッパ」を誕生させたのはイスラム化した地中海だというのである。この論文は「イスラームなくしては、疑いもなくフランク帝国は存在しなかったであろうし、マホメットなくしては、シャルルマーニュは考えることができないであろう」という一文に要約されて結ばれている。シャルルマーニュ（カール大帝、七四二～八一四年）のフランク帝国は、九世紀から十一世紀まで封鎖状態におかれた内陸国家であったから、必然的に土地が唯一の富の源泉となる新しい経済秩序すなわち封建制を生み出さざるを得なかったのである。

ピレンヌが地中海の回復運動の端緒となった「商業の復活」というもう一つのテーゼを提起したのは、「マホメットとシャルルマーニュ」の論理的帰結である（ピレンヌ『中世ヨーロッパ経済史』増田四郎他訳　一条書店　一九五六年　第一章参照）。なぜなら、ヨーロッパ中世封建社会が地中海から隔絶することによって誕生したとすれば、新時代の胎動を告げるのは地中海の回復運動でなければならないからである。すなわちフランドル低地諸邦とイタリア北部の諸都市との間に交易路が開かれたのである。ヴェネチアは東ローマとの貿易に積極的に乗り出し、キオジア海戦でジェノヴァを破って、イスラム制海権下にある東地中海の貿易を独占した。ヴェネチアを核として、ヨーロッパは再び地中海に乗り出し、地中海はイスラムとヨーロッパの競合する海域となった。制海権をめぐる競合の帰結はヨーロッパの勝利である。

地中海におけるヨーロッパ制海権の回復は、中世の終焉をもたらし、近代の始まりを告げたのである。

III 近代史の画期

ブローデルは『地中海』における長大な叙述のクライマックスをレパントの海戦においた。

レパントの海戦が始まったのは一五七一年十月七日。……二つの艦隊は互いに相手を探し合い、十月七日の未明、レパント湾の入り口で出し抜けに出会った。……対峙するキリスト教徒とイスラム教徒、この時、どちらも驚きの色に染め上げられながら、相手の兵力を数えあげることができた。トルコ側は戦艦二三〇隻、キリスト教国側は二〇八隻。……キリスト教国側は大勝利をおさめた。難を逃れたトルコのガレー船はほんの三〇隻であった。……この衝突で、トルコ側は三〇、〇〇〇人以上の死傷者と、三、〇〇〇人の捕虜を出した。ガレー船の漕ぎ手として働いていた一五、〇〇〇人の徒刑囚が解放された。キリスト教徒側は、一〇隻のガレー船を失い、死者八、〇〇〇人、負傷者二一、〇〇〇人を出した。この成功には人的な代価が高くつき、戦闘員の半数以上が戦闘不能の状態に陥った。戦場と化した海は、戦っている人々には、突如、人間の血のように見えた。……キリスト教世界の現実的な劣等感に終止符が打たれ、それに劣らず現実的なトルコの優位が終わりを告げた。

（第三部第四章「レパントの海戦」）

血の海と化した戦闘とその余波を克明に描写しながら、ブローデルは、レパントの海戦を機に歴史の磁場が地中海から大西洋へ移る転換期を見事に描いたのである。

古代から中世への転換に関心をもったピレンヌと、中世から近世への転換に関心をもったブローデルが、期せずして、ともに海とイスラム圏とに焦点を合わせているのは偶然ではないであろう。「ヨーロッパとは何か」を読み解く視座を提供した二人の偉大な歴史家は、ヨーロッパ圏とイスラム圏とが地中海をめぐって拮抗するダイナミックな文明空間であることを示唆している。

近世における主役の海はもはや地中海ではない。舞台となったのは大西洋とインド洋である。レパントの海戦当時、イスラムの勢力はすでに東地中海から東方にのびていた。範囲は東南アジアにまで及ぶ。環インド洋圏はイスラム交易圏であった。地中海を西方に延長拡大すれば大西洋である。地中海から大西洋へという活動舞台の移動は、「地中海世界」における西地中海（キリスト教世界）と東地中海（イスラム教世界）との拮抗関係が、大西洋とインド洋に拡大したことを意味する。当時の用語でいえば、大西洋世界は「西インド」であり、インド洋世界は「東インド」である。「西インド貿易」と「東インド貿易」は近世における二大商業分野である。商業覇権をめぐって、西インドに拠点をもつヨーロッパは、東インドに拠点をもつイスラムと対峙したのである。

そこに働いているのは海洋の支配をめぐるヨーロッパ勢力とイスラム勢力との相拮抗するベクトルである。ヨーロッパ勢力はその争いに勝利した。近代資本主義は東西交易の主導権をめぐる争いから生まれたのである。その覇権の担い手はポルトガル、スペイン、オランダをへてイギリスへと変遷したが、いずれも海洋国家であり、大英帝国は七つの海の支配者と呼ばれた。中世における西地中海と東地中海との間に働いた力学は、近代には大西洋とインド洋との力学に拡大された。その帰結は何か。

中世から近世への転換において、「地中海世界」がイスラムの海からヨーロッパの海に変わり、イベリア半島からイスラム勢力が駆逐されたように、近代にかけて「インド洋世界」がイスラムの海からヨーロッパの海に変わっていく過程で、インド亜大陸からのイスラム勢力の駆逐が始まったのである。インドのムガール帝国（一五二六～一八五八年）はイスラム帝国であった。そのムガール帝国をイギリスは直接統治下におき、ヴィクトリア女王（在位一八三七～一九〇一年）がインド皇帝を称した。ヴィクトリア女王はイギリス国教会の首長である。イギリス国教会とは、周知のごとく一五三四年にヘンリー八世が首長令を発布して創設したものであり、イギリス国王を宗教界の最高の首長とする。イスラム教のムガール皇帝はキリスト教の首長に屈服した。イギリスがヨーロッパ列強の代表であるとすれば、ムガール帝国の植民地化は、ヨーロッパというキリスト教文明とイスラム文明との数世紀にわたるダイナミックな力関係を決定的にキリスト教文明側にシフトさせた文明史上の大事件である。第一次大戦前、事実上、インド洋は「イギリスの湖」となっていた。第二次大戦後、イギリスは一九四七年のインド独立に際して、巧妙にもイスラム教徒を現在のパキスタンとバングラデシュに追い出した。

これを要約しよう。

第一に、古代の成立（ヘロドトス・テーゼ）、中世の成立（ピレンヌ・テーゼ）、近世の成立（ブローデル・テーゼ）といういずれの歴史的画期にも、海の役割が決定的であったということである。

第二に、ヨーロッパとは何かを読み解く視座は、ヨーロッパ圏とイスラム圏とを海洋支配をめぐって拮抗するダイナミックな一つの文明空間として捉えうるということである。

第三に、教科書でいわれる「西洋史」は、教科書でいわれる「日本史」「東洋史（中国史）」とは異なる独自の文明空間だということである。

そこでつぎに西洋史とは異なる文明空間にある東洋史・日本史を、特に日本に焦点を当てながら、「海」から眺めてみよう。

三　日本史の海洋的パラダイム

日本は六千八百余りの島からなる島国である。ゆえに、海を渡ってくる文明の波に洗われながら社会が発達してきた。海と陸という観点から見ると、日本社会は海洋志向の時代と内陸志向の時代とを交互に繰り返している。奈良・平安時代、鎌倉時代、江戸時代は内陸志向であり、奈良時代以前、室町時代、明治時代以降の時期は海洋志向である。興味深いのは、三つの海洋志向の時代の末期に、それぞれ白村江の海戦（六六三年）の敗北、秀吉の朝鮮出兵（文禄・慶長の役、一五九二〜九八年）の失敗、太平洋戦争（一九四一〜四五年）の敗北を経験していることである。敗北は国家存亡の危機をもたらす。これら三つの危機を日本を襲った荒波にたとえるならば、日本社会は海外からの撤退を余儀なくされるごとに、海洋志向から心機一転して内地志向に転じ、内治を優先して国内のインフラストラクチャーを整備して、新社会を生み出してきた。

Ⅰ　第一の波――「日本」の誕生

中国には二十八種の正史がある（正史とは、皇帝公認の歴史であるが、中華民国以降は皇帝がいないので、司馬遷『史記』から清代に編まれた『明史』までを正史の名に値するものとして「二十四史」と総称されることがある）。そのうちわが国について記すものが、『三国志』に含まれる有名な『魏志倭人伝』のほか、十八種ある。それらは「倭」についてのみ記す『後漢書』『三国志』『晋書』『宋書』『南斉書』『梁書』『南史』『北史』『隋書』、「倭」と「日本」を併記する『旧唐書』、そして「日本」について記す『新唐書』『宋史』『元史』『新元史』『明史稿』『明史』『清史稿』『清史』に分けられる。それらを通観すれば、中国人によるわが国の呼称が唐代（六一八〜九〇七年）に「倭国」から「日本」へ変わったことがわかる。

「倭」から「日本」への国号の転換を記す『旧唐書』の記述はこうである。

日本国は倭国の別種なり。その国日辺にあるを以て、故に日本を以て名となす。あるいはいう、倭国は自らその名の雅ならざるを悪《にく》み、改めて日本となすと。あるいはいう、日本は旧《もと》小国、倭国の地を併せたりと。その人、入朝する者、多く自ら矜大、実を以て対《こた》えず。故に中国焉《こ》れを疑う。

（『新訂旧唐書倭国日本伝・他二篇』石原道博編訳　岩波文庫　一九八六年）

すなわち「日本国」は「倭国」とは別物だというのである。この記述は、その直前の

「[貞観]二十二年に至り、また新羅に附し表を奉じて、以て起居を通ず」という記事と、直後の「長安三年その大臣朝臣真人[粟田真人]、来りて方物を貢す。……真人好んで経史を読み、文を属するを解し、容止[姿]温雅なり。則天[則天武后]これを麟徳殿に宴し、司膳卿を授け、放ちて本国に還らしむ」という記事の間に挿入されている。貞観二十二年は六四八年、長安三年は七〇三年であるから、この間、五十五年である。そのどこかで「倭」から「日本」への国名の転換があった。中国から見るかぎり、この列島には七世紀以前には「倭国」だけが存在し、「日本」という国は七世紀後半になって初めてこの列島に誕生した。

この時期の主な出来事を年表で示せば、

六六三年　白村江海戦で敗北
六六七年　近江大津宮へ遷都
六六八年　皇太子中大兄皇子の即位
六七一年　近江令の施行。天智天皇没
六七二年　壬申の乱
六七三年　天武天皇即位
六九四年　藤原京へ遷都

七〇一年　大宝律令制定
七一〇年　平城京遷都
七二〇年　『日本書紀』

つまりこの半世紀余の期間に日本は唐の制度である律令、都城制、正史を受容した。そこで唐と日本との関係に焦点を定めると、六六三年の白村江の海戦での倭の海軍の敗北がクローズアップされるだろう。白村江の敗戦直後の唐の日本に対する動きを年表で表せば、

六六四年　唐の百済鎮将の使者ら大宰府に来る。
六六五年　唐使筑紫に来る。
六六七年　唐将の使者ら来る。
六六九年　唐の使者ら二千余人来る。
六七一年　沙門道久ら四人唐より対馬に帰り、唐使の来日を告げる。

これらから看取できるように、白村江で倭の海軍が全滅した後、唐から軍人がたびたび来日し、六六九年には二千余人もの大集団が来ている。一種の占領軍であろう。わが国は戦勝国の唐帝国の外圧にさらされていたのである。現代日本が敗戦後、アメリカを中核と

する占領軍の巨大な外圧のもとで新憲法を採択して誕生したように、七世紀後半から八世紀初めにかけて、倭国艦隊の全滅で海洋志向を断ち切られ、海洋志向から内地志向にかわり、内治を優先させ、近江令という最初の律令を制定し、藤原京という最初の都城制の都を建設して、それまでの大王にかえて天皇の位を設けて、日本建国を行い、それを正当化する『日本書紀』を編んだということであろう。「倭」「倭国」を海洋志向の社会、「日本」を陸地志向の社会と読み込むと、海洋の倭国が白村江の敗戦で叩かれて壊滅したあと、大陸軍の侵攻の脅威にさらされ、この列島の担い手が恐怖に縮み上がって外向きの海域志向から内向きの内陸志向へと転換したということである（上山春平『日本の成立』文藝春秋一九九四年、岡田英弘『日本史の誕生』弓立社　一九九四年などを参照）。

その後の六百年余りシナ海の制海権は中国の掌中にあり、日本は内治優先を徹底させて、唐の文化を手本としつつも、国風文化を育てた。このあたりの歴史は周知のことがらに属するであろう。

II　第二の波——経済社会の誕生

国風文化をむさぼっていた日本人の安穏を破ったのは文永・弘安の役いわゆる元寇である。文永の役（文永十一〔西暦一二七四〕年）について『元史』（『新訂旧唐書倭国日本伝・他二篇』所収）にいわく。

〔至元〕十一年三月、鳳州経略使忻都・高麗軍民総管洪茶丘に命じ、千料舟・抜都魯軽疾舟・汲水小舟各々三百、共に九百艘を以て、士卒一万五千を載せ、期するに七月を以て日本を征せしむ。冬十月、その国に入りこれを敗らんとするも、官軍整わず、また矢尽き、ただ四境を虜掠して帰る。

弘安の役（弘安四〔西暦一二八一〕年）について、

〔至元十八年〕八月一日、風舟を破る。五日、文虎等の諸将、各々自ら堅好の船を択びてこれに乗り、士卒十余万を山下に棄つ。衆議して張百戸なる者を推して主帥となし、これを号して張総管といい、その約束を聴く。方《まさ》に木を伐りて舟を作り還らんと欲す。七日、日本人来り戦い、尽《ことごと》く死し、余の二、三万は、そのために虜去せらる。九日、八角島に至り、尽く蒙古・高麗・漢人を殺し、新附軍は唐人たりといい、殺さずしてこれを奴とす。……十万の衆、還るを得たる者三人のみ。

とある。

元寇は「十万の衆、還るを得たる者三人のみ」という表現に見えるとおり、惨憺たる失敗に終わった。その帰結は何か。二度の失敗で、中国はシナ海の制海権を失った。そして再び倭寇の跳梁する海洋志向の時代が訪れたのである。『元史』に「新附軍は唐人たりといい、殺さずしてこれを奴とす」とあるが、元代中国には蒙古・色目・漢人・南人の四種類の区別があり、日本人は南人すなわち江南の唐人以外の者は敵として殺したのである。文中の「新附軍」は江南軍とも呼ばれたが、彼ら「唐人」の命を日本人は助けた。日本人は捕えた唐人から、造船術、航海術、海流、物産のありかなどを学んだにちがいない。元寇の半世紀後から倭寇の時代が本格化する。元寇は倭寇という思わぬ鬼子を産み落としたのである。

それゆえ倭寇すなわち日本人の活躍の場が海洋中国の活躍の場と一致するのは偶然ではない。斯波義信の『華僑』（岩波新書　一九九五年）によれば、唐人と華僑とは同じである。華僑という言葉自体は日清戦争後の条約で「僑寓臣民」に対する日清両政府の相互保護がうたわれてから普及した。唐人（ないし華僑、海洋中国人）の歴史は古く、その原型は八世紀の福建人に遡る。当時、山がちの福建は、陸上からは近づきがたいので、海上に浮かぶ孤島だと思われていた。福建人は農業よりも海上商業に生活の糧を求め、シナ海に面した地に住む福建ほか沿岸の海洋中国人が、南洋から来たアラブのダウ船に接して海洋に乗り出せる造船術をものにして、シナ海を舞台とする唐人の歴史が始まったのである（一九六頁図）。その唐人の進出地域に日本町が作られた（一九七頁図）。さらに先の大戦で日本の進出した地域も唐人（華僑）の活躍地域である（一九八頁図）。いかに日本の対外関係が海洋中国と密接に関係したかは、それらの地域を比較すれば一目瞭然である。

十四〜十六世紀の三百年間は「倭寇の時代」である（田中健夫『倭寇——海の歴史』教育社歴史新書　一九八二年）。環シナ海域を舞台に日本人（だけではなかったが）は暴れ回った。そのあたりの事情は村井章介『中世倭人伝』（岩波新書　一九九三年）に詳しく描かれているが、倭人の活動の頂点ともいうべきものが文禄・慶長の役である。これは朝鮮では「壬辰・丁酉の倭乱」と呼ばれた。秀吉の朝鮮出兵は大陸側からみれば乱暴な海賊「倭寇」以外の何者でもなかった。しかし日本軍は李舜臣の率いる水軍に翻弄され、秀吉の海外遠征は大失敗に終わった。その結果、海洋志向の「倭寇の時代」にピリオドが打たれ、続く関が原の合戦（一六〇〇年）では、海洋志向の西軍が陸地志向の東軍に敗れた。近世日本は海洋志向を断ち切り、「鎖国」という陸地システムをつくりあげる姿勢を明確にした。鎖国は海禁とも呼ばれる（荒野泰典『近世日本と東アジア』東京大学出版会　一九八八年、山本博文『鎖国と海禁の時代』校倉書房　一九九五年）。海禁という言葉が示しているように、鎖国には海から迫る外圧への防衛意図があった。

「倭寇の時代」から「鎖国の時代」にかけて日本は世界有数の金銀銅の産出国となり、それらは十七世紀には日本列島の大改造にあてられた。全国に一国一城というかたちで城下町が建設され、河川が改修され、新田が開発されたのである。内治優先の時代の再来であ

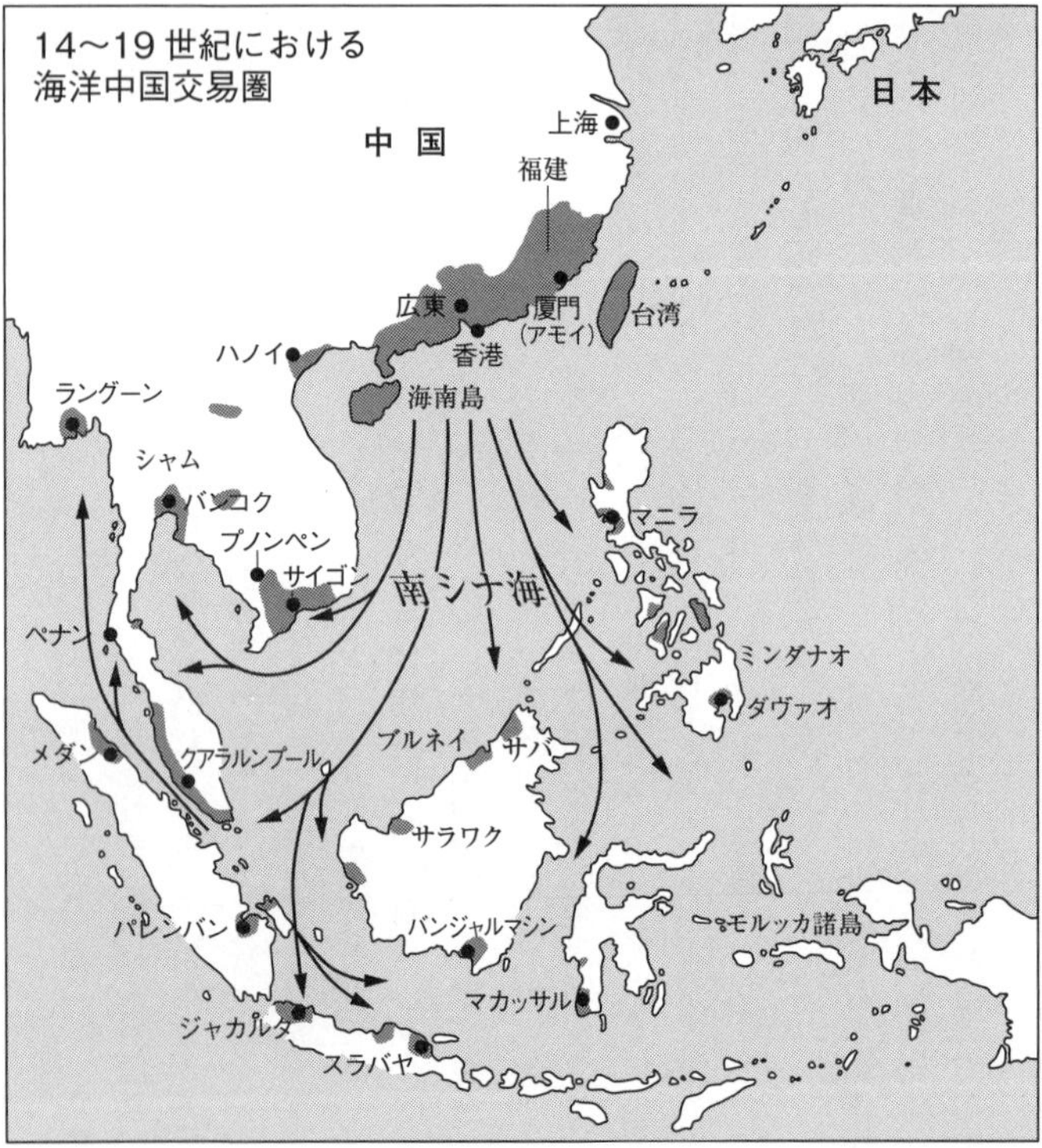
14〜19世紀における
海洋中国交易圏
中国
日本
上海
福建
広東
廈門
(アモイ)
台湾
香港
ハノイ
海南島
ラングーン
シャム
バンコク
プノンペン
サイゴン
南シナ海
マニラ
ペナン
ミンダナオ
ダヴァオ
ブルネイ
サバ
メダン
クアラルンプール
サラワク
モルッカ諸島
パレンバン
バンジャルマシン
マカッサル
ジャカルタ
スラバヤ

● 鎖国以前の日本町・日本人在住地

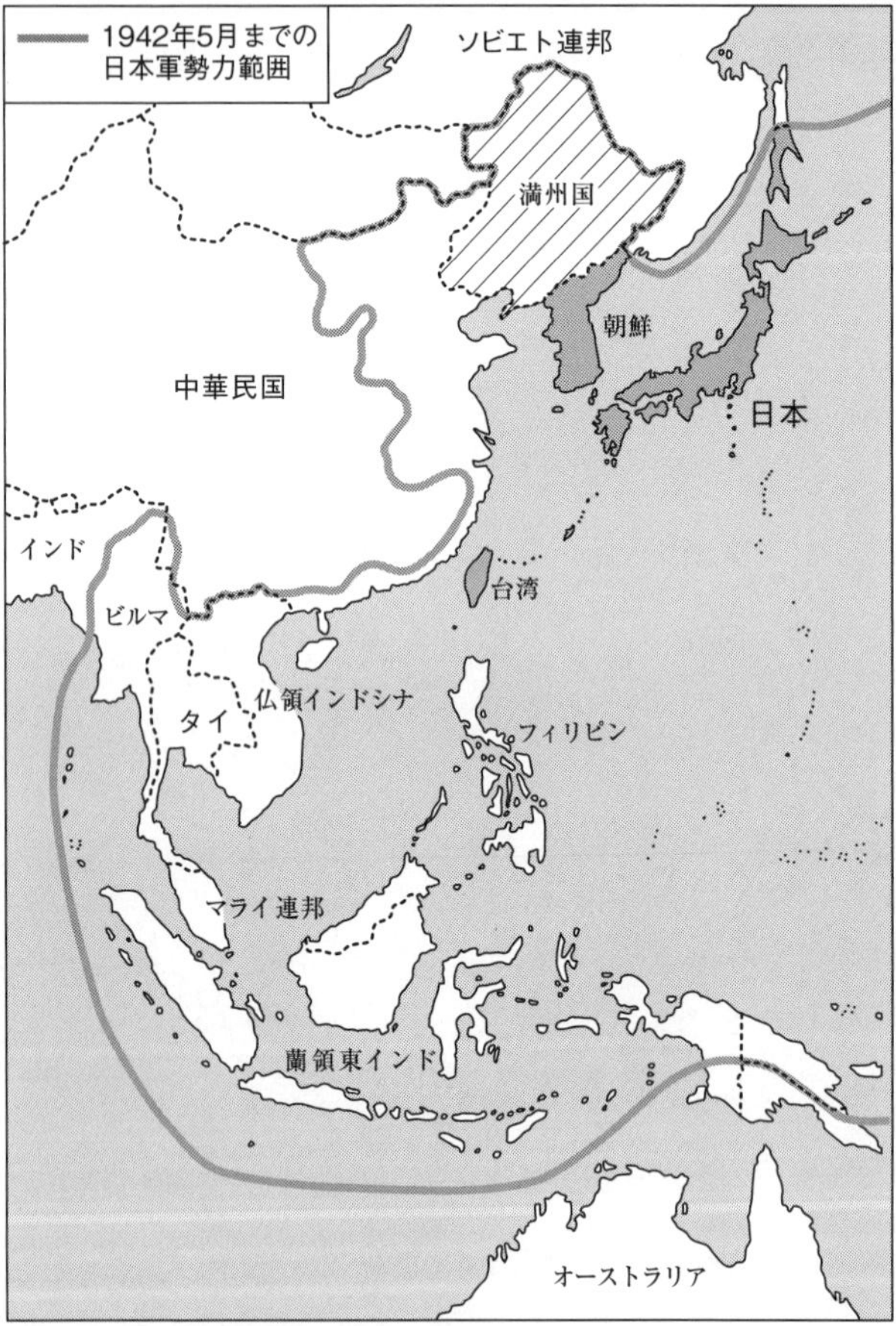
1942年5月までの
日本軍勢力範囲
ソビエト連邦
満州国
朝鮮
中華民国
日本
インド
台湾
ビルマ
仏領インドシナ
タイ
フィリピン
マライ連邦
蘭領東インド
オーストラリア

る。それとともに、金銀銅は海外のさまざまな物産（タバコ、木綿、生糸・絹織物、砂糖、藍、陶磁器等々）の購入にあてられた。これらが相俟って貨幣素材の深刻な不足を招いた。新井白石（一六五七〜一七二五年）の『本朝宝貨通用事略』は、十七世紀におけるこの事情をもっとも的確に述べるものである（以下、抄録）。

本朝金銀外国へ入りし惣［総］数の事

一、金六百十九万二千八百両余。慶長六年より正保四年迄凡《およそ》四十六年が間に外国へ入りし大積り、并《ならびに》正保五年より此かたの総数なり。

一、銀百十二万二千六百八十七貫目余。慶長六年より正保四年迄四十六年が間に外国へ入りし大積り、并正保五年より此かたの総数なり。
右金銀の事は正保五年より宝永五年迄長崎一所にて外国へ入りし大数を二倍にして両口を都合せし積りなり。

一、銅二億二万二千八百九十九万七千五百斤余。慶長六年より寛文二年迄六十一年が間に外国へ入りし大積り、并寛文三年よりこのかたの総数なりこれは寛文三年よりこのかたの数を二倍せし積りなり。
右は慶長六年より宝永五年迄百七年の間に我国の金銀銅外国へ入りし所の大数也。此数を以て推す時は外国へ入りし金は只今我国にある所の金の数三分が一に当れり。

我国只今の新金は古金二千万両を以て造り出せし所なりといふ六百十九万両を三つ合すれば大数二千万両に近し。銀は只今我国にある所の数よりは二倍ほど多く外国へ入りし也。我国の内古銀の数四十万貫目ならではなしといふ然るに外国へ入りし数百二十万貫目近くなれば我国の銀は殊の外に減ぜしなり。但し此大数はよほど引入れたる積りなるべし凡外国に入りし所の金銀銅の総数是よりは猶夥き事にや。

……金銀の天地の間に生ずる事これを人にたとふれば骨のごとく其余の宝貨は皆々血肉皮毛のごときなり。血肉皮毛は傷《やぶ》れ疵つけども又々生ずるものなり。米穀布帛をはじめてもろもろの器物等皆然也。骨のごときは一たび折れ損じてぬけ出ぬれば二たび生ずるといふ事なし金銀は天地の骨なり。五行のうち木火土水は血肉皮毛也。金は骨也。これを採る後には二たび生ずるの理なし。……かくて此後も今迄の事のごとくに毎年に十四五万両を失ひなば、十年にして百四五十万両を失ひ百年にして千四五百万両をうしなふべし。……凡て異国の物の中に薬物は人の命をすくふべきものなれば一日もなくてはかなふべからず。是より外無用の衣服翫器の類の物に我国開け始りしより此かた神祖の御代に始て多く出たりし国の宝を失はん事返す返すも惜むべき事也。

（『新井白石全集』第三巻　国書刊行会　一九七七年）

新井白石が「天地の骨」にたとえた金銀の流出をふせぐために、では、どのような対策がなされたのであろうか。輸入品を自力で生産したのである。そのモデルを提供したのは宮崎安貞（一六二三〜九七年）の『農業全書』である。一六九六（元禄九）年に著された『農業全書』は、明治以前に書かれた最高の農書であるにとどまらず、日本科学史の最重要の古典である（筑波常治『日本の農書』中公新書　一九八七年）。その自序には危機感が吐露されている。

――むかしより、年ごとに、唐舟《もろこしぶね》に無益の物まで多くつみきたりて交易し、我国の財を他の国の利とする事、豈おしまざらめやは。是ひとへに我国の民、種芸の法をしらずして国土の利を失へるなり。又本邦の諸国にしても是に同じ。各我国に種植の道よく行ひ、其国の土地に出でくる物を取りて国用たりなば、多く我国の財を出して他国の物を買ひ求むる患なかるべし。

（岩波文庫　一九三六年）

と。そして、中国との競争意識が顕著である。

――農政全書を始め唐の農書を考へ、且本草を窺ひ、凡中華の農法の我国に用ひて益

『農業全書』の生産志向が開花したのが十八世紀。十八世紀に労働集約型の生産革命いわゆる「勤勉革命」をとげて、土地の生産性が世界一になったことは、先に触れた通りである。近世社会は、身分制ながらも、人々の行動規範が経済合理性に貫かれた「経済社会」であったというのが今日の通説である（速水融・宮本又郎編『経済社会の成立』「日本経済史」第一巻　岩波書店　一九八八年）。

では、危機克服の形がなぜ「鎖国」に帰結したのか。宮崎安貞の危機意識にみられるように、当時の日本がモデルにしたのは中国であったからである。中国は、南船北馬といわれるように、北の「大陸中国」と南の「海洋中国」という二つの顔をもつ。「大陸中国」とは、公式の中華帝国であり、対外的には冊封体制・朝貢貿易・海禁、対内的には自給自足を建て前としている。一方、「海洋中国」はいわば非公式の中国であり、経済中心であり、自由交易を志向する「華僑」の世界であり、ボーダーレスである。

一方、日本は中国より規模ははるかに小さいが、西船東馬という特徴をもち、西日本は海洋的性格をもち、東日本は陸地的性格をもつ。「鎖国」は、シナ海域を舞台とする「海洋中国」の外圧に対し、自給自足型の「大陸中国」の形を志向した国家体制であり、陸地志向をもつ関東が政治の中心になったのは故なきことではない。西日本の諸大名は、一六〇九（慶長十四）年に五百石以上の船については軍船・商船の別なく幕府によって没収され、一六三五（寛永十二）年には「五百石以上之船停止之事」といういわゆる大船建造禁止命が発令されて、水軍力を徹底的にそがれた（安達裕之『異様の船』平凡社　一九九五年）。海洋世界は、外国人（唐人、オランダ人）の手にまかせられたのである。

かくして、近世日本は大陸中国という公式の顔を真似て、すべてを自給生産した。中国には「農」を中心とする大陸中国の顔とともに、「商」という海洋中国の顔がある。後者は公式の顔ではない。日本が真似たのは公式の顔である「農」中心の大陸中国であった。それが農本主義による自給自足体制を理想とする陸地志向の鎖国日本を生んだのである。それを成立させたのは海洋中国の外圧である。

四　海洋アジアの波——チャレンジとレスポンス

Ⅰ　生産革命と脱亜

以上のように、ヨーロッパと日本の歴史的画期を、海からながめかえしてみると、イスラム教文化圏と対峙するキリスト教文化圏ヨーロッパの成立と、中国と対峙する日本の誕生とは、ともに八〜九世紀である。ヨーロッパと日本における近世の成立が十六〜十七世紀であるから、歴史的画期が符合しており、歴史の平行現象に気づかされる。もっとも、八〜九世紀のヨーロッパの成立、日本の誕生は無関係に生じたものであり、偶然性をまぬかれないが、近世の成立は日本とヨーロッパとが交流をもってからの歴史的画期であり、偶然に帰せしむることはできない。

まさにこの近世期（一五〇〇年頃〜一八〇〇年頃）に、西ヨーロッパに「近代世界システム」、日本に「鎖国システム」という二つの経済社会が出現した。時期を同じくして経済社会が両地域で出現したのは、両地域の人々が同じ時空間を共有し、類似の危機に直面し、類似の解決方法を見出したからである。同じ時間とは「ブローデルの世紀」ともいうべき十六世紀、同じ空間とは海洋アジア、類似の危機とは貨幣素材の流出、類似の解決方法とは人類史上最初の生産志向の経済社会の形成である。なぜ類似したのか、それは両者とも辺境であり、文物を海洋アジアという文明空間から受容したからである。両者とも高い文明からチャレンジを受けたことにおいて共通したのである。

ただし、両地域に働いたレスポンスのベクトルの方向は対照的であった。ヨーロッパは外向きの開放経済体系、日本は内向きの封鎖経済体系をとった。この相違は、中世と近世のはざまで両者が体験した激烈な海戦の帰趨と無関係ではない。フェリペ二世がトルコとのレパント海戦に勝利したことは、外向き志向を強化したのに対して、フェリペ二世と同年に死去した豊臣秀吉（一五三七〜九八年）が明征服に失敗し、それまで外向き志向できたベクトルが、徳川期に内向きになった。海戦という事件史的時間の体験において、一方は勝者、他方は敗者という決定的な違いがある。にもかかわらず、海洋アジアとの関係から生まれた歴史構造は、ヨーロッパと日本は相似ていた。それが両者に共通した現象を生んだ。一つは生産革命を経験したこと、もう一つは脱亜を達成したことである。

ヨーロッパは商業の復活以後、日本は倭寇の出現以後、アジア海域から大量のさまざまな物産を継続的に輸入し、輸入は拡大した。その見返りに、ヨーロッパは新大陸の貴金属を、日本は国産の貴金属（それに銅）を支払った。このような貨幣素材の流出は、当時の両地域の文明の後進性に由来するものであり、一時的な性質のものではなく、構造的性質をもっていた。それゆえに、アジア物産の輸入は長期の持続を見たのである。文物の受容の対価として日本とヨーロッパから海洋アジアに流れた貨幣素材の流出も同様に構造的である。それは両社会に経済危機をもたらした。近世前半期においては、ヨーロッパでは重商主義政策がとられ、日本でも改鋳や金銀銅流出への抑制策が講じられた。しかし、それらは抜本的な解決策にはならない。

最終的な解決策はそれらの輸入品を自給生産することである。生産とは、生産要素（土地・労働・資本）を人間が結合する行為である。日本列島は土地が稀少であり、労働は豊富であったから、稀少な土地の生産性をあげるのが合理的選択であった。ヨーロッパは、労働が稀少であり、海外に獲得した土地は広大であったから、稀少な労働の生産性をあげるのが合理的選択であった。こうして十八世紀にヨーロッパ特に西ヨーロッパと日本で生産革命がおこったのである。西ヨーロッパで進行した生産革命は「産業革命」といわれる。これは資本集約型・労働節約型の技術で、労働の生産性をあげることによって、商品の量産を可能にした生産革命である。一方、日本で進行した生産革命は、速水融によって「勤勉革命」と名づけられている。これは、資本節約型・労働集約型の技術で土地の生産性をあげ、商品の量産を可能にした生産革命である。生産革命は一八〇〇年頃には軌道にのり、西ヨーロッパも日本も、アジア物産の輸入状態から基本的に脱し、自給体制を確立したのである。

その歴史的意義は脱亜の達成であった。ユーラシア大陸の両端でおこった生産革命によって、ヨーロッパはイスラム文明の海域圏すなわち環インド洋にひろがるダウ船の海洋イスラム世界から自立し、日本は中国文明の海域圏すなわち環東シナ海・南シナ海にひろがるジャンク船の海洋中国から自立した。近代世界システムの政治的特徴である「戦争と平和」の世界観がイスラムの「戦争の家」と「平和の家」の世界観に由来し、徳川日本を特徴づける「華（文明）と夷（野蛮）」の世界観は疑いなく中国の中華思想に由来する。その過程は旧アジア文明から自立して離脱したという意味で脱亜である。

十九世紀に確立した近代世界システムと鎖国システムとは、いずれもアジア文明圏からの離脱すなわち「脱亜」の完成形態である。近世鎖国は国内自給であったが、近代世界システムは大西洋をまたにかけた自給圏である。近代世界システムの中核的政治経済システムである大英帝国は自由貿易を標榜したが、自由貿易論はイギリス中心の自給圏の内部論理である。大英帝国は海洋自給圏、徳川日本は陸地自給圏をつくりあげた。自給方法は相異なっても、脱亜の過程を色濃く特徴づける生産志向の経済社会としては相似ることになったのである。

経済社会の形成は海洋アジアを通して働いた外部の古代文明の力に対するレスポンスであった。経済力は軍事力にまさるともおとらない威力をもつ。海洋アジアから流入した文物は、日本と西ヨーロッパに巨額の赤字をもたらした。箱入りの温室育ちのなかで近代社会が出現したのではない。経済的外圧に対抗するレスポンスとして生産革命がおこり、国産化＝自給自足が達成され、生産志向の経済社会が出現したのである。日本は鎖国システム、ヨーロッパは大西洋経済圏という自給自足の生産システムをもつ経済社会は十九世紀初めに確立した。日本とヨーロッパが近代の夜明け前に直面していた海洋アジアからもたらされる巨大な経済力の脅威を見落とすべきではないのである。海洋アジアからの市場経済の圧力は、乾燥地帯からの軍事力の脅威と匹敵したというべきである。

II　近代は海洋アジアから誕生した

ところで、世界史の教科書に登場する古代の文明は、ユーラシア大陸に聳える大山脈に濫觴をもち、大陸を縫って流れるチグリス・ユーフラテス、インダス、黄河などの大河の流域に殷賑を誇った。古代の大陸文明の伝播の流れは、東方へは南アジア・中国からシナ海を経て日本に達し、西方へは西アジアから地中海を経てイギリスに達した。大陸文明から見れば、東西両端の海に浮かぶ日本とイギリスは、長い間、いわば文化果つる辺境の地にあった。その辺境の島国に新しい文明が出現した。西の辺境というべきイギリスが最初の工業国家になり、東の辺境というべき日本がアジア最初の工業国家になった。古代の文明は「アジア」の「大陸」に形成された。それにたいして、近代文明は「非アジア」の「海洋」に生まれたのである。世界史のダイナミズムを生み出す舞台は、いったいどういう理由で、アジアから非アジアへ、大陸から海洋へと変わったのであろうか。

文明の舞台が大陸にあった時代、シルクロードは大陸の諸文明を東西に横断して結びつける大動脈であった。この陸の大動脈を、それまで南方で発達していた海上の道に結びつけたのは元帝国である。それは元帝国がイスラムに対して寛容な態度をとったからである。そのことを示すのはマルコ・ポーロ（一二五四〜一三二四年）の旅行である。マルコ・ポ

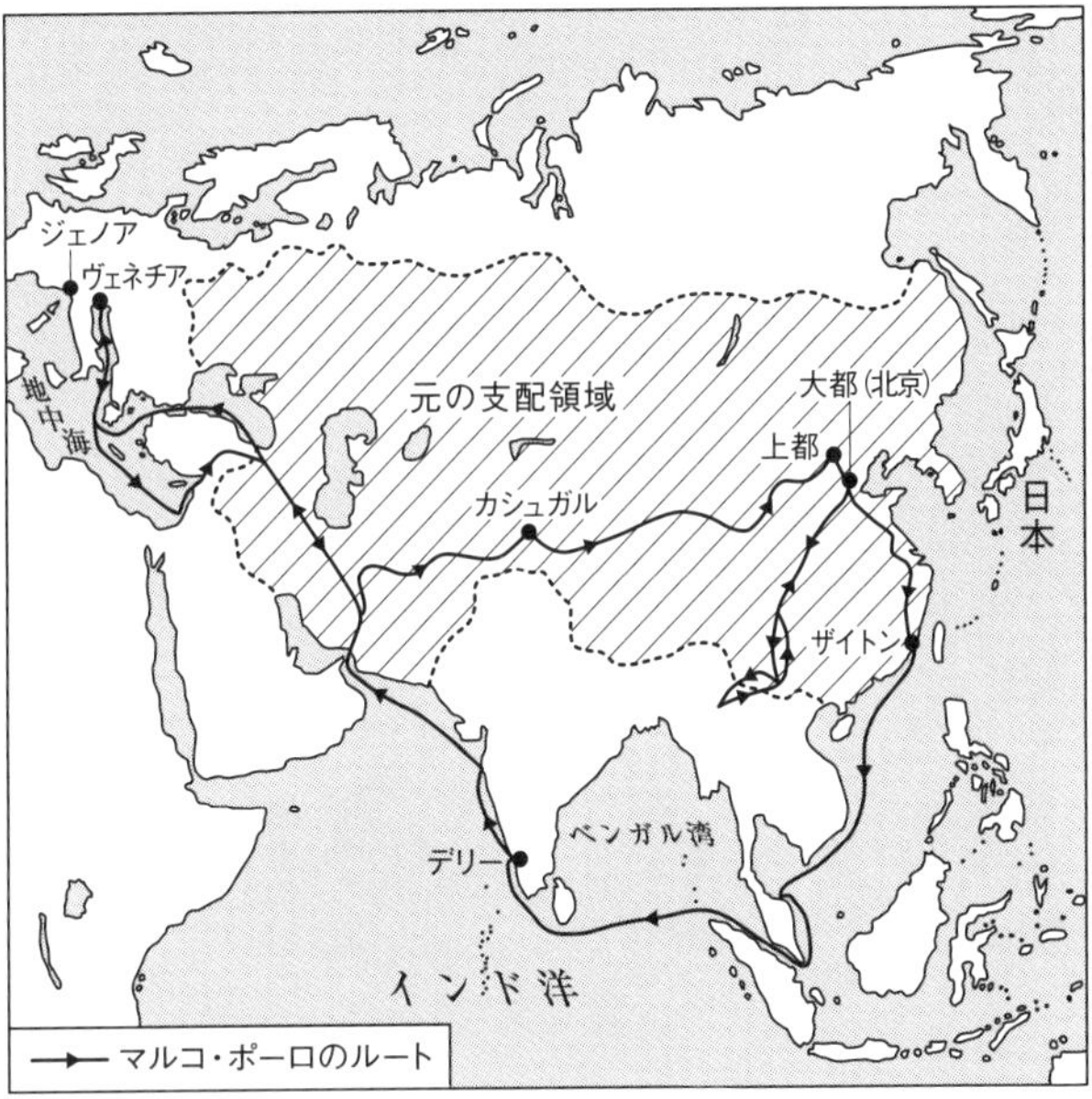

ーロが父ニコロ、叔父マフェオとともに、故郷ヴェネチアをたち、上都(開平)に着いたのは一二七五年、二十一歳の時であった。以来、一二九二年に帰国の途につくまで十七年間、元の世祖フビライの厚遇を受け、中国各地を旅行した彼は、中国の富に仰天してそれを詳細に記録し、日本を黄金の国ジパングとして紹介した。その記録が『東方見聞録』である。彼は、往路は「陸上の道」すなわちシルクロードを逆進し、復路は「海上の道」すなわちシナ海を南に下り、東南アジアを経て、ヴェネチアに戻った(二〇九頁図参照)。

それは元代に陸上の道と海上の道とを結ぶ世界最大の循環路が出現したことを物語っている。『東方見聞録』はヨーロッパ人の間に東方への夢をかきたて、大航海時代の引き金になった。ランケは『世界史概観』で、「蒙古族の侵入とともに、アジアにおける文化はまったく終末を告げた」と断じたが、アジアの文明に当時のヨーロッパ人は憧れていた。東方への憧れは近世期にも継続している。海上の道は、後代、運ばれたおもな物産の名をとって「スパイス（胡椒・香辛料）の道」「陶磁の道」などと呼ばれた。文化は高いところから低いところに向かって流れる。これらの物産は海上の道を文明の高いアジアから低いヨーロッパへ向けて運ばれた。

以後の歴史は海洋アジアに舞台が移る。西洋最初の工業国家イギリスと東洋最初の工業国家日本は、巨大なユーラシア大陸によって隔てられており、互いに無関係の歴史を歩んでいた。しかし旧文明の東西両端に位置する両者が海洋アジアを通して歴史の時空間を共有することになった。言葉の正しい意味における近代世界史が幕を開けたのである。その交流の中心は東南アジア海域である。

東南アジアが海洋アジアの中心になったのは、第一に、地理的条件である。東南アジアは海洋中国と海洋イスラムが出会うところであり、東西諸文明の海の交叉路に当たっている。十四世紀当時、環インド洋圏にはイスラム文化が普及し、ダウ船が行き交っていた。それは「海洋イスラム」の世界である。一方、環シナ海は文字通り中国の影響圏であり、ジャンクが行き交った。それは「海洋中国」の世界である。「海洋イスラム」と「海洋中国」は東南アジアを境に棲み分けたが、東南アジアにおいてはモザイク状に入り乱れて商業活動を営んだ。第二に、東南アジアは人類の死活にかかわる物産を産した。東南アジアの特産物である胡椒・香辛料・香料は東西両洋から希求された。元帝国の崩壊する前後にユーラシア大陸全域に疫病が流行したが（マクニール『疫病と世界史』）、疫病に効能があるとされていたのが胡椒・香辛料であった。東南アジアはその大産地であった。

こうして、十五〜十七世紀の東南アジア海域世界は、アラブ・イスラム文明、ヒンズー文明、中華文明等から多数の商人がそれぞれの文明の諸物産を持って訪れ「商業の時代」を現出した。東南アジアの海洋ネットワークは「港市（port of trade）」システムといわれるが、それは自由な交易システムである。十八世紀後半から、東南アジアに進出したイギリス人の間でカントリー・トレイドといわれる自由にアジア域内交易に従事する民間商人の動きが活発になった。彼らイギリスの民間商人は東南アジアの港市システムに倣い、本国政府に向かって自由貿易を主張し、東インド会社の貿易独占に反対して、ついに解散に追いやった。彼らはやがてイギリスの自由貿易の担い手になる。イギリスの商社として有名なジャーディン・マセソンやスワイヤーはさかのぼればカントリー・トレイダーである。イギリス人は東南アジアで自由貿易を学び、それをイデオロギーにした。自由貿易はアングロ・サクソンの専売特許ではない。原型は東南アジアにある。

ヨーロッパと日本は海洋アジアに加わり、世界史の舞台に登場することになった。改めて、海洋アジアの中心であった東南アジアから歴史の流れを見直しておこう。

東南アジアは、アメリカ合衆国の世界戦略のなかで地域研究の対象となった。それは戦後であり、日本ではわが国の東南アジア研究者を結集して編まれた『講座　東南アジア学』全十巻（弘文堂　一九九〇〜九二年）が出たのは、ほんの数年前である。そもそも「東南アジア」という地域名が登場したのは今世紀になってからである。西洋では一九〇二年に出版された『東南アジアの古銅鼓』という書物が「東南アジア」を学問的に使った最初であり（石井米雄編『東南アジアの歴史』弘文堂　一九九一年）、日本では一九一九年に発行された『尋常小学校地理』巻二で、それまで「南洋」といわれた地域をアジア州のうちに数えて「東南アジヤ」と呼んだのが最初とされる（清水元「近代日本における『東南アジヤ』地域概念の成立」『アジア経済』第二八巻六、七号）。

現在の東南アジアはAPEC加盟国・地域の三分の一を構成するASEAN（東南アジア諸国連合）として注目を集めている。ASEANは一九六七年にタイ、インドネシア、フィリピン、マレーシア、シンガポールの間で結成された反共国家群の協力機構であったが、現在ではブルネイ（八四年加盟）のほか、旧共産主義国家ベトナム（九五年加盟）も一員であり、カンボジア、ラオス、ミャンマーが加われば東南アジア十か国体制になる。そうなれば人口も四億となり、EU（欧州連合）に勝るとも劣らない巨大市場圏が出現する。

東南アジア諸国が世界史に登場するのは、近々百年というのが通念であろう。タイをのぞき、十九世紀後半、西洋諸国の植民地になり、ゴムや錫などの供給地として世界史に登場した。ちなみにアジアNIES（韓国、台湾、香港、シンガポール）は、韓国をのぞけば、中国人が主導権を握っている。アジアの経済発展を担うこれら中国人の大半は、百年ほど前に国内で食いつめて農村を離れ、苦力として東南アジアほかシナ海域に散らばった華僑・華人である。

もとより、今日「東南アジア」と呼ばれる地域は、それ以前からある。ただ、それはヨーロッパ人が到達する以前からアメリカ大陸が存在したというのと同じ意味ではない。アメリカ大陸はヨーロッパ人が到達してから世界史に登場したが、東南アジア地域は、ヨーロッパ人が到達する前から、周囲の世界に対して深甚な影響を与えていた。

冒険商人トメ・ピレスが一五一四年頃に著した『東方諸国記』（岩波書店　一九六六年）にマラッカで取引していた人々とかれらの出身地について、「カイロ、メッカ、アデンのイスラム教徒、アビシア人、キルワ、メリンディ、オルムズの人々、ペルシア人、ルーム人、トルコ人、トルクマン人、アルメニア人のキリスト教徒、グザラテ人、シャウル、ダブル、ゴア、ダケン王国の人々。マラバル人、ケリン人。オリシャ、セイラン、ベンガラ、アラカンの商人、ペグー人、シアン人、ケダの人々、マラヨ人。パパンの人々、パタニ人、カンボジャ人、シャンパ人、カウシ・シナ人、シナの人々、レケオ人。ブルネイ人、ルソン人、タンジョンプラ人、ラヴェ人、バンカ人、リンガ人、マルコ人、バンダ人、ビマ人、ティモル人、マドウラ人、ジャオア人。スンダ人、パリンバン、ジャンビ。トゥンカル、アンダルゲリ、カポ、カンパル、メナンカボ、シアク、ルパト、アルカト、アル。バタ、パセー、ペディル、ディヴァの人々」と驚嘆しつつ記しているが、中東諸地域からレケオ（琉球）、シナにいたる全海域から無数の人々が東南アジアに集っていた。すでに十六世紀前半に東南アジアは世界経済のセンターの様相を呈していたのである。特にマラッカは五百年前にすでに国際貿易の一大中心センターとしての地位を占めていた。十六世紀の東南アジアを、歴史家が「商業の世紀」と特徴づけているゆえんである（Anthony Reid, *Southeast Asia in the Age of Commerce*）。

その東南アジア交易圏にヨーロッパ人は他の諸民族より大分遅れて参入した。ヨーロッパ人は東南アジア一帯を「東インド」と呼び、国家の全面的支援を受けた東インド会社を組織して大々的に交易につとめた。その結果、ヨーロッパの近代社会の形成に、東南アジアは多大の影響を与えた。胡椒・香辛料、絹・綿、各種染料など、近代ヨーロッパの生活の基礎となった物は東南アジアとの交易を抜きには考えられない。

東南アジアを境に、海洋アジアは海洋イスラムと海洋中国の二つの世界に分けられる。東南アジアからのダイナミズムは、東アジアの方向と、インド・ヨーロッパの方向とに働いた。それに対するレスポンスが、日本と西ヨーロッパにおける近代化につながった。東

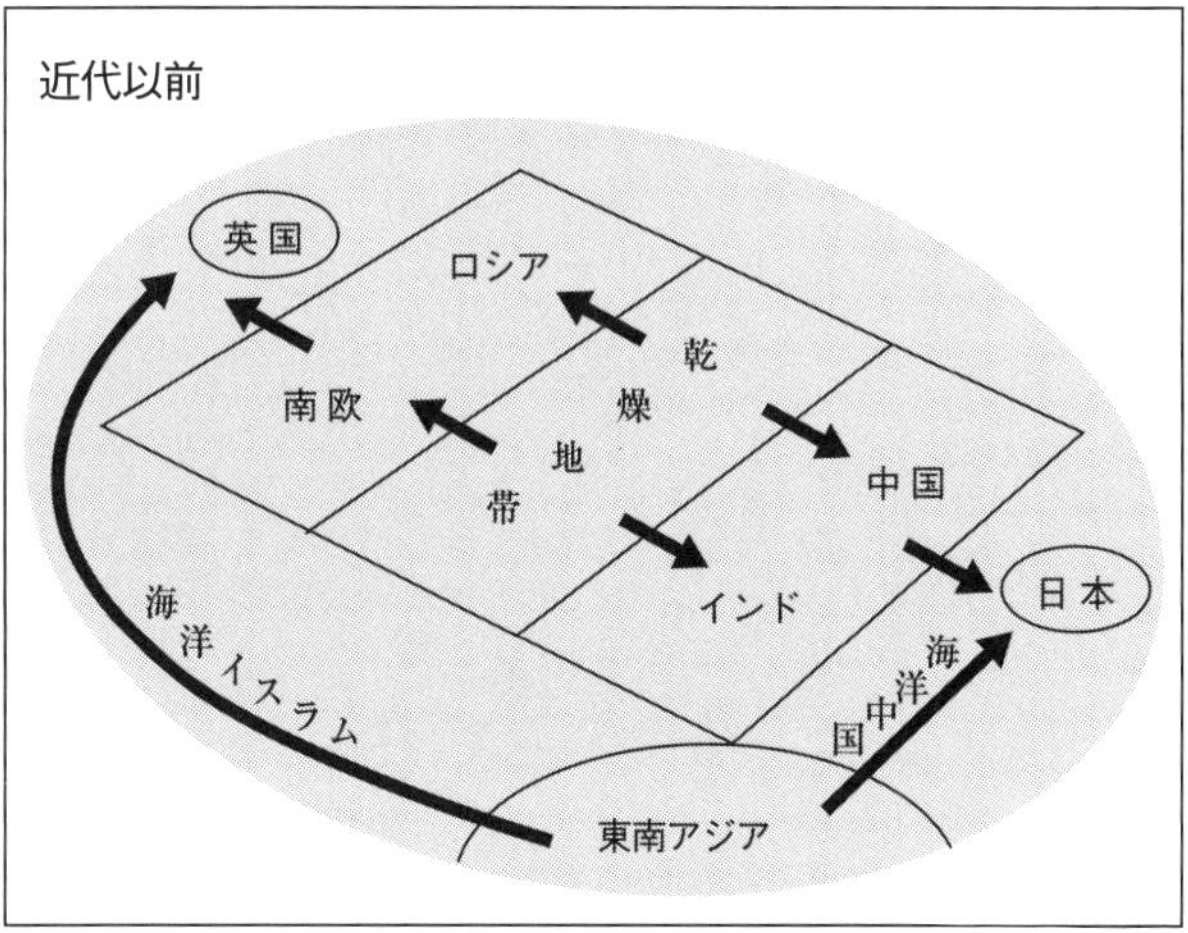
近代以前
英国
ロシア
乾
燥
地
帯
南欧
中国
インド
日本
海洋イスラム
海洋中国
東南アジア

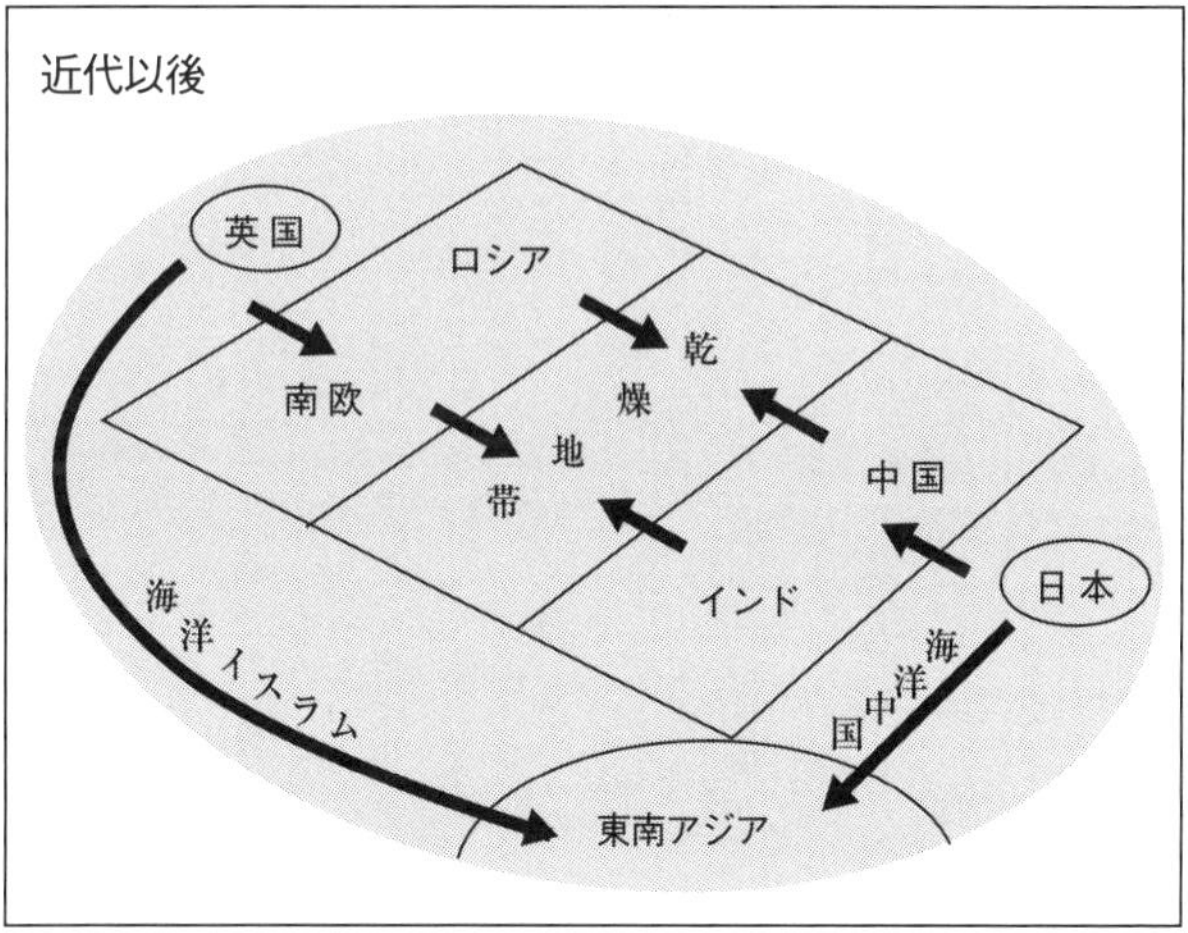
近代以後
英国
ロシア
乾
燥
地
帯
南欧
中国
インド
日本
海洋イスラム
海洋中国
東南アジア

南アジアをめぐる二回の大波を観察できる。第一の波は東南アジアに源をもち、第二の波は東南アジアを襲った波である。二一五頁図を参照されたい。

東南アジアに源をもつ第一の波は、二方向に働いた。一つは、東南アジアから海洋中国を経て中国の江南に至るものである。中国に運ばれた物産が、江南で結合されて江南セット（ないし江南社会の物産複合 product complex）が形成された。それがシナ海を伝わって朝鮮・日本に及んだ。東南アジアには海洋中国人が運び屋として乗り込んだ。東南アジアはこの第一波で中国人の急増をみて社会不安をかもし、バタビアやマニラで中国人大虐殺がおこった。だが、このときの中国人の進出は東南アジアにとっては危機ではない。東南アジアは、第一の波では、与える側である。

波に対する最初のレスポンスは十一〜十二世紀の江南地域で、東南アジアからもたらされた物産を同地域が自給する生産革命を起こしたことである。この生産革命は江南から次第に中国全体に広がり、南宋から元を経て明代までずっと続いた。たとえば、江南から東アジアに青色の生活文化が生まれた。中国産の青花（陶磁器）と木綿の誕生である。それまでの中国の食器は青磁を使っていたが、青磁は緑色である。それが青に変わる。食器にコバルトブルーが使われたのである。衣服においても、木綿と藍が入り、大衆衣料を青色の木綿に変えた。

江南社会の物産複合は中国各地、また東シナ海を渡って朝鮮へ、さらに日本へ伝播した。

この波は、東南アジアから海洋中国を媒介にしてシナ海を北上して伝播したが、その波を最後にこうむったのは日本である。中国は、華中・華南の海洋中国と、北京を中心とした大陸中国とは、対等の力を持ち、セットとして中国を形成しているが、日本は、海洋中国から外圧をこうむり、大陸中国をモデルにした国家を作り上げた。鎖国のモデルは大陸中国であるが、直接の影響は海洋中国であった。

「支那に南北の区別がある」という一文で始まる一九二五年に書かれた桑原隲蔵の有名な論文がある。「歴史上より観たる南北支那」（『桑原隲蔵全集』第二巻所収　岩波書店　一九六八年）である。桑原は中国を淮水を境として黄河流域を中心とする北支那と揚子江流域を中心とする南支那とに大別し、地勢、地味、気候、物産、その他風俗人情百般にわたって、顕著な相違を認め、中国の歴史は漢族の南進の歴史であり、南方は文化、戸口、物力等、すべての点において、北方を凌駕してきたと喝破した。中国社会は千年前から政治中心の北と経済中心の南に二極分化していたのである。「南支那」は経済・文化の中心地でもあった。中国には「大陸中国」という北の政治の顔と「海洋中国」という南の経済の顔がある。

日本人が長安に代表される北の大陸中国の影響を受けたのは遣唐使の時代で、それ以後の時代は南の海洋中国と交流を深めてきた。中世以後は寧保を拠点とし、日本人は彼ら海洋中国人を「唐人」と呼んだ。江戸時代の長崎貿易は唐人貿易とも呼ばれ、長崎にはオランダ人商館のある出島より規模の大きい唐人屋敷があった。日本が開国したとき、神戸や横浜に居留した最大の外国人は彼ら唐人と呼ばれた海洋中国人であった。中国の国柄は「南船北馬」といわれる。中国には南の海洋中国と北の大陸中国という「二つの中国」がある。日本人は大陸中国の政治に振り回されがちであるが、日本人は直接的には海洋中国の影響を受けてきたのである。朝鮮も同じように江南社会の文化・物産複合を受容して十六世紀に大開発時代を迎え、土地と結びついた社会を形成した。朝鮮は元々中国のように均分相続であったが、人口が増えて土地が足りなくなって長子相続が顕著になり、十八世紀には長子優先の儒教社会が成立した（宮嶋博史『両班』中公新書　一九九五年）。

第一の波のもう一つの方向は西方に向かった。当時、環インド洋圏にはイスラムが広がっており、東アフリカ、西アジア、インド、そして東南アジア世界は海洋イスラムによって結ばれていたのである（二一九頁図参照）。東南アジアからイスラム商人を媒介にしてさまざまな物産が西方に運ばれ、それらを地中海でヨーロッパが受け取った。それらの物産はやがてヨーロッパ人自身が環インド洋にでかけて持ち帰り、大西洋のかなたの新大陸に移植した。環大西洋地域で自給する大西洋経済圏を形成したのである。ヨーロッパが環インド洋経済圏に依存しなくてすむようになったのは一八〇〇年頃である。それは日本における自給自足体制の完成とほぼ時を同じくしている。

こうして、第一の波は東南アジアを起点に、一つは、江南セット（江南地域社会の物産

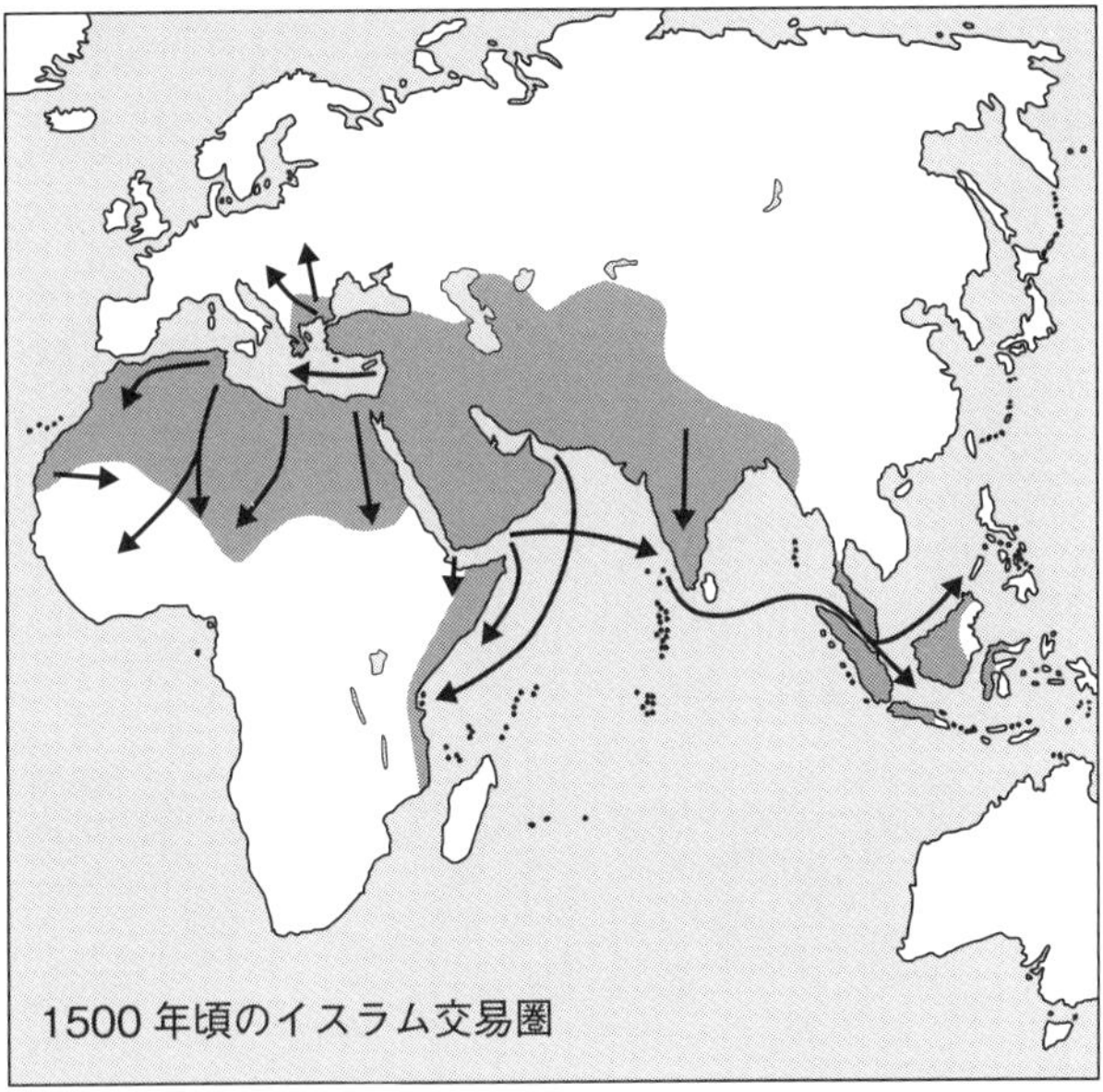

複合）として中国や朝鮮、日本へと北に流れ、鎖国を成立させ、もう一つは、インド洋を経てヨーロッパへと流れ大西洋経済圏を成立させた。その波に洗われた近世日本、近世ヨーロッパにとって、東南アジアは物産の豊かな豊饒の海として存在した。

第二の波は、第一の波が逆流したものである。それは近代以降の波であり、今日まで続いている。ヨーロッパはキリスト教大西洋経済圏で、それまで環インド洋の海洋イスラムからもたらされていた物産を自給し、その後、大西洋経済圏で作った物産を東方へ逆流させた。その逆流した波に襲われた東南アジアは製品市場となり、植民地になった。一方、中国からも大量に東南アジアに人々が流れ込んだ。その背景として十八世紀に中国の人口が三倍に急増し、内陸北部へ人が移動するとともに、東南アジアへも吐き出されていたという歴史がある。その流れが大々的になったのが十九世紀後半の苦力である。こうして東南アジアは、かつて第一の波の流れた西と北からの二つの大波が反転し、その逆流波に翻弄された。

西からの第二の波の影響は環インド洋及び東南アジアが強烈にこうむったが、そこどまりで、環シナ海圏にまで及ばなかった(二二一頁図参照)。それは環シナ海圏の物産複合と環大西洋・環インド洋圏の物産複合とが競合しなかったからである。東南アジアの〝豊饒の海〟が近代社会の原点にある。ヨーロッパと日本の近代化は、東南アジアの豊饒の海に集まる巨大な物産複合へのレスポンスである。レスポンスが新しい近代社会を生み出すことになるほど、東南アジアからの市場圧力は大きかった。それは乾燥ステップ地帯の軍事圧力に匹敵したのである。

日本は工業化によって環シナ海圏におけるアジア間競争に勝った。日本の生産革命は、旧植民地であった台湾、韓国に波及し、アジアNIES、そしてASEANへと及んでいる。一九八五年のプラザ合意で、円高基調になり、日本は近隣のアジア諸国に直接投資を進める一方、需要吸収者としての役割を果たしている。八〇年代後半に、日本のNIESへの直接投資と、NIESから日本への輸出が増え、九〇年代には日本・NIESのAS

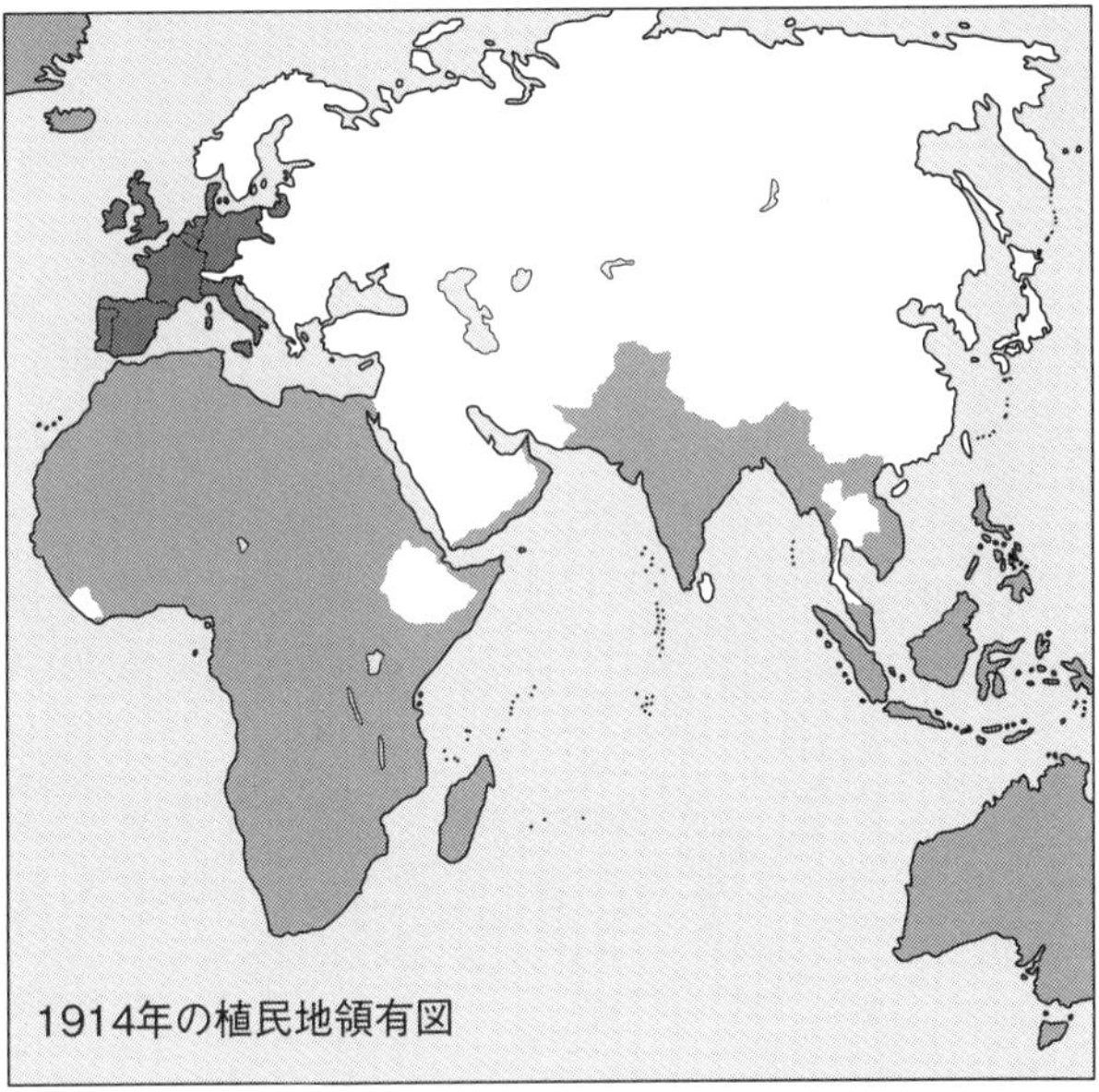

1914年の植民地領有図

EANへの直接投資と、ASEANから日本・NIESへの輸出をセットとする関係が生まれた。日本→NIES→ASEANへという経済発展の連鎖がおこった。これは渡辺利夫にならって「東アジアの自己循環メカニズム」と呼びうる。アメリカの比重が低下し、日本がアメリカとならぶ需要吸収者としての役割を果たし、日本の役割はひきつづきNIESにとって代わられつつある。ASEANへの直接投資額は一九九〇年にNIESが日本を抜いた。日本がNIESに果たした役割を、NIESがASEANに対して果たしつつある。環シナ海域の諸国は、日本と同様、脱中国的アジアとしての「脱ア」を歩んでいる。それと併せて脱アメリカが進行しているのである。「二つの脱ア」が進行しているのである。では中国自体はどこに行くのか。中国も「社会主義市場経済」の社会主義は冠ばかりであり、市場経済化を推進している。二十一世紀には世界第二の経済大国になる可能性がある。現代中国も旧中国から離脱するという意味で脱亜しつつある。

以上のような歴史過程からするとき、APECの将来はどのように展望されるであろうか。APECは一九八九年にオーストラリア（キャンベラ）で第一回会議が開かれた。現在の加盟国は十八の国と地域（日本、米国、カナダ、ニュージーランド、オーストラリア、韓国、タイ、インドネシア、フィリピン、マレーシア、シンガポール、ブルネイ、中国、台湾、香港、メキシコ、パプア・ニューギニア、チリ）である。APEC（Asia Pacific Economic Cooperation アジア太平洋経済協力会議）の「アジア太平洋」という言葉は座りがわるい。太平洋にアジアが付着する必然性はない。ましてや太平洋が「アジアの太平洋」である必然性はさらさらない。APECのAは Asia のAである必然性はなく、America のAでも、Australia のAでもよいはずである。APECは、EEC（ヨーロッパ経済共同体）がEC（ヨーロッパ共同体）になり、現在のEU（ヨーロッパ連合）になって、経済交流を中心とした段階から地域社会全体におよぶ交流の場に育っていったように、経済協力会議から太平洋共同体への長い道のりを開始したとみることができる。実際、「アジア太平洋」の

「アジア」でイメージされているのは、日本をはじめNIES（新興工業経済群）、ASEAN（東南アジア諸国連合）であろう。それはアジアというより、西太平洋の島国である。現在は「アジア太平洋」というように「アジア」がついているが、将来は「アジア」という地域概念が消えていくにちがいない。APECの加盟国の一つ、パプア・ニューギニアは西洋でもアジアでもない。太平洋の島国である。将来、太平洋文明が東洋でも西洋でもない新文明として構築されるものと予想される。

西太平洋は、日本のほか、フィリピンやインドネシアなど、世界でもっとも多くの島からなる世界である。それはまさに島的世界である。島は海を存在の条件としており、さまざまな陸地世界とさまざまな海域世界を併せ持つ世界として太平洋は「多島海」と言えるだろう。アメリカも中国も、ますます自己完結できなくなり、相互依存のネットワークのなかに組み込まれ、太平洋全体が多島海的世界として形成される可能性が高い。

戦後、NIESやASEANの中核をなす「海洋中国」が工業化を開始した。海洋中国は文明史的には日本にとってもっとも長いつきあいのあるライバルである。海洋中国人は、東南アジア海域世界に古くから根を張っており、加えて今やアメリカ、オーストラリアを含む環太平洋にネットワークを持っている。二十一世紀がAPECを担い手とする太平洋の時代になることは確実であるが、海洋中国の動向がその行方を占う上で重要である。かつて流通で優位をしめた海洋中国がいまや日本のあとを追って、工業化を始めており、織烈なアジア間競争の時代を迎えている。日本は海洋中国と競争しつつも共存の道を探るべきであろう。

では、日本はどのような一翼を担うことになるのであろうか。

現在、新しい国土形成の基軸が情報・通信基盤の整備であることが明瞭となり、国内整備の旗印が「地方の時代」として社会的コンセンサスを獲得しつつある。白村江の海戦での敗戦にともない中国から押し寄せた第一の波が「政治の波」、秀吉の明征服の試みの失敗にともない中国から押し寄せた第二の波が「経済の波」であったとすれば、先の敗戦から半世紀が経って日本を襲っている第三の波はアメリカを震源地にする高度情報化ないし情報革命であり、それは「文化の波」であるともいえる。

第一、第二の波はそれが静まったときに、日本はそのときどきに内治優先の定着型社会を形成した。第三の波の衝撃を受けて、再び日本には従来とは異なる新しい生活のパターンが生み出されるであろう。二十一世紀には、明治以来の都市化志向の社会とは一線を画した社会となる可能性が高い。というのも、情報は人の集まる都会に移動しなくても受信・発信できるからである。

情報化自体は十九世紀の電話・電信の普及以来連続しているが、コンピュータ・テクノロジーを利用した近年の急速な高度情報化の波をもたらしたのは、近代世界システムの構造転換と関連している。その開始を告げたのは、一九八九年十二月のブッシュ米大統領とゴルバチョフ・ソ連大統領との地中海の島国マルタでの首脳会談における冷戦の終結宣言であった。それは軍縮を促し、翌九〇年六月に米ソ首脳は戦略核兵器を削減する戦略兵器削減交渉（ＳＴＡＲＴ）が合意された。軍縮は軍需関連の基礎科学研究ならびに軍需関連産業にとって打撃となる。従来の強大な軍事大国アメリカが活路を見出したのが情報産業にほかならない。冷戦時代に未曽有の規模で構築されたアメリカの軍事情報システムが、冷戦終結にともない民生用システムへと大転換しつつある。肥大化した軍事システムの民生用への転換の一環として、一九九一年に「情報スーパー・ハイウェイ構想」がゴア副大統領（当時上院議員）によって提言された。それは世界大に張り巡らされた軍事用の瞬時大量情報処理システムを民生用に転用するための提言であった。

近代世界システムは富国と強兵を二つの柱としてきた。軍縮の動きは近代主権国家の柱の一つ「強兵」の終焉の開始を告げている。それはまた近代のもう一つの柱である「私的所有権」にも深甚な影響を及ぼすであろう。

情報革命は近代のパラダイム転換を生むものと予想される。まず、私的所有権が富国の基礎であった「近代」が終わる可能性がある。情報は分けても減らず、分けると増えつつ共有される。情報は個人の排他的な所有には適さない。情報は共有を志向する。情報にかかわる権利・義務関係は私的所有権の脈絡で「知的所有権」として議論されているが、情報の帰属権は所有権として処理するのはなじまない。現在進行中の情報化の波は近代のパラダイムを支えてきた私的所有権の根幹をゆるがす可能性をはらんでいる。なぜなら、情報や知識は譲渡によってはなくならないし、不動産や動産（物）のような形がないので、移動の事実を確定しがたいからである。また、新しい情報の帰属権が誰にあるかを決定するのも、情報の所有権の侵害を防止したり確認するのも、容易ではない。情報はより多くの人に所有（共有）される運動をはらんでいる。いいかえれば、だれの排他的所有にもならないことを本質とする情報は、無主であることを求める。それは海洋のもっている性質に近い。そのひろがりはグローバル（地球大）である。地球大に広がりうるものは、すべての者のものであるとともに、誰のものでもない。高度情報化によって社会内部、社会間のネットワークの密度が濃くなることが、陸に根を張ることによってある種の排他的性格をもっている陸地史観の歴史像をなしくずしにしていくであろう。文明の海洋史観の試みはこのような地球時代的状況と無縁ではない。

結之章　二十一世紀日本の国土構想

――西太平洋の「豊饒の半月弧」に浮かぶ〝庭園の島（Garden Islands）〟

十九世紀の世界経済の中心は大英帝国を中核とする大西洋にあった。二十世紀には太平洋の両側にアメリカと日本が擡頭し、太平洋貿易は大西洋貿易を上回り、二十一世紀にはAPEC（Asia Pacific Economic Cooperation アジア太平洋経済協力会議）を担い手として、太平洋の時代が到来することはほぼ確実であり、「太平洋文明」の出現を予想しうる。APECは一九八九年にオーストラリアのキャンベラで発足したが、そもそも、その構想を最初に提唱したのは日本であった（船橋洋一『アジア太平洋フュージョン』中央公論社　一九九五年）。それが徐々に環太平洋の諸地域の賛同をえて、一九九六年現在、十八の国と地域からなる組織に成長し、いまや世界のGDPの五割強、輸出の四割強を占めるにいたった。

こうして「環太平洋文明」の出現が二十一世紀に予想されているが、それは、山崎正和が『文明の構図』（文藝春秋　一九九七年）で正当にも指摘しているように、閉じられた圏域であることはできない。海はつながって地球表面の七割を占めているのであり、環太平洋文明は古い文化の息づく「環インド洋文明」や近代の主役であった「環大西洋文明」などとも連携をもつものでなければならない。グローバルな視点すなわち地球的視点が不可欠なのである。大小の陸地は地球表面の海に浮かぶ島である。島は閉じれば孤立する。孤立を厭うならば、海に向かって開かねばならない。地球全体の連携とネットワークづくりを志向するべき時代である。そのような新時代の要請にこたえる使命を負っているのが二十一世紀の太平洋なかんずく西太平洋地域である。

太平洋文明の主要な担い手は日本を軸にしたアジアＮＩＥＳ（新興工業経済群）ならびにＡＳＥＡＮ（東南アジア諸国連合）であり、それらは西太平洋に位置している。西太平洋は世界でもっとも島の多い海域であり、北から南にかけて半月状に多くの島に取り囲まれて、オホーツク海、日本海、黄海、東シナ海、南シナ海、アンダマン海、セレベス海、ジャワ海、フロレス海、バンダ海、チモール海、アラフラ海、ソロモン海、サブ海、珊瑚海、タスマン海等々、いくつもの海が半月弧状に連なっている。そこは異なる文化・言語・宗教の混在する豊饒の海である。かつて、ヨーロッパ文明の元になったチグリス・ユーフラテス文明は「肥沃の三日月地帯」といわれた。それは大陸文明であった。それとの対比でいえば、西太平洋の多くの海の連なりは、その形状から「豊饒の半月弧」と呼ぶことができるであろう。日本は豊饒の半月弧の要の位置にある。二十一世紀の主役は豊饒の半月弧にあり、日本はその一翼を担っており、開かれた海洋国としての道は、後戻りのできないものである。

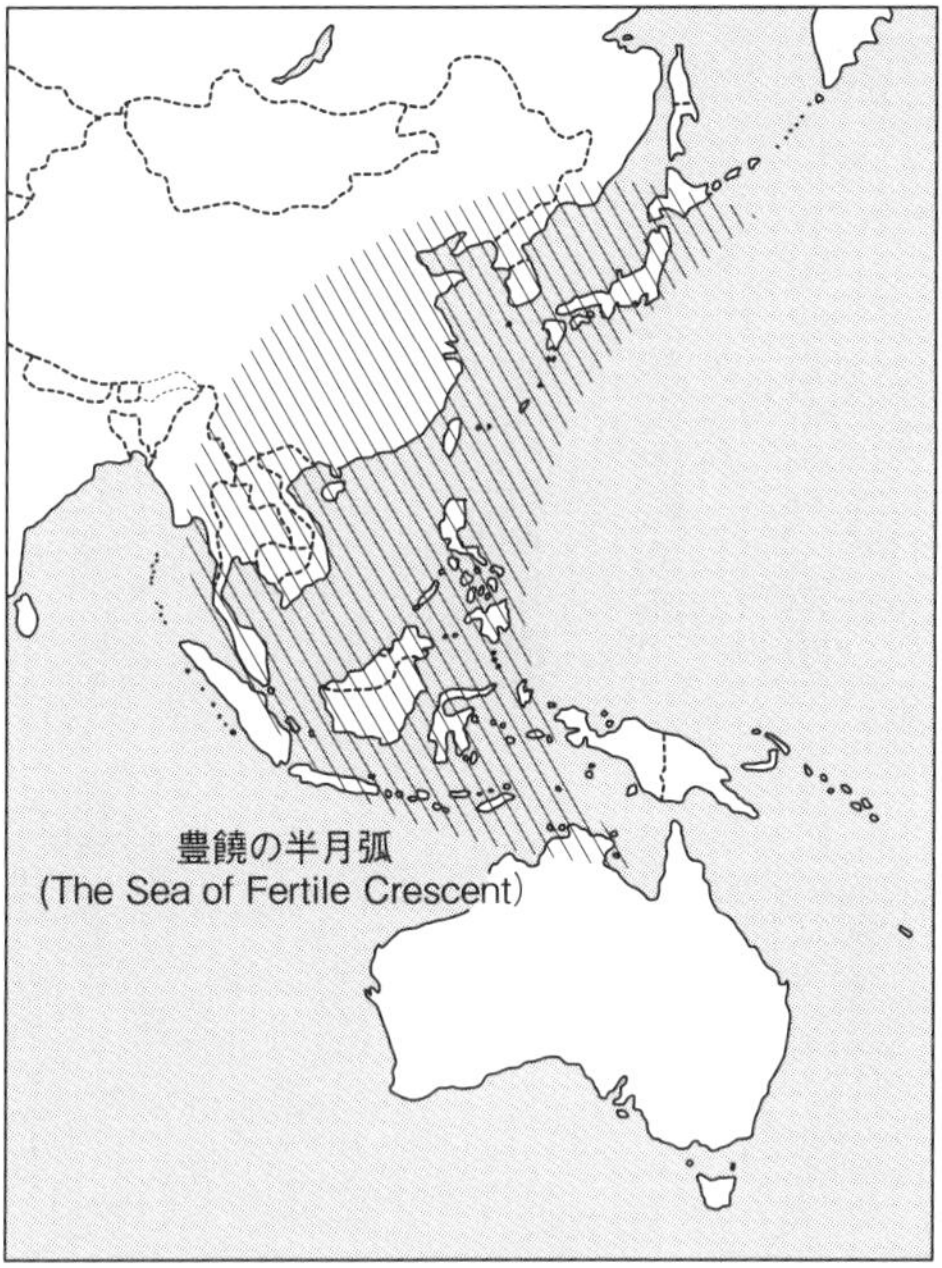

一方、フロンティアは海ばかりではない。国内にもある。いわゆる過疎地であり、最近の用語では「多自然居住地域」である。この内陸に向けて、戦後五回目の全国総合開発計画が一九九七年に策定される。それは西暦二〇一〇年を目標年次とした新しい国づくりの指針である。新しい日本の顔となるべき新首都の移転先も、まもなく決まるであ

ろう。太平洋に向かう外向きの志向と、国内基盤の整備という内向きの志向、その両方の志向を両立させることが現代日本の課題である。

一　太平洋の時代

I　東西文明の調和を超えて

十九世紀は西洋の世紀であり、富国強兵を立国の柱とする力の世紀であった。ヨーロッパは地球の陸地のわずか三パーセントの面積を占めるにすぎない。しかし一八〇〇年に西洋諸国の支配する帝国は全陸地の三十五パーセントに拡大し、一九一四年には八十四パーセントに達した。

十九世紀の東洋は、西洋列強の東漸のもとに、その圧倒的な影響を受けた。中東、南アジア、東南アジアの大半は西洋列強の植民地と化した。だが、興味深いことに東アジアは植民地化をまぬかれた。そのなかにあって日本は政治的には独立をまもり、経済的には工業化をとげ、文化的には西洋化を志向して、東洋最初の近代国家となった。

近代化を推進した日本人の態度は和魂洋才といわれる。だが、明治の日本人はどれほど和魂を自覚していたのであろうか。当時の最高知性と目される福沢諭吉（一八三五〜一九〇一年）にとってすら、文明といえば、東洋文明ではなく、西洋文明のことであった。福沢は日本の指針を「西洋文明を目的とすること」（『文明論之概略』）と明言し、生涯をとおして西洋文明にこだわった。『福翁自伝』に「どうしても国民一般を文明開化の門に入れて、この日本国を兵力の強い商売の繁昌する大国にしてみたいとばかり、それが大本願で」「ただ独りで身にかなうだけのことは勤めて開国一偏、西洋文明一点張りでリキンでいる内に、いわゆる文明駸々乎として進歩するの世の中になったこそ実に有り難い幸せで、実に不思議なことで、いわば大願を成就したようなものだ」とあるとおりである。そこには封建社会を「親の敵」（『福翁自伝』）として切り捨てた福沢の、洋魂になりきってみせるという覚悟のようなものすら読みとれる。

福沢は一九〇一（明治三十四）年に没した。日本はその前後に日清・日露戦争に勝って富国強兵の実をあげ、五大強国の仲間入りをはたした。その結果、一部の日本人エリートのあいだに初めて和魂が目覚め、東洋文明への自覚が高まったように思われる。

二十世紀前半の日本人の文明論は、東洋文明の自覚と覚醒をめぐって展開した。それは英文で書かれた内村鑑三（一八六一〜一九三〇年）の『代表的日本人』（一八九四年）、新渡戸稲造（一八六二〜一九三三年）の『武士道』（一八九九年）、岡倉天心（一八六二〜一九一三年）の『東洋の理想』（一九〇四年）、『日本の目覚め』（一九〇五年）、『茶の本』（一九〇六年）に共通するものである。いずれも東洋の精神文化が西洋文明に勝るとも劣らないものであることを西洋にむかって知らしめんとしたのである。

一方、日本社会にむかっては、大隈重信（一八三八～一九二二年）が晩年に「東西文明の調和」をとなえ、それを実践するために一九〇八年に大日本文明協会を創設し、数百巻の文明叢書を刊行した。それは佐藤能丸『近代日本と早稲田大学』（一九九一年　早稲田大学出版部）によれば、明治初期の明六社、自由民権期の共存同衆の活動の比ではなく、世界文明の発展に寄与しうる国民を育成しようとした国民的文化運動であった。大隈重信の最晩年の著作『東西文明之調和』（一九二二年）は、おもにギリシャ・ローマ文明に対して、東洋古代の仏教・儒教を意識したかっこうで執筆されている。東洋文明は精神文明として自覚されていたのである。

これらにみられるように、二十世紀前半の文明論は、西洋文明と肩をならべうる東洋の精神文化の独自の価値にたいする覚醒のうえにたち、それを内外にむけて発信しようとしたものであったといえる。

しかし、日本は第二次世界大戦において完敗し、アメリカニズムの波にのまれた。戦後日本社会にあって、東洋文明の精神性ないしは日本の伝統的価値を称揚するものには「反動」の烙印がおされた。大塚久雄（一九〇七～九六年）や丸山眞男（一九一四～九六年）を指導者とする戦後日本の論壇を支配したのは「日本は後進国である」というテーゼであり、彼らからアジア的価値を見直す視点は脱落した。かれらは「後進日本」にむかって近代化の基礎を諄々と説いた。戦後の日本人は、物質面ではアメリカに憧れ、精神面では後進性の呪縛にとらわれた。

東西問題は、もはや精神性を論じる東西文明の問題ではなくなり、西洋のなかでのイデオロギーの対立が世界大に拡大し、東西冷戦の問題に変わった。言葉の正しい意味においての「東洋文明」は東西イデオロギー対立のなかに埋没し、力と力の対決する政治・外交・軍事対立の次元にのみこまれた。だが、冷戦の終結とともに、ハンチントンの「文明の衝突」論に代表されるように、イスラム文明、儒教文明など、ふたたび西洋文明と東洋の精神文化の違いを問いかける文明論が浮上してきた。

しかし、現代の文明の新しい課題は、戦前期の課題であった「東西文明の調和」の再構築におさまりきるものではない。その理由は二つある。

第一に、「東洋」というコンセプトに対して、東洋人の側から異議申し立てが始まった。サイード『オリエンタリズム』（平凡社ライブラリー　一九九三年）に詳論されているように、「オリエント（東洋）」というコンセプトは自生的なものではなく、西洋から押しつけられた他律的なものである。「東洋」なるものの存立基盤が問われているのである。

第二に、西洋近代文明の物質的基礎である「富国強兵」が、情報社会の到来とともに、揺らいでいる。西洋近代文明の富国の基礎は私的所有権の確立にある。ところが、情報は個人の排他的な私有には適さない。土地財産は分ければ減る。それにたいして、情報は分けても減らない。むしろ、分ければ分けるほど増える。情報社会は近代の富国化を支えてきた私的所有権を揺るがすものである。また、冷戦時代の軍事用の情報システムの民生用への大転換がおこり、軍縮が歴史の趨勢になりつつある。近代西洋文明の富国強兵システムがなしくずしに崩壊しつつある。かくして、東洋精神文明も近代西洋文明も、それらを基礎として、未来を展望するだけの力がない。文明を「東」対「西」というパラダイムで見る時代は終焉したのである。

II　海から見た新しい歴史像

人類社会の課題は、民族・文化を異にする各々の社会が、独自の価値を自覚し、尊重し合い、東西、否、東西南北を問わぬ、人類全体の福祉の増進をはかることである。思想的な課題としては、適者生存・弱肉強食というダーウィン流社会進化論から脱却し、「共生」「相生」「すみ分け」をキー・コンセプトにすることであろう。それ以外に人類全体の幸福は保証されえないからである。現代はその過渡期として、諸文明間の知的対話やさまざまなレベルの交流が決定的に重要である。その試みは無数にあり、将来は悲観するべきではなく、日本人の果たしうる役割は大きい。

たとえば一九九二年夏、オランダで「地球時代の文化」という会議が開催された。その会議では「西洋の資本主義」と「東洋の資本主義」の問題がとりあげられた。東洋の資本主義の中心に存在するのが日本である。日本の擡頭が西洋文明への単純なキャッチアップでなかったことは最近はっきりと認識されつつある。明治日本と欧米後進国との決定的な違いは、関税自主権をもっていなかったことだ。関税自主権をもたないアジア諸国はほとんどが西洋勢力に従属した。明治日本はそれをもたぬままアジアの先進国になった。その特異な事実をもとにすれば、日本の世界史的位置を論じるには西洋資本主義へのキャッチアップ論とは異なるパラダイムがいる。西洋の資本主義は階級対立、南北問題、世界大戦、環境破壊など負の成果をもたらした。日本を回転軸に勃興しつつある東洋の資本主義に、これらの問題を克服するだけのヴィジョンがあるかどうかが問われている。それは歴史の構想力にかかわる問題である。

戦後の日本人の歴史を見る眼に大きな影響をもった歴史観が二つある。一つはマルクス主義の唯物史観であり、もう一つは反マルクス主義の生態史観である。前者の中心的存在であった大塚久雄は一九九二年に、後者の提唱者であった梅棹忠夫も一九九四年に、ともに文化勲章を授章された。それほどに影響力が強かったのである。唯物史観は歴史を階級闘争とみなし、人類社会は奴隷制社会→封建社会→資本主義社会の階級社会を経て、平等な社会主義社会に到るという展望にたつ。一方、生態史観は、環境によって人間がつくられるという見方にたち、ユーラシア大陸の北東から南西にかけて走る大乾燥地帯に注目し、そこに生きる遊牧民と、それに隣接する湿潤地帯に生きる農業民との攻防をもって、人類史を展望するのである。両者はイデオロギー的にも歴史解釈でも水と油のように相容れない。

しかし、本書で指摘したように、意外な共通性があった。それは両者とも陸地中心的な歴史観だということである。唯物史観にたつ歴史家は、社会主義社会を建設する労働者階級がいかに形成されてくるかに関心を寄せた。それは農民が土地を奪われて無産労働者階級になる過程なので、関心の中心にあるのは陸地の出来事である。一方、生態史観では、乾燥地帯と湿潤地帯という風土の違いに着目するから、これもれっきとした陸地中心の見方である。そこには海への視点、海からの視点がすっぽり抜けおちている。

海への視点をとりこむことは決定的に重要である。

第一に、二十一世紀は、現在の趨勢がつづけば、世界最大のオーシャンである太平洋が舞台になることはほとんど疑いをいれない。将来の「太平洋文明」の担い手になるAPECの重要な一員として、日本は海洋志向の道をすでに踏み出している。

第二に、近代社会自体が海洋を舞台にして生まれた。近代社会の原型をなした水の都ヴェネチアはもとより、ポルトガル、スペイン、オランダ、イギリス、いずれも海洋国家である。近代ヨーロッパの歴史は「地中海世界」から「大西洋世界」へという海の歴史として捉えうる。日本も海に囲まれている。海からの影響は疑いなく大きかった。ところが、従来の歴史観は海の役割を軽視してきたのである。今世紀最高の歴史家といわれるフェルナン・ブローデル（一九〇二〜八五年）の古典的名著『地中海』の邦訳（浜名優美訳　五分冊　藤原書店　一九九一〜九五年）が完結した。「海は、過去の生活に存在する最高の資料であり続ける」と、海を歴史の最高の資料だと宣言した『地中海』の意義は、歴史にそそぐ眼を陸から海へと変えたことにある。

ブローデルの『地中海』は、すでに世界各国語に訳され、大西洋経済圏に着目したウォーラーステインの「近代世界システム論」、インド洋経済圏を明らかにしたチャウドリの「インド洋交易文明論」（K. N. Chaudhuri, *Trade and Civilization in the Indian Ocean*）、アンソニー・リードの東南アジア多島海世界が十六世紀に経験したという「商業の時代論」（Anthony Reid, *Southeast Asia in the Age of Commerce*）等、世界史を海から書き換える数々の優れた試みの生みの親となった。それは当然、わが国の歴史学界にも影響を与えるであろう。すでに『地中海』に触発された九人の歴史家の手になる『海から見た歴史――ブローデル「地中海」を読む』（藤原書店　一九九六年）が編まれている。

第三に、なによりも日本自体が六千八百余りの島々からなり、海との関係は切っても切れない。ところが、これまでの日本史は、網野善彦の一連の重要な仕事の例外はあるが、主に農本主義的な発想で書かれ、世界から遮断されて陸地内に閉じ込められてきた。「アジア太平洋」という海の新時代がすでに幕を開けている現在、陸地史観から海洋史観に転換しなければならないであろう。旧来の日本イメージを一新して、二千年の歴史を海から洗い直す開かれた日本史像が求められている。竹内実・村井章介他の『日本史を海から洗う』（南風社　一九九六年）はそのような試みの一つである。

一九九三年の初夏、オランダで「アジア史における〈十八世紀〉」という国際会議が開かれた。十八世紀の東アジアの大きな動きとして注目されたのは、清中国の人口が一億四千万から四億強に増え、シナ海域にあふれ出ていき、アジア諸地域が不安定になったことだ。だが日本だけは同じ時期に輸入品を国産化して自給自足の経済を達成し、人口はほぼ三千万で一定し、一人当たり所得が増え、社会は安定した。スーザン・B・ハンレーが『江戸時代の遺産——庶民の生活文化』（指昭博訳　中公叢書　一九九〇年）で「一八五〇年の時点で住む場所を選ばなくてはならないなら、私が裕福であるならばイギリスに、労働者階級であれば日本に住みたいと思う」と述べているように、江戸庶民の生活は大英帝国の労働者よりも安定していた。

パクス・ブリタニカとパクス・トクガワーナとは、一見相異なるようだが、大英帝国は海洋自給圏、徳川日本は陸地自給圏をつくりあげたとみれば、違いとともに共通性も見えてくる。近代のイギリスは大西洋をまたにかけた大英帝国という自給経済圏を成立させた。

自給圏のなかで自由貿易を謳歌したのである。大英帝国が、原理としては自由貿易に立脚したことは疑いない。とはいえ、イギリス中心の自給圏の拡大、つまり有限世界の外延の拡大であったことは強調されてよいであろう。同時期の日本は、海への指向とは逆の「鎖国」といういわば内陸自給経済圏への道を歩んだ。それは無限の可能性をひめた海の世界から小さな孤島への回帰であると特徴づけられる。海と歴史との関係は深い。

第四に、「水の惑星」としての地球のイメージをわれわれはすでにもっている。「海は大きい」とイメージされがちである。だが、日本人宇宙飛行士が何人も宇宙を旅し、「地球は小さい」という認識を、日本の少年少女に語って聞かせてくれている現在、かけがえのない宇宙船地球号のイメージは国民一般にひろく共有されるようになった。太平洋は世界最大のオーシャンではあるが、地球の一部でしかない。それを「小さく愛すべき湖」として包み込む大きな器量がいるであろう。

二十一世紀に「太平洋文明」が出現しうるやいなや、有限世界の中で共生の術を遺産としてもっている日本文明のしなやかな繊細さと、地中海を「われらの湖」とみなしたローマ人、大西洋やインド洋をそうみなした近代イギリス人らの西洋文明の大きな器量とを、ともに生かせるかどうかが、その試金石になるのではあるまいか。

二　二十一世紀日本の国土構想

Ⅰ　新全総の報告書の捉えた「危機」

太平洋の時代の国土づくりはどうあるべきであろうか。

国土審議会が、二〇一〇年を目途に、二十一世紀の日本文明にふさわしい日本国民と国土との関わりを描く長期ヴィジョンをもりこんだ国土計画の報告書をまとめた（『計画部会調査検討報告』平成八年十二月）。今後の手続きとしては閣議決定を待つのみである。閣議決定されれば、二十一世紀にむけての日本の歩む方向が決定し、第五次全国総合開発計画として国民の生活にのっぴきならない関わりをもつことになる。その基になる報告書の冒頭第一節は、現代を「歴史的転換期」として捉え、第二節では「国土構造転換の必要性」を主張している。報告書のいう「歴史的転換期」とは何か……。

明治維新以後、皇居は東京に移され、富国強兵を目指した新政府によって、政治・行政・軍事の各方面にわたって天皇を中心とする強力な中央集権構造が決定される一方、全国各地の都市基盤の上に殖産興業が進められ、農村から都市への人口移動によって全国的に都市の規模が拡大していった。今日の偏りの大きな国土構造は、中央集権的な政府主導のもと、資源輸入に有利な臨海型の工業配置が太平洋岸に形成されたことに始まる。戦争による打撃と復興を経て、太平洋岸にベルト状の集積地域が形成されていった。一方で、太平洋ベルト地帯から離れた地域は、人口が流出し、都市の利便性を享受しにくい地域を中心に過疎問題が深刻化した。経済のサービス化、ソフト化から企業の管理機能や金融の東京集中がさらに進み、東京一極集中へとつながった。

報告書はこのように日本の太平洋岸に偏した都市化・工業化を「危機」として捉え、現在はこの危機を克服する歴史的転換期だというのである。では、どのように国土を転換するのか。新しい国土構想はこう提言されている……。

二十一世紀において、我が国が歴史と風土の特性に根ざした新しい文化と生活様式を創造し、国土の上に生きる人々（日本人）が真に豊かな生活を送ることができてはじめて、国土が美しいものとなり、〝庭園の島（Garden Islands）〟ともいうべき、世界に誇りうる日本列島が現出し、地球時代に生きる我が国のアイデンティティを確立することが可能となる。

明治維新以来の日本の国造りのあり方への全面的反省の上にたって、日本固有の国の美を誇れる〝庭園の島〟として再興しようというのである。

そもそも、このように全面的見直しを必要とされるような日本に、なぜなったのか。

II　岩倉使節団の見落としたもの

近代日本の歩みにおいて、最初に直面した分かれ道は、明治六年の政変であると考える。西郷隆盛、板垣退助、江藤新平等の征韓論者と大久保利通、木戸孝允らの外遊から帰国した内治先決論者とが激しく対立し、前者が敗北して、征韓派の五参議が下野した政変である。その後、明治七年の佐賀の乱で江藤新平は敗死し、明治十年の西南の役で西郷隆盛は城山の露と消え、一方、大久保利通は内務卿として辣腕をふるい、伊藤博文を右腕に、殖産興業政策を推進した。

もっとも、毛利敏彦『明治六年政変』（中公新書　一九七九年）によれば、西郷が閣議で征韓を主張したことを示す史料はない。西郷隆盛は、むしろ平和的交渉のために遣韓使節としての訪韓を主張しており、彼が征韓論者であったとすることには無理がある。また、岩倉使節団の米欧視察は、最初の訪問先のアメリカでの条約交渉の失敗、使節団の仲間割れ、膨大な出費など、総じて失敗であったといわれている。

大久保等の内治先決方針のもとにあるのは、一八七一〜七三（明治四〜六）年の約三年間、岩倉具視を全権大使とし、大久保ほか木戸、伊藤以下総勢五十名の欧米体験である。その見聞録は、久米邦武編『特命全権大使 米欧回覧実記』（一八七八年、五分冊　岩波文庫一九七七〜八二年）として残されている。彼らは欧米での視察をもとに、帰国後は、対外問題よりもむしろ、内政を重視して新日本の建設にあたらなければならないと痛感し、征韓派を斥け、それを実行に移した。これが教科書に書かれ、広く国民の間で共有されている理解である。明治六年政変以後の日本が、使節団の中核にいた大久保・伊藤路線を歩んだ事実は動かしがたい。

では、岩倉使節団は、欧米でいったい何を見聞したのか。いいかえると、大久保・伊藤等は、どのような社会をモデルとして日本の内治優先論を唱えたのか。彼らの西洋理解こそが近代日本建設の青写真、日本百年の大計の基礎になったのであるから、この点は重要である。

『米欧回覧実記』を繙くと、興味深い事実に気づかされる。当時の随一の覇権国イギリスに、使節団一行は明治五年七月〜十一月の四か月間滞在して、精力的に動きまわっている。その記述が詳細にわたり精彩を放つのはリバプール、マンチェスター、バーミンガム、ロンドン、エディンバラ、グラスゴーなどの大都市の工場、鉄道、鉄鋼所、大造船所などの観察である。それと関連して、こういう記述がある。

当今欧羅巴各国、ミナ文明ヲ輝カシ、富強ヲ極メ、貿易盛ニ、工芸秀テ、人民快美ノ生理ニ、悦楽ヲ極ム、其情況ヲ目撃スレハ、是欧洲商利ヲ重ンスル風俗ノ、此ヲ漸致セル所ニテ、原来此洲ノ固有ノ如クニ思ハレルトモ、其実ハ然ラズ、欧洲今日ノ富庶ヲミルハ、一千八百年以後ノコトニテ、著シク此景象ヲ生セシハ、僅ニ四十年ニスキサルナリ。

ここに見られるのは、ヨーロッパ都市工業の発展は近年の成果であるという洞察であり、日本との時間的距離は「僅ニ四十年ニスキサル」との表現にある通り、一世代余りで追いつけるという確信である。この気概こそ、彼らが日本の近代化に乗り出したときの背骨にあるものであろう。

注目したいのは二点である。第一点は、一行がイギリス中に張り巡らされた鉄道を使っての旅行の途次、いやおうなく車窓から眼にしたにちがいない英国のカントリー・サイド（郊外・農村）についての記述が全体の一パーセントにも満たないことである。要するにほとんど無いのである。第二点は、イギリス自身が、岩倉使節一行が判断したような「富強、貿易、工芸、商利」を第一の価値におき、それを目的とする社会であったかどうかである。

当時のイギリスは未曽有の政治的統一体「大英帝国」であり、最大時の版図は、全陸地面積・世界人口の四分の一を占め、その刻印を世界各地に残した。カナダ、オーストラリア、ニュージーランドには英国社会がそっくり移転され、異国人の住む植民地では、入植した土地で他国人と「住み分け」て、帝国の景観の再現が試みられた。港、道路、鉄道、農場、牧場のいずれも英国本土を彷彿させ、帝国内で使われた商品にも行政組織にも共通性があった。神が自らの姿に似せて人間をかたちづくったように、本国の姿に似せて帝国をかたちづくった。それが絶大な自信をみなぎらせた大英帝国の流儀であった（A・J・クリストファー『景観の大英帝国』川北稔訳　三嶺書房　一九九五年）。

確かに、今日の学説にしたがえば、イギリス本国の国内政略は五百年間変わらずGentlemanly Capitalism（紳士の資本主義）である（ケイン、ホプキンス『ジェントルマン資本主義と大英帝国』竹内幸雄・秋田茂訳　岩波書店　一九九四年）。英国紳士の生活スタイルの基盤はカントリー・サイド（郊外）であり、都市で働いた後、郊外に移り住み、悠々自適の生活を送る。都市生活は近代生活の終着点ではなく、通過点なのだ。岩倉一行はそれを見落とした。

なぜ彼らは、大英帝国の景観の根幹をなすカントリー・サイドを見落としたのか。

Ⅲ　イギリス人が感嘆した日本の農村風景

まず、自己流の眼で世界を見るイギリス人は同じ時期の日本をどう見たであろうか。幕末の英国初代公使オールコックは『大君の都』（山口光朔訳　岩波文庫　一九六二年）で日本の園芸農業を賛嘆し、世話の行き届いた農村の風景を、英国自慢の庭づくりと引き比べて、激賞した。

岩倉使節一行がイギリスにいた明治五年、来日した近代観光業の創始者トマス・クックは、日本の「豊かな自然の恵み、次々に移り変わって終わることを知らない景観の美しさに呆然」として、すっかり日本びいきになり、日本を理想郷として宣伝した（P・ブレンドン『トマス・クック物語』石井昭夫訳　中央公論社　一九九五年）。以来、ヨーロッパ諸国のなかで圧倒的に訪日の多いのはイギリス人となった。

西南戦争の翌年、夏から秋にかけて足かけ四か月の東北・北海道を旅した英国淑女の代表イザベラ・バード（一八三一～一九〇四年）は、たとえば米沢を訪れたとき、「南に繁栄する米沢の町があり、北には湯治客の多い温泉場の赤湯があり、まったくエデンの園である。『鋤で耕したというより鉛筆で描いたように』美しい。米、綿、とうもろこし、煙草、麻、藍、大豆、茄子、くるみ、水瓜、きゅうり、柿、杏、ざくろを豊富に栽培している。

実り豊かに微笑する大地であり、アジアのアルカデヤ（桃源郷）である。……美しさ、勤勉、安楽さに満ちた魅惑的な地域である。山に囲まれ、明るく輝く松川に灌漑されている。どこを見渡しても豊かで美しい」と記し、「美しい日本の田園風景」をほめ称え、その記録『日本奥地紀行』（平凡社東洋文庫）はベストセラーになった。このように、近代の先進国イギリスの紳士・淑女が感嘆したのは例外なく日本の農村風景であった。

ところが、前述のように、岩倉使節一行が見たのは、英国紳士・淑女の誇るカントリー・ライフではなかった。当時のイギリス郊外は、運河網や鉄道網が張り巡らされており、便利であり、そこに住む裕福な英国人が丹精こめて作ったカントリー・サイドがひろがっており、その景観は、今日とほとんど大差ないもので、見事であった。

思うに、当時の日本の郊外の農村風景も、それに勝るとも劣らないほど見事であった。それゆえにこそ、岩倉一行は、日本にはない都市工業にばかり眼を奪われたのだろう。日本に「ないもの」としてイギリスの都市工業景観だけを見て、「近代化とは都市化だ」と即断したにちがいない。

Ⅳ　「庭園都市国家」の原型

それはそのまま、戦後に引き継がれた。国土建設の長期計画を示す全国総合開発計画

（以下、全総）は、戦後、四回策定された。第一次全総は所得倍増を打ち出した池田内閣のもとで一九六二（昭和三十七）年に決まり、拠点開発方式で産業基地が建設され、太平洋ベルト地帯をつくりあげた。第二次全総は佐藤内閣のもとで一九六九（昭和四十四）年に策定され、大規模プロジェクト方式をとり、続く田中内閣の日本列島改造とあいまって、新幹線や高速道路の建設ラッシュを生んだ。太平洋ベルト地帯は最近では西日本国土軸ないし第一国土軸といわれている。これら二つの全総計画は工業化を軸にしたもので日本経済を発展に導いた。第三次全総は福田内閣のもとで一九七七（昭和五十二）年に決定され、定住圏構想をうち出したが実現せず、東京一極集中が深刻な問題となり、一九八七（昭和六十二）年に中曾根内閣が策定した第四次全総は、多極分散型国土を目指したが、十年経った今日も多極分散・地方分権は実現されていない。第三次、四次の全総は計画倒れに終わった。

冒頭で紹介した報告書は、それらを受けて、二〇一〇年を目標年次とした第五次全総の計画案である。これが従来の全総と一線を画しているのは、新しい理念にもとづいた「グランド・デザイン」の必要性をうたっていることである。グランドという形容には、日本人による日本のための国土計画ではなく、日本人による世界のためのという志があり、そこに地球をにらんだ国土計画という意味合いがある。具体的施策は「人と自然」「街づくり」「地域経済」「基盤づくり」の四つの委員会で審議されたが、特筆すべきは、新たに

「文化と生活様式」委員会が設けられたことだ。新幹線や高速道路をイメージさせる国土審議会に文化を論じる委員会が設けられた。この新委員会で、失われた日本の美観の再興の重要性が熱心に説かれ、集中審議を重ねていくうちに様相が変わり、新全総では「文化」を柱にする動きとなったのである。大転換である。

今日の日本における文化理解は、西洋文化に偏するか、あるいは、伝統文化をもちあげ、芸術文化の振興、歴史的環境の保全、企業や地域のメセナ活動支援などが重視され、文化は学術・芸術・歴史などで、生活に彩りを添えるものとしてしかイメージされていない。それに対してここでいう「文化」は「生活様式」それ自体である。文化人類学（民族学）では「文化とは生活様式である」と定義されている。「文化」認識は世界共通の学問的定義にたつべきである。祭り、コンサート、博物館・美術館だけが文化ではない。それらは文化の花の部分である。葉っぱや茎や根っこの部分、日本人の日常の暮らしのたて方が日本文化である。文化とは衣食住であり、暮らしのたて方であり、消費のスタイルであるから、経済と直接係わる。これまで経済は生産に偏して理解されてきた。企業の生産活動が経済だという理解である。しかし経済は生産と消費からなる。消費がなければ生産は無駄である。日本人がどのような消費をして暮らしをたて衣食住の形をつくっているかに目を移すべき時期にようやくなった。

実際もはや、日本は臨海工業地帯の建設をもって国造りをする時代ではなくなっている。

すでに製品輸入率が一九八九（平成元）年に五割を突破、一九九五（平成七）年には六割を超えた。もはや日本は生産一辺倒の国ではないのである。沿海工業を軸とした生産力主義は一段落し、臨海地帯に集住する必要性はなくなった。一方、一九九三（平成五）年以来、日本人一人当たりの所得は世界一である。暮らしのたて方、生活様式、消費のスタイルが魅力あるもの、美しいものにすることが課題なのである。これと関連して、冒頭で紹介した新しい日本のイメージとしての「〝庭園の島〟日本」国土構想が出てきた。これは夢物語であろうか。

かつて三全総実施期の大平内閣時代に「田園都市国家構想」が提言された。「田園都市」といえば、だれもが百年前の英国人ハワード（Ebenezer Howard 一八五〇〜一九二八年）が一八九八年に出版した ***Tomorrow : A Peaceful Path to Real Reform***（『明日——真の改革に至る平和の道』）の改訂版 ***Garden Cities of To-morrow*****, 1902**（『明日の田園都市』長素連訳　鹿島出版会　一九六八年）を思い浮かべるであろう。ハワードの田園都市論は、明治末期にはすでに紹介されていたようであり、都市計画の専門家の間では広く知られていたが、人口に膾炙するようになったのは邦訳のでた一九六八年からであろう。だが、なぜ原題の「ガーデン・シティ」を「田園都市」と訳したのであろうか。「田園」では田舎を思い浮かべてしまうので、これは誤訳である。訳者には陶淵明の理想郷が念頭にあったのであろうか。文字通り訳せば「庭園都市」である。すなわち緑（自然）を庭として育てる都市のことである。世界最初のガーデン・シティは一八六九年にニューヨークのロング・アイランドに作られた。

では、その起源はどこか。それはほぼ疑いなく幕末に日本を訪れた外国人の日本都市のイメージである。家に縁側があって庭に面し、長屋の狭い路地にも朝顔や植木鉢をおいて緑を大切にした百万都市江戸の生活風景を外国人は garden city と形容した。庭園都市という形容は暮らしのなかに緑（自然）が育てられて、生活と庭が一体となっているさまをとらえたものである。それが外国に伝わり、ハワードによって都市づくりのモデルとなり、一世を風靡した。庭園（田園）都市の究極の原型をたどっていくと日本に行き着くのである。

庭には日本に典型的な風景式庭づくりと、イタリアに典型的な幾何学的庭づくりとがある。風景式庭園をヨーロッパで最初にとりいれたのは十八世紀の英国である。それは英国での茶の普及と軌を一にしている。英国のティー文化の起源は、角山栄『茶の世界史』（中公新書　一九八〇年）が指摘するように、庭と一体となった日本の茶の湯である。とすれば、英国の誇る風景式庭園にも、日本の風景式庭園が背景に見えてくる。

明治六年以来、日本は西洋資本主義のキャッチアップに成功してきたといわれる。ところが、当時の日本が、西洋人に憧れられていたことは忘れられてきた。日本は西洋の理想とした「庭園都市国家」の原形である。そうである以上、先の田園都市国家構想や、今回の〝庭園の島〟構想が出てきたのは、日本のアイデンティティの発露といわねばならない。それが発揮できるのは、都市化・工業化に汚染されないできた過疎地帯であり、多自然居住地域しかない。そこに交通・情報・通信のインフラ整備に支えられた美しい生活様式を開花させる時代がきた。それは自然を生活の中で育て、風景を「借景」として庭にとりこむ旧来の生活様式である。報告書が謳っている「太平洋に浮かぶ〝庭園の島〟日本」の国土構想は、意識されていないが、明治六年以前の日本のルネサンスにほかならない。

V 近代経済発展の二つの道

西洋諸国へのキャッチアップという見方も、明治六年以来の錯覚である可能性がある。むしろ資本主義への道には、少なくとも西洋と日本の二つがあったとみられる。西洋の資本主義はいかにして成立したか。マルクス『資本論』に「本源的蓄積（原始的蓄積）」論という有名な理論がある。

資本の蓄積は剰余価値を、剰余価値は資本主義的生産を、これはまた商品生産者の手中に比較的大量の資本と労働力とが現実にあることを、前提とする。したがって、この全運動は、一つの悪循環をなして回転するように見え、われわれがこれから逃れ出るには、資本主義的蓄積に先行する一つの「本源的」蓄積（アダム・スミスの言う「先行的蓄積」）を、すなわち資本主義的生産様式の結果ではなくその出発点である蓄積を、想定するほかない。

（向坂逸郎訳　岩波文庫　一九六九年）

それが本源的蓄積である。本源的蓄積とは「生産者と生産手段との分離」すなわち農民が耕作地を奪われ無産者となる一方、土地を集積する有産者が形成され、一方の極に自己の労働力以外に売るもののない労働者階級が成立し、他方の極に彼らを雇用できる資金と生産手段をもつ資本家階級が成立する過程のことである。

ところが、土地と人を雇える資金をもつ者が出現すれば、資本主義が勃興するわけではない。土地と金のある人間は現在のロシアにもインドにもエジプトにも世界中いたるところにいる。しかし、そのことはそこが資本主義社会になることを意味しない。資本主義の勃興には別の決定的要因を考えなくてはならない。

シュンペーター（一八八三〜一九五〇年）の『経済発展の理論』（一九一二年）はその問題を考えた画期的著作である。シュンペーターは、経済学史上はじめて、資本家と経営者とを分けた。資本をもつ者と、経営の才のある者とを区別し、企業家（経営者）が資本主義の発展をもたらすことを理論化した。その初版は一九一二年であるから、今世紀にはいるまで、ヨーロッパでは土地をもつ資本家は経営者であると思いこまれていた。マルクスも『資本論』で、資本家をもって経営者と考えており、経営能力の重要性にはついに気づかなかった。

一九一二年といえば明治四十五年であり、そのときまでに日本は日清・日露戦争に勝ち、世界の五大強国としてアジアにおける最初の資本主義国家としての姿を現していた。日本資本主義の礎を築いた指導者は、関東にあっては渋沢栄一（一八四〇～一九三一年）、関西にあっては五代友厚（一八三五～八五年）であろう。彼らは、マルクスが想定したような生産手段をもっていたわけではない。渋沢栄一は農民の子として武蔵の国に生まれ、幕末に一橋家の家臣となり、明治維新を迎えたときは浪人である。請われて維新政府に仕えた。明治六年に官を辞し、以後死ぬまで民間にあって、銀行業、紡績業、鉄道業ほか近代企業の確立につとめた。生涯にかかわった会社は五百余にのぼるが、直系会社の第一銀行でも持ち株は三パーセントに満たない。渋沢は資本家というよりも経営者であったというべきである。五代友厚は武士の子として薩摩に生まれ、維新政府に仕え、明治二年に辞職して、民間にあって商工業の育成につとめて生涯を全うした。アメリカにおける日本史研究の大御所T・C・スミスは近著『日本社会史における伝統と創造』（大島真理夫訳　ミネルヴァ書房　一九九五年）で、個人、権利、自由といった西洋の近代化を特徴づける用語を一切使わずに、日本の近代化過程が、ヨーロッパの近代化のパターンとは違うことを示しているが、特に明治維新は、武士が自らその特権を放棄したものであり、西洋では考えられないと力説している。なぜ日本でそれができたのか。土地をもたない貴族は西洋にはいないが、日本の貴族たる武士は兵農分離で土地を奪われていた。簡単に特権を放棄できたのは、土地財産がなかったからだと論じている。つまり失うほどのものをもっていなかったのだ。では武士は何をもっていたのか。彼らがもっていたのは渋沢や五代のごとき経営の資質であったというべきであろう。経営資質とは江戸時代における武士の職分である統治に由来するであろう。統治（government）の能力の錬磨から経世済民の経営（management）の資質が培われたとみられる。

日本では、西洋とはまさに反対に、農民（労働者）が生産手段をもち、武士（経営者）はそれを奪われた。西洋で資本家と労働者が分離したとすれば、日本では経営者と労働者が分離したのである。

Ⅵ　隠された近代の理想

本源的蓄積（primitive accumulation）は「原始的蓄積」とも呼ばれ、農民が土地を奪われる過酷な過程であり、それをマルクスは血ぬられた暴力の歴史として描いた。それは「原始的」という形容がふさわしい。それと区別して、経営と労働の分離という日本における資本主義に先行する蓄積を primary accumulation と呼んでみよう。primary とは「第一の」「本来の」という意味である。現代世界の資本主義の形成に求められているのは、西洋型の土地持ちの資本家の出現よりも、むしろ所有から自由な本来的な経営資質のほうであろう。それは利潤追求を自己目的とするエートス（精神）ではない。

むしろそれは西郷隆盛が「文明とは道の善く行はるるを贊称せる言にして、宮室の荘厳、衣服の美麗、外観の浮華を言ふには非ず。世人の唱ふる所、何が文明やら、何が野蛮やらちとも分らぬぞ。予かつてある人と議論せしことあり。西洋は野蛮じゃと云ひしかば、否な文明ぞと争ふ。否な野蛮じゃと畳みかけしに、何とて夫れ程に申すにやと推せしゆえ、実に文明ならば、未開の国に対しなば、慈愛を本とし、懇々説諭して開明に導く可きに、左は無くして未開蒙昧の国に対する程むごく残忍の事を致し己れを利するは野蛮じゃと申せしかば、その人口をつぼめて言無かりきとて笑はれける」と『西郷南洲遺訓』（岩波文庫　一九三九年）で述べている精神に近い。われわれは明治六年の政変で、西郷のみならず、大事な価値を失ったのではないか。

西郷亡き後、日本社会は都市に人々が密集し、美麗・浮華の都市文化を形成した。戦前の関東大震災、戦後の阪神大震災はそのツケであろう。大災難の危機は日本都市だけの問題ではない。日本を模範として追いかけているアジアＮＩＥＳ、ＡＳＥＡＮでも同じような都市化・工業化を柱とする「近代化」が沿海地帯を中心に猛烈な勢いで進行中である。

これらの地域もまた日本と同様、太平洋地震帯の上に浮かんでいる。〝庭園の島〟への回帰は決してユートピアであってはならないのである。それは日本が明治六年以前に意図せざるままもっていたこの国のかたちであり、西洋諸国が理想としてきたものでもある。太平洋に浮かぶ〝庭園の島〟日本の国土構想は、これまでの全総とは一線を画し、かつ自然破壊や環境問題に悩む世界に対して、グランド・デザインの理念にふさわしい国家目標たりうる。

Ⅶ　なぜいま〝庭園の島〟か

二十一世紀に太平洋に生きる海洋国家・日本のグローバル・ビジョンをもった国土づくりは、日本人の、日本人による、地球のための国土づくりでなければならないであろう。地球のための国土づくりとは、グローバルな環境問題をにらんだ国づくりのことである。

もはや高層ビルに邁進するだけの時代ではない。九〇年代にはいって高層ビルの建設ラッシュがつづき、上海オリエンタル・パール・タワーは四百六十八メートル、クアラルンプールのペトロナス・タワーは四百五十メートルとなり、ニューヨークの世界貿易センタービル四百十三メートルを優に上回る。高層建築では日本の都市景観はアジアの各地の景観と変わらない。こうして二十一世紀には環太平洋に大都市群の出現が予想されている。

問題はそれらが環太平洋地震帯に浮かんでいることである（二五九頁図参照）。関東大震災、ロサンジェルス地震、阪神・淡路大震災などで、その怖さが認識されている大地震はいつでも起こりうる。その環太平洋地震帯に、現在、メガ・シティー群がつくられつつある。はたして、このままでよいのか。地震大国日本は、環太平洋地域の防災をにらんだ国づくりをするべきであり、そのモデルを提供する使命がある。そのモデルをどこに、どう建設すればよいか。

国民若年層の東京離れが進行している。「一国の首都は人間の頭部のごとし」「国民としてその国の首都を愛せざるは、人としておのれの頭を愛せざるごときシレ者といふべからずや」と喝破したのは幸田露伴（『一国の首都』一八九九年、岩波文庫　一九九三年）であった。国土庁が一九九六年七月十九日に発表した首都機能移転に関する意識調査は、次のような結果を示した。

賛成	七十四・四パーセント
反対	十二・〇パーセント
分からない	十一・三パーセント
無回答	二・三パーセント

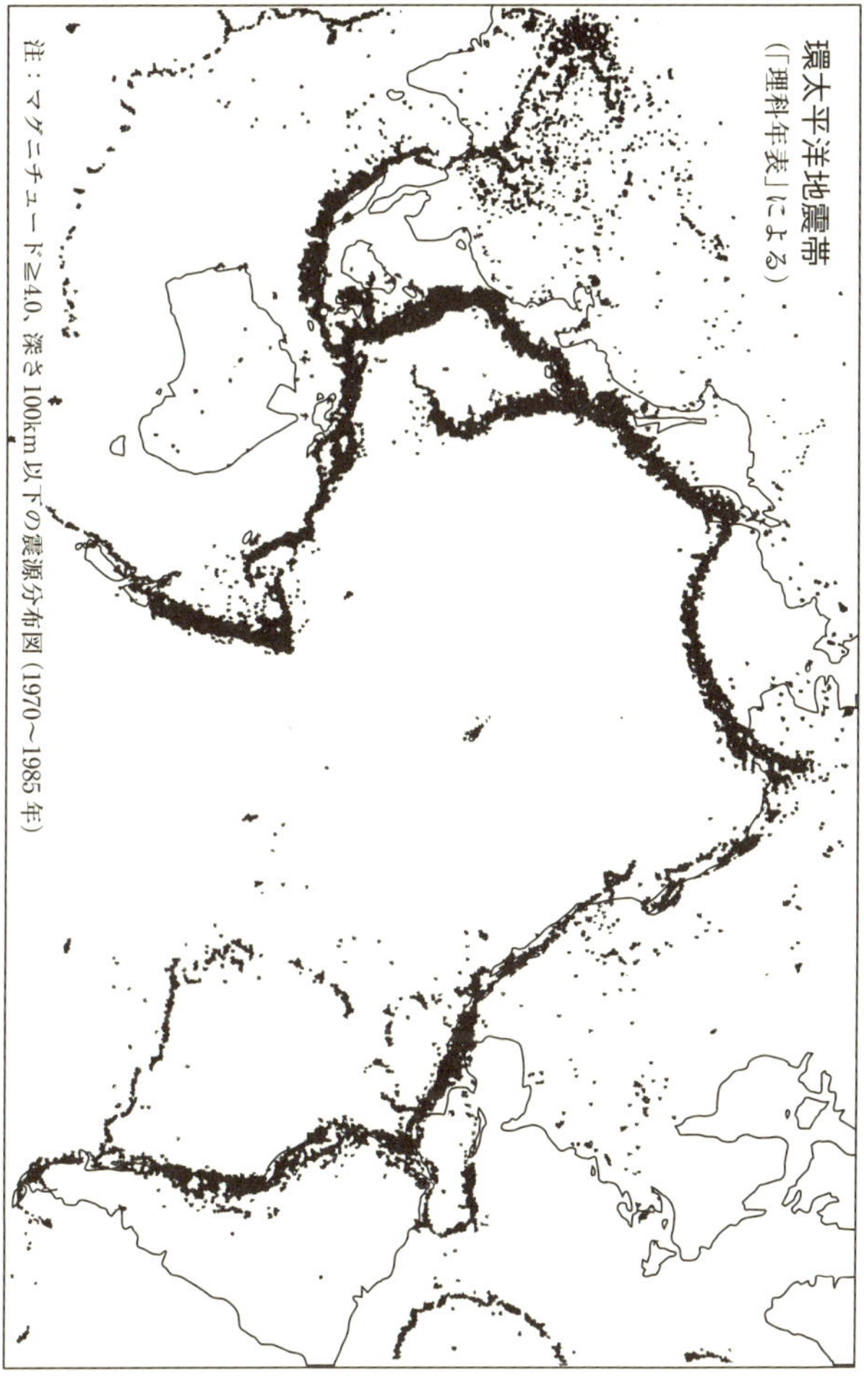

環太平洋地震帯
(「理科年表」による)

注：マグニチュード≧4.0、深さ100km以下の震源分布図（1970〜1985年）

人心は東京離れをおこしている。露伴が生きていれば、現代の東京人は首都を愛さぬ「シレ者」と断じるだろう。新しい日本のモデルは「脱東京」したものでなければならない。

新（第五次）全国総合開発計画の「二十一世紀の国土のグランド・デザイン」の基本戦略の狙いどころは「多自然居住地域」におかれている。旧来通りの四つの課題（人と自然＋基盤づくり＋街づくり＋地域経済）に、もうひとつ（文化と生活様式）が設けられた。それは生産中心、工業中心、都市中心の国土づくりから、生活中心、文化中心、暮らしのたて方への自覚の高揚である。日本人の出国者数は年間千五百万〜千六百万、全人口の八人に一人が日本を外から見る眼を養っている。世界を見て、この国土の特徴を生かすことが課題であろう。工業・都市的景観より自然景観にこそ、日本の国土の特徴がある。「ゆとりとくつろぎのある生活を実現する、都市と多自然居住地域の多様な文化が織り成す美しい国土」「生活の豊かさと自然の豊かさとが両立する世界に開かれた活力ある国土」「世界に誇れる美と創造の国土」がキャッチフレーズとしてあげられている。

それを実現する場を日本は中山間地域に持っている。現在、「日本海国土軸」、「ほくとう日本国土軸」、「太平洋国土軸」などの構想が各地域から打ち出されている。いずれも交通・通信・情報基盤の整備を筆頭課題にあげている。社会資本のインフラが整備されれば僻地問題の大半は解消される。二十一世紀はネットワークの時代であり、ネットワークのメリットは過疎地において際立つ。日本の国内総生産（名目）は一九五五（昭和三〇）年に九兆円弱であったが、一九九三（平成五）年には四百八十兆円となり、一人当たりにして世界一になった。日本経済の成長は円高圧力を強め、円高基調を決定づけた一九八五（昭和六〇）年のプラザ合意以降、日本経済の様変わりが急速に進んでいる。資源の少ない日本では輸入は一次産品が大半を占めていると考えられがちであるが、製品輸入比率が一九八九（平成元）年には五十パーセントを突破し、一九九五（平成七）年には六十パーセントの水準を超えた。言いかえると、海外への直接投資が増え、経済の空洞化が進行している。産業構造の高度化は焦眉の課題となり、情報産業はその一翼を担うことが期待されているが、その基盤整備は立ち遅れている。たとえばパソコンの家庭内普及率（一九九二年）ではアメリカの三十三パーセントに対して、日本は十二パーセント、パソコン所有者の通信サービス利用率（一九九三年）ではアメリカは五十四パーセント、日本は三パーセント、CATV加入世帯率（一九九三年）ではアメリカ六十二パーセント、日本は五パーセントという落差がある。情報インフラを整備して内需拡大を志向しつつ、太平洋文明の主要メンバーとして、第五回目の新しい全国総合開発計画ではグランド・ビジョンをもち、かつ景観と安全に配慮した美しい国土づくりが期待されている。インターネットでビデオ映画を見たり、テレビ会議をしたり、サイバー・モールで買物をしたりするのは室内である。それは不健康である。晴耕雨読ではないが、身体を動かせる場所がなければならない。サイバー・スペース（仮想空間）に生きる人間には自然のなかで身体を自由にできる場が必要なのだ。

神社は森のなかにあり、仏閣は庭をもつ。そこには人間の息のかかったしたたる緑があり、いろいろな生物が生きている。造化の妙に感動し、そこに一種の恐れ、畏敬の念が育つのである。それが人間の創造力を育てる。生活のなかに庭をもつことが、いかに大事か、を知るべきである。それを多自然居住地域で実現できる。新首都はそのような理念を体現したものとして、緑したたる庭園都市として建設されなければならない。

世界に誇れる〝庭園の島〟

こうして出来上がる新しい日本の国土像のイメージはどのようなものであろうか。

第一に、日本は二千年にわたって東洋文明と西洋文明とを受容してきた。受容の時代は一段落した。これからは「受容（take）」の歴史から「展示（show）」の二十一世紀へ向かうであろう。二十一世紀における日本文明のイメージは「世界諸文明の生きた博物館」である。

第二に、日本は「緑の地球の理念的縮図」でありうる。日本は北から南にひろがり、その植生は亜寒帯から亜熱帯までを含む。いわば生態系の宝庫であり、地球的自然の箱庭である。それをどう生かすかが課題である。幸いにも、その先駆的モデルは岩手県の花巻にある。花巻は、昨年生誕百年を迎えた宮沢賢治（一八九六〜一九三三年）の生まれ故郷である。賢治は盛岡高等農林学校を卒業し、花巻農学校の教師をつとめたあと、三十歳の一九二六年に羅須地人協会をつくり、農民の指導にあたった。それを記念して作られた宮沢賢治記念館は小高い丘の上にある。記念館のベランダからは花巻の自然の風光を愛でることができる。賢治は農民を指導しつつ、晩年は自ら開墾して自活した。同時に沢山の花壇を設計した。賢治は「けだし音楽を図形に直すことは自由であるし、おれはそこへ花でベートーヴェンの幻想曲を描くこともできる」と楽しげに言う。南斜面への下り口に「下ノ畑ニオリマス」という賢治の言葉を記した標識があり、斜面を下ると、賢治の設計通りの唐草模様を取り入れた南斜・日時計花壇が造られている。そこでは、緑豊かな日本の風景を絵にしたような色とりどりの草花が微笑する。まさに桃源郷である。それも、そのはずである。賢治は南斜花壇について「岩手県草地ノ風貌ヲ型示シタイトモ存ジマス」と言っている。イーハトーブ（岩手県）の自然の理念型として彼は花壇を設計した。

日常生活で自然を育てるもっとも贅沢な仕事は農業である。だが自然を育てるのは農業ばかりではない。田畑を持つのは贅沢だが、花を育てることは誰にでもできる。それには庭がいる。土地神話がくずれた現在、土地の活用を重視し、公共機関・法人・農協などが土地を管理し、一九九二年施行の定期借地権法を活用して、中山間地域で庭つきの家に住めば、それができる。一戸の敷地面積の基準は日本の伝統的な経済的自立の単位である一反（三百坪）が適切だ。一反は戦前の小作人の耕作地より小さいが、一世帯の平均延床面積が三十坪の現代の日本人には夢のように広い。しかし過疎地帯には土地が余っている。一反は容易に手に入る。都市部のマンションより安価なのだ。そうすれば、建坪は五十坪もあれば十分で、二百五十坪の庭には花壇のほか樹木・菜園・池も持てる。しかも木造一階～二階建で済むから安全だ。住居が広くなれば耐久消費財の需要が伸び、内需も拡大しよう。

日本人が「家」と「庭」を一体とした生活文化をもち、緑したたる景観を作りあげれば、〝庭園の島（Garden Islands）〟の評判を得て観光客が増えるに違いない。それは内需拡大と観光客増大という一石二鳥の経済的利益をもたらすばかりか、日本文化の再生となり、生活に自信と誇りを与えるであろう。日本固有の価値である「自然との調和」を、暮らしの立て方の基礎である「家」「庭」一体の本来の「家庭」を再構築することによって実現できるのである。宮沢賢治が岩手県の理想型を作ろうとしたように、多様な自然の理想型が各地で実現すれば、日本は花のある〝庭園の島（Garden Islands）〟として、「太平洋に浮かぶアルカディア（理想郷）」と呼ばれるにちがいない。「太平洋に浮かぶ〝庭園の島（Garden Islands）〟日本」は夢ではない。日本人の生活風景はかってそう呼ばれたように「アルカディア（理想郷）」「エデンの園」たりうる。

跋　新しい生き方を求めて

脱マルクス

社会主義のバイブル『資本論』が書店から消えはじめている。勤務校（早稲田大学）で経済学を専攻する学生もマルクスに関心を示さなくなった。いよいよマルクスの世紀が終わりつつあるという感懐を禁じ得ない。教科書問題で揺れる現代日本の歴史学の危機も、私見ではマルクス主義の歴史理論の破産に原因がある。歴史学の任務の一つは時代区分であるが、マルクス主義は奴隷制→封建制→資本制→共産制というように時代を区分する。だが、旧ソ連・東欧圏が崩壊し、旧社会主義圏では資本制への「逆戻り現象」が生まれており、その時代区分が意味をなさなくなった。ヨーロッパには古代→中世→近代という時代区分があったが、日本人はそれをマルクスの時代区分と抱き合わせて、日本史の教科書を古代奴隷制→中世封建制→近代資本制という時代区分で書いてきた。教科書問題は、世界史（西洋史）ではなく、もっぱら日本史にかかわるが、それはマルクスの歴史理論を日本史に適用することの有効性が失われたからであろう。

いったい、なぜ日本人はマルクスの思想をかくも熱心に受け入れたのであろうか。そこには敗戦相手国のシステムの受容と克服というこの国の歴史の形が濃い影を落としているように思われる。近代日本には幕末維新以来、攘夷という欧米対抗意識があり、その対抗心と欧州近代文明をトータルに内部批判したマルクス主義が共振したとみられるのである。

幕末の日本は攘夷派と開国派に分かれて国論が二分した。攘夷派は字義通り欧米人を排斥する立場であったが、開国派が欧米人のシンパであったわけではない。開国派にも攘夷意識があり、ひとまず軍事的に優位にある強大な列強の要求を受け入れ、国力をつけてから対抗するという立場であった。攘夷論者が開国派に変わることはあっても、その逆は稀れであった。現実を知れば攘夷の非現実性は明らかであったからだ。開国以外に道はなかった。「夷の長技をもって夷を制する」というのが開国派の立場であり、西洋の技術文明を修得し、力をつけることを先決とした。そこには攘夷意識が流れており、西洋への対抗意識があった。その時代思潮にマルクスの理論は見事に合致し、早くも明治時代の後期には社会主義者が生まれている。

欧米に対抗して一等国になってみせるという明治時代の指導者の気骨は、在野の福沢諭吉にしろ、廟堂の大久保利通にしろ、共通している。たとえば福沢諭吉は明治十一年に著した『通俗国権論』（『福沢諭吉選集』第七巻　岩波書店　一九八一年所収）において、こう喝破していた――。

百巻の万国公法は数門の大砲に若《し》かず、幾冊の和親条約は一筐《いっきゃう》の弾薬に若かず。大砲弾薬は、以て有る道理を主張するの備に非ずして、無き道理を造るの器械なり。……各国交際の道二つ、滅ぼすと滅ぼさるゝのみと云て可なり。

では、どうすればよいか。彼はこう結んだ――。

――要するに、我日本の外国交際法は、最後に訴る所を戦争と定め、戦へば頑固剛情にして容易に兵を解かず、幾月も幾年も持続して、双方艱難に堪ふるの度を競ふの一法あるのみ。斯の如く覚悟を定れば、亦容易に戦争に及ばざるものなり。

ここには、戦争（攘夷）は最後の手段であり、やせ我慢してでも強国になるのが先決だという姿勢がはっきり打ち出されている。

どれくらい我慢すれば富国強兵の実をあげられるものなのか。大久保利通以下、日本の指導者一行は、明治四年から六年にかけて欧米視察を行い相手の実力をかいまみたが、欧州最初の訪問国イギリスでの見聞をまとめて、「欧洲今日ノ富庶ヲミルハ、一千八百年以後ノコトニテ、著シク此景象ヲ生セシハ、僅ニ四十年ニスキサルナリ」と展望していた。一世代余りで追いつけるという見通しをもって帰国したのであり、それを記した『米欧回覧実記』の行間に対抗心はありありと脈打っている。

『共産党宣言』から『資本論』に至るマルクスの著作は近代西欧社会のトータルな批判である。ドイツに生まれ、フランスを経て、イギリスで生涯を終えたマルクスの理論体系はドイツの哲学、フランスの政治思想、イギリスの経済学が三位一体になったものであり、西ヨーロッパの中心三国のつくりあげた文明のエッセンス（物質生産力）を評価しつつその限界をえぐり、近代西欧社会を「人類史の前史の最後の段階」として見限り、共産主義社会の到来を展望した。マルクスの思想の特徴は「近代の超克」である。

マルクス主義は西ヨーロッパをトータルに捉える理論的武器である。日本がマルクス研究において最先進国になったのは偶然ではない。文部省検定教科書も奴隷制→封建制→資本制という時代区分のもとに書かれている。マルクス主義の歴史観を朝野をあげて受容してきたのである。これは「近代の超克」ないし「脱西欧」志向と言いかえられる。

なぜ、脱西欧志向になったのか。西欧に戦争で負けたからであろう。近代日本建設の立役者は薩長だが、両藩とも幕末に敗戦国になった。薩英戦争で薩摩が、下関戦争で長州が完敗した。薩英戦争とは一八六二年の生麦事件（薩摩藩士がイギリス人を殺傷）の賠償を求めるイギリスに対して攘夷意識のさかんな薩摩藩はそれを拒否、その報復として翌一八六三年イギリス艦隊が鹿児島を砲撃した事件である。イギリスの軍事力を知った薩摩藩は、以後は積極的な開国方針に転じた。同年、長州では下関通過の外国船を砲撃し、翌年、イギリスを中核とするフランス・アメリカ・オランダの四国連合艦隊が報復措置に出て下関砲撃事件をおこして長州藩を屈服させた。

負けた相手国の国の形を受容してきたのが、この国の形ではないか。第一の敗戦相手は唐であり、白村江の海戦での敗戦によって、倭国が滅び、唐の政治システムをとりいれて、日本という国号を定めた。そして天皇の称号をつくり、都城制、律令、正史という唐の政治システムの三本柱をいれた。このときに「日本」という国がはじめて誕生したのである。第二の敗戦は秀吉のおこした日明戦争である。その失敗の結果、明の経済システムをいれて、中国にまさる経済社会をつくりあげた。第三の敗戦が上記の幕末の二つの戦争であり、日本は西欧の軍事システム（海軍はイギリス流、陸軍は当初はフランス流であったが、普仏戦争でフランスが負けてからはドイツ流）をとりいれて「東洋の憲兵」と呼ばれるようになり、今世紀初めにはイギリスと対等の日英同盟を締結するまでになった。そして先の第二次世界大戦で雌雄を決した。大戦中の日本は、戦争の名称を昭和十六年十二月の閣議で「大東亜戦争」（アメリカ合衆国は「太平洋戦争」）と正式に決定し、西欧植民地宗主国からのアジア諸国の解放を大義名分として戦った。そしてイギリス、オランダなど西欧の植民地宗主国には戦勝した。だが、アメリカ軍に敗れた。

日本は敗戦によって相手国のシステムを受容し、相手から離脱して自立するという過程を繰り返してきた。近世以前は脱中国、近代以降は脱西欧の歴史である。マルクス主義は近代資本主義の生産力を前提にしたうえで、近代社会の止揚をめざした。日本の生産力は西欧のどの国よりも高くなった。マルクス主義の受容はまさに脱西欧の脈絡で理解できるのである。

ちなみに、マルクスの理論体系にはアメリカは視野に入っていない。アメリカ合衆国と日本が擡頭し西欧列強と肩を並べるようになったのは今世紀である。アメリカの生産力も西欧のそれをはるかに凌駕した。この両国が太平洋をまたにかけてぶつかるのは必然であっただろう。戦前における太平洋問題とは日米問題の別名であった。アメリカ合衆国が対日戦争を「太平洋戦争」と呼んだのは、十分な理由があった。その戦争に日本は完敗した。脱亜（中国）、脱欧の次に来ると予想されるのは、日本が実質的に敗戦した相手であるアメリカ合衆国から離脱し自立していく脱アメリカの時代である。アメリカニズムの終焉が説かれ（佐伯啓思『アメリカニズムの終焉』TBSブリタニカ　一九九三年）、アメリカの開発した経済的普遍主義が行き詰まり、各国固有の制度や文化の経済的効率を重視する制度学派が登場するなど、すでに「脱ア（アメリカ）」の潮流が日本社会に現れている。

否、脱亜→脱欧→脱アの流れは西太平洋に共通する。西太平洋すなわち中国大陸を囲む海域に位置する諸国・諸地域（東アジア・東南アジア）の多くは、かつて中国に朝貢していたが、西力東漸とともに、徐々に朝貢システムから離脱し「脱亜」を果たした。その後、これらの地域は軒並みヨーロッパ列強の植民地になったが、「植民地解放」を大義名分とした日本のイデオロギーも作用して、先の大戦を機に次々と独立して「脱欧」を果たした。しかし、戦後は例外なく米ソ冷戦の影響をもろに受け、日本をはじめ西太平洋地域はアメリカ合衆国のアジア戦略に組み込まれた。とはいえ、太平洋の主役はアメリカ合衆国に定まったわけではない。アメリカは制海権をめぐる日本との軍事的競合に勝ったが、その後、ヴェトナム戦争に敗退した。軍事的競合だけが競合ではない。現在進行形の経済的競合に加えて、二十一世紀には文化的競合へと発展していくであろう。しかも太平洋文明の担い手はもはや日本とアメリカだけではなく、NIESとASEANのほかAPECの加盟諸国・諸地域も加わっている。アメリカが圧倒的優位をもてる時代は去った。脱マルクス主義に続くのは脱アメリカニズムであると予想される。

脱人間中心主義

ともあれ、上記のような脈絡で近代日本は西欧化と対《つい》になったマルクス主義の時代を経験したが、その時代はほぼ終焉した。いまはマルクスの理論を根本的に総括する時であろう。

マルクスは、ドイツ観念論と対決して、唯物論をたてたというのが通説である。そうにはちがいない。しかし、奇妙なことに、マルクスは物自体については論じていない。『経済学批判』は、不惑の年（四十歳）を迎えたマルクスが経済学者として立つことを宣言した記念碑的作品であるが、その序言は「ここでいっさいの優柔不断をすてなければならぬ。臆病根性はいっさいここでいれかえなければならぬ」というダンテの『神曲』の一節で結ばれており、不退転の決意を伝えている。その同じ序言に「唯物史観の公式」と言われる重要なテーゼが書かれている。それは十九世紀ヨーロッパ近代の崩壊を洞察し、未来を予見しており、多くの人々の世界を見る眼を変え、それを信じた人々が今世紀に社会主義社会を建設した。マルクスの経済学研究にとって導きの糸となった「唯物史観の公式」の出だしの部分にはこう述べられている。

人間は、その生活の社会的生産において、一定の、必然的な、かれらの意志から独立した諸関係を、つまりかれらの物質的生産諸力の一定の発展段階に対応する生産諸関係を、とりむすぶ。この生産諸関係の総体は社会の経済的機構を形づくっており、これが現実の土台となって、そのうえに、法律的、政治的上部構造がそびえたち、また、一定の社会的意識諸形態は、この現実の土台に対応している。物質的生活の生産様式は、社会的、政治的、精神的生活諸過程一般を制約する。人間の意識がその存在を規定するのではなくて、逆に、人間の社会的存在がその意識を規定するのである。

（武田隆夫・遠藤湘吉他訳　岩波文庫　一九五六年）

この記述のどこにも物自体への考慮はない。マルクスが土台といっているのは人間が生きていくためにとり結ぶ経済関係、具体的には資本家と労働者との関係のことである。人間の経済関係が他のすべての人間のあり方を規定するというのだ。

これに大修正を加えたのはかのマックス・ウェーバーであった。ウェーバーは『プロテスタンティズムの倫理と資本主義の精神』で、マルクスを明確に意識しながら、「理念が経済的状況の反映あるいは上部構造として生まれてくるのだとする素朴な唯物史観の考え方（があるが、マサチューセッツ）では、資本主義精神は資本主義の発達より以前に明白に存在していた。……因果関係は唯物論の立場から想定されるものとは逆の関係になっている」として、上部構造が下部構造を作り上げていくという面を強調したのである。

マルクスは哲学、法学、政治学を研究し、最後に経済学にゆきつき、人文・社会科学を総ナメにした。生きるために人間が結ぶ経済関係が基礎にあり、その上に政治、法律の上部構造がそびえ、意識も人間の経済関係の反映である。社会はその経済関係を下部構造として成り立っている。ゆえに経済学が人文・社会科学の基礎だというわけである。この理論は世界を動かした。二十世紀は革命の世紀と言われるが、革命理論を突き詰めればマルクスの理論である。マルクスの理論体系に対し、ウェーバーは、資本主義の精神がプロテスタンティズムを基礎にしており、カソリック、イスラム教、ヒンズー教、儒教などからは近代資本主義社会は生まれない。宗教意識が社会生活を決定すると反論したのである。

両者を併せれば、人間社会の経済から宗教に及ぶ人文・社会科学の巨大な体系を前にすることになる。しかし、マルクスが下部構造ないし物質的基礎というとき、問題にされているのはもっぱら人間がとり結ぶ経済関係であり、人間である。ウェーバーの宗教社会学の関心も、もっぱら人間である。そこにはヨーロッパの文化風土というべき、人間を中心にして社会を理解しようという態度がある。人間のことしか考えていないといっても過言ではない。唯物史観とはいいながら、物を包摂する視点を欠いているのである。人間は道具（物）を用いて物を作る存在である。物は人間存在の本質的条件である。人間は物を活用しつつ、物によって生かされている。環境問題一つ取り上げても容易にわかるように、人間と自然とのかかわり方が問われている。余りにも人間中心的な学問態度は改められるべき時に来ている。経済生活における人と人との関係のみならず、人と物との関係を考えることこそ真の唯物史観の課題であろう。

脱西洋科学

マルクスは社会科学の父といわれるが、社会科学は social science の訳語であり、social とは living in groups の意味である。すなわち単独ではなく集団で生きているという意味であるが、集団とは「人間集団」のことだ、と頭から思いこまれてきた。しかし現在では、人間以外の動物にも「社会」が認められている（八杉龍一他編『生物学辞典』岩波書店　一九九六年、「動物の社会」の項参照）。さらに植物をふくむ生物全体に社会の存在を認め、その構成単位を「種社会（specia スペシア）」と呼ぶ学説もある（『今西錦司全集』講談社　一九七四〜七五年）。こうして、social science は人間社会の研究から出発したが、社会をつくるさまざまな生物についての研究を含み、将来は、あくまで人間の集団生活の研究を中心にしつつも、人間社会と生物社会との関係を研究する総合的な社会研究に発展する可能性がある。それは既成の社会科学の領域を脱するものであり、社会科学の脱領域化といってよいであろう。近代西欧社会は自然科学・人文科学・社会科学の三領域からなる学問体系を生みだしたが、脱領域化は近代の知的体系を崩していくことになるだろう。

実際、社会科学のみならず自然科学でも脱領域化が始まっている。トマス・クーンが『科学革命の構造』（一九六二年、中山茂訳　みすず書房　一九七一年）を著してから、科学史の知識が飛躍的に増大し、自然科学的知見が時代に制約された特定のパラダイム（思考の枠組み）に立脚していることが知られるようになり、時空を超えて成立するいわゆる

「自然法則」に疑義がもたれるようになった。それは自然科学に客観性の根拠を求める社会科学に揺らぎをもたらし、たとえば、ウォーラーステインは『脱＝社会科学』（本多健吉・高橋章監訳　藤原書店　一九九三年）で、社会科学を再考する（'rethink'）のではなく、一から考え直す（'unthink'）必要性を訴えるにいたった。脱社会科学の手がかりとされたのはマルクス、ブローデル（歴史学）、プリゴジン（物理学・化学）である。マルクスは「社会科学の父」として、ブローデルは「全体性」の回復の模範として、プリゴジンの「複雑系」は脱自然科学の契機として評価され、それにひき続いてウォーラーステインはプリゴジンら十人の学者とともに『社会科学を開く』（山田鋭夫訳　藤原書店　一九九六年）を上梓した。原題は *Open the Social Sciences* であり、直訳すれば「社会科学を開け」である。自然科学・人文科学に向けて社会科学を開くことによって、自然科学・人文科学・社会科学が三位一体となった近代の知的体系の根本的組み替えを要請したのである。

その要請にこたえる一つの手がかりとして、二十世紀に巨大な影響を与えたマルクスの依拠したパラダイムにたちかえりつつ、その限界を指摘してみよう。

マルクスは確かに社会科学の父である。それは前述の如く、『経済学批判』のあの有名な序言において、一般に唯物史観の公式として知られるテーゼをかかげ、物質的な経済生活が下部構造になって、その上に、政治・法律・宗教・芸術・哲学・文学などの上部構造がそびえたつという視角にもとづき、経済学を基礎とした社会・人文諸科学の相互関連の骨格をはじめて明確にしたからであるが、マルクスの自然科学に対する態度はどのようなものであったろうか。

マルクスは『資本論』第一巻、第一版の序文（一八六七年）で「問題は資本主義的生産の自然法則。問題として扱うのは、これらの法則自体であり、鉄の必然性をもって作用し、貫徹するその傾向である」、また「一社会がその運動の自然法則を究明しえたとしても、この社会は、自然の発展段階を飛び越えることもできなければ、これを法令で取り除くこともできない」と記している。この記述から知られるように、マルクスは自然科学（物理学）に強い信頼を寄せていた。マルクスはまた、生物学からも影響を受けていた。エンゲルスのマルクスへの弔辞に「ダーウィンが生物界の発展法則を発見したように、マルクスは人間の歴史の発展法則を発見しました」とあり、『共産党宣言』英語版への序文（一八八八年）にも「ダーウィンの学説が自然科学の基礎となったと同様に、マルクスの思想は歴史科学の基礎となる使命をもつものである」とある。生物種の「進化」の発見はダーウィン『種の起原』（一八五九年）を通してなされ、マルクスはダーウィンに依拠する形で人類の進歩に信頼をよせていた。

しかし、マルクスの依拠した二つの自然科学の知見（物理法則と生物進化）には、それらを根拠にできない決定的難点がある。

第一に、自然科学的思考の原点に立つデカルトは物を「延長」あるものとして定義した。

だが彼は「神に延長はあるのか」という問いに答えなかった。その問いに対し、ニュートンは神は無限の延長をもつものとして、神を「絶対空間」「絶対時間」に置き換えた。この経緯からわかるように、物理学の発想の原点にはキリスト教の「神」というヨーロッパ文化の刻印がある。カントは『純粋理性批判』において絶対空間・絶対時間を経験的認識に先立つア・プリオリ（先験的）な直観の形式に置き換えた。それは「ヨーロッパの神」の残影であるといえるだろう。

第二に、ダーウィンにはフィールドワークが少ない。ダーウィン（一八〇九～八二年）の自然観察はビーグル号で立ち寄った陸地観察が主なものだ。ガラパゴス島には一八三五年九月から十月のわずか一か月。帰英後は、健康を害したこともありケントのダウン村に引きこもり、自宅の庭が観察対象であった。『種の起原』の「生存競争」のコンセプトは同書序言にあるように「マルサスの原理を全動植物界に適用したもの」である。マルサスが『人口の原理』で論じた「人口は幾何級数的に急増、食料は算術級数的に漸増」というテーゼの無根拠性をマルクスは『資本論』で徹底的に暴いている。言いかえると、進化は事実であるが、それを説明するダーウィンの進化論の理論的基礎は脆弱なのである。

では、自然科学と人文・社会科学とは無縁なのであろうか。そうではない。われわれが既成の科学から脱領域化した後、向かうべき方向はすでに定まりつつある。その方向性を示すキー・コンセプト（鍵概念）は「歴史」と「地球学」である。これらの鍵概念は物理学者の松井孝典（一九四六年〜）と生物学者の今西錦司（一九〇二〜九二年）に依拠するとき、新しい重要な意味合いを帯びてくる。

松井孝典は、彼の提唱する「地球学」理論の最良の入門書『地球倫理へ』（岩波書店　一九九五年）において、宇宙の誕生から人間社会の発達まで説き及ぶ百五十億年の壮大な「歴史」を論じている。ビッグバンで百五十億年前に宇宙が誕生し、四十六億年前に太陽系ができ、三十二億年前に生命が誕生し、四百万年前に人類が誕生した。宇宙→地球→生命→人類の歴史を貫くのは物質の冷却過程である。物質が冷却して異質の物質を生み出す過程はさまざまな物質・形・構造が「分化」してくる過程であり、分化の所産が自然の「多様性」だというのである。「自然とは宇宙の歴史が刻まれている古文書」であり、自然科学は数学という言語によってその古文書を読み解く学問だというのである。松井理論における時間軸の因果の系列を貫くのは「分化」と「多様化」である。

もう一人、松井と相似た自然の歴史を構想していたのが生物学者の今西錦司だ。今西は青年期にカゲロウの研究をした。カゲロウの幼虫は水中生活をし、亜成虫になってからは食をとらず、羽化して舞い、産卵して死ぬ。生理的能力からすれば他の生活領域に行けるのだが、そこを侵犯しない。それを今西は「棲み分け」と命名した。ダーウィンのいうように生物の個体差に自然淘汰が働き、適者が生存して種が進化してきたならば、自然界には数少ない強い種だけが残っているはずであるが、種の数は増えて二百万とも言われ、カゲロウのごとき弱い生物もいる。今西は、ダーウィン理論を反証する事実を踏まえて、各生物は主体性を持ち、「棲み分けの密度化」という分化過程を通して数を増やし地球的自然は多様になった、という理論を立てた。

今西理論からさまざまな研究が生まれた。有名な日本の霊長類学（別名「サル学」）はその一つだ。「字の書けないサルになり代わって、その歴史を書きなさい」という今西の指示で、伊谷純一郎は山中を駆けまわり、九州の高崎山で野生サルの餌付けに成功し、サルが互いに識別しているように個体を識別し、勇敢なジュピター、長い顔のウタマロ、酒に酔ったような赤顔のバッカスなど個性豊かなサルの登場する『高崎山のサル』（初版一九五四年、思索社版一九七一年）という歴史書を残した。サルは個性をもち、社会をつくり、一回限りの歴史を生きていることはいまや常識である。サルのみならず、地球上のすべての生物に主体性をみとめ、その社会と歴史を研究する生物学は、もはや実験室中心の自然科学ではなく、自然学だと今西は言う。こうして、歴史を物理学・生物学にとりこんだ松井・今西理論は、既成の枠を破るいわば脱自然科学である。もはや歴史は人間の独占物ではなく、人文・社会科学の占有物でもない。

マルクスの唯物史観では階級闘争をする人間が担い手なのであるから、「物」とはいっても似非《えせ》物である。松井・今西理論の研究対象は文字通りの物であり、その歴史である。物質が冷却し、分化してできた多様な自然景観は文字通り「物」から成るものであり、生物も物の一部である。無生物・生物に歴史を認める松井・今西理論こそ真正の唯物史観であるといえるであろう。

ゲオコスモロジー（地球学）

「歴史」という言葉は人間に限定されがちである。しかし、社会科学の父マルクスには「自然の歴史」についての認識があった。マルクスは自然が『聖書』に書かれているような神と人間を中心に据えた目的論的な世界ではなく、そこに歴史があることをダーウィンの『種の起原』から学んだ。それは彼がダーウィンから受けた啓示であった。ただ、マルクスは『資本論』第一巻に「人間の歴史が自然の歴史と異なるのは、前者は作ったものであるが、後者はそうではないことによる」と述べて、「自然の歴史」を「人間の歴史」から排除したのである。より正確にいえば、彼は「人間が作る歴史」にこだわり、人類の目標を「共産主義社会」に設定した。その目標は、彼の考えた人間社会の起源、いわゆる「原始共産制」の再現であった。歴史をみるマルクスの時間軸は長いとはいえ、人間社会の起源どまりであり、自然界にまでさかのぼるものではなかったのである。

だが、現代人には、人間の起源を、人間社会の起源にとどまらせないで、宇宙にまで広げるという大きな意志がある。一九六一年、ソヴィエトの宇宙飛行士ガガーリン少佐が地球をはじめて一周し、その印象を「地球は青かった」と述べて以来、地球を外側から観察する技術が発達し、月や火星にも探索はおよび、起源論は生命を生んだ「水の惑星」地球に広がっている。

宇宙が百五十億年前のビッグバンで誕生してから、太陽系↓地球圏↓生命圏↓人間圏を分化させてきたものであることを踏まえて、松井孝典は「自然とは宇宙の歴史が刻まれている古文書」だという。自然界が分化を本質とする歴史をもつからには、人間はもとよりこの地上の生物には何一つ同じ個体はない。それゆえにこそ今西錦司は個体識別という生物観察の方法をうちたて、彼の理論を最初に提示した『生物の世界』の最終章を「歴史」としたのだ。今西錦司は『自然学の提唱』において、自己の学問対象を「地球中心の世界」であり、そこはまた自然学のふるさとでもある。その世界は絶対空間のようなまっくらな世界を拒否する。さんさんと太陽の照り輝くもっと暖かい世界である。動物も植物も仲よくくらす世界」と述べているように、彼の考えたもっとも大きな「全体社会（ホロスペシア）」とは地球にほかならなかった。

地球を考える二人の学者が期せずして「分化」（いいかえれば「多様化」）を柱とする同じ自然認識をもったことは興味深い。自然界の運動の本質を「分化」だとすることは、自然法則という言葉が含意する「永久運動」の否定である。自然は分化・多様化の現象のうちにあり、歴史の領域に入った。自然の歴史と人間の歴史との連続性が問われる時代になっているのである。そのことは従来の学問区分である自然科学（理科系）と人文・社会科学（文科系）という二分法に反省を迫らざるをえないであろう。

人間の起源を探る試みは、生物の歴史ないし生命の起源の解明に通じている。ドイツの生物学者ヘッケル（一八三四〜一九一九年）は「個体発生は系統発生を繰り返す」という命題で生物学に不朽の名を残したが、一個の生物個体の発生過程に、その生物の進化の跡を示す系統発生が現れるという事実は驚嘆すべきことである。それは何を意味するのであろうか。生物個体が、無意識のうちに、自己をその一部とする同種の生物全体の歴史を記憶しているということではないか。事実、生物たるものは、例外なく、DNA（デオキシリボ核酸）を遺伝情報としてもっており、DNAに担われた遺伝情報は、生物の誕生した三十二億年前から脈々と生きながらえ、人間一人一人の生命の中にも、それは綴じ込まれている。

人体の成分と海の成分を、多い順から十とると、ほぼ同じである。それは生物が海から生まれたことを示す証拠であるが、このように、人間の歴史のみならず、生物の歴史、地球の歴史がかなり正確に知られるようになった。いいかえれば、人間の起源についての遠い記憶を呼び覚ましうる条件が整いつつある。現代人は地球誕生からの一つの大きな歴史の流れのなかにいるという認識をもてるようになった。そうであるとすれば、遠い過去の記憶を人間はなんらかの形で現在に生かすに違いない。たとえば建築家の石井和紘は『建築の地球学』（TOTO出版　一九九六年）において、自己の建築作品を地球の起源から読み返している。第一章「火の玉地球」、第二章「陸・水地球」、第三章「生物圏」、第四章「人間圏」という建築の書としては型破りの構成であるが、地球の歴史に即した章立てになっており、そこに自己の建築作品群が織り込まれている。自己の建築が、知らず知らずの間に、地球史を表現していたことが、本人自身の驚愕とともにたんたんと語られるのである。建築家の仕事は形を構想し、それを住まいにすることである。無意識の世界に潜在していた悠久の宇宙の歴史の生み出してきた形の記憶が、意識のうえに立ち現れ、それが建築作品になっていたのである。

地球はエネルギーの出入りについては宇宙に対して開かれているが、物質についてはほとんど出入りがない。宇宙から地球をながめると、すべての物質が地球という惑星のなかで形を変えて循環しているだけである。人間は物の形を変えて利用して生活する。それは地球の物質循環の一部である。人間の存在は地球を前提にせざるを得ない。人間はそのなかで「宇宙の歴史が刻まれた古文書」を記憶をとおしてよみがえらせ、形にして表現しうる主体的存在である。形を表現する媒体となる物の供給源は地球であるから、それは地球と人間との関係を考えることにほかならない。地球と人間との関係の総体をとらえる学問は地球学と名づけられるであろう。

格物思想・格物史観

ダーウィンは、生物は「進化」するとは言ったが、生物が「歴史」をもつとは言わなかった。生物の「歴史」を云々するのは、彼らの発想にはなじまない。イギリスに留学していた頃、イギリス人学者から関心事を問われて、「綿の歴史（history of cotton）」と答えると、いつも彼らの顔に怪訝な表情が浮かんだ。それはイギリス人にとっては、日本では日常用いられる「稲の歴史」「麦の歴史」「茶の歴史」などを直訳すると英語の語感に合わないからである。そもそも彼らにとって「歴史」とは人間のものであって、綿のような物に直接「歴史」という用語を当てると語感に違和感が生まれる。「木綿工業の歴史」であれば、人間が関与する産業の歴史なので違和感はない。イギリス人（広くキリスト教徒・イスラム教徒）が「歴史」という言葉について無意識のうちに持っているこのような人間本位の見方に気づいたとき、逆に、わたしは自分の歴史観には日本的発想が影を落としていることに気づいた。そして、それを突き詰めていくと、綿に即して人間を眺めるというのが独自の歴史の方法になりうることに思い至った。綿は人間の生活と密接にかかわってきた栽培植物であるから、綿の理解は人間の理解に通じている。綿のことを知ろうと思えば、遺伝子にまで及ぶ植物学的分類を知らねばならないが、これは自然科学に属する。綿はインドで最初に栽培植物になった。これは文明の起源にかかわる。やがて世界中にひろがり、人間の手が加わることによって綿花→綿糸→綿布という形態変化（メタモルフォーゼ）を遂げる。それぞれの形態の綿の地域分布は原料供給地から最終消費地を表しており、それは市場圏にほかならない。その分析には社会科学的手法がいる。綿布は日本では着物に仕立てられ、イギリスではワイシャツになる、これは衣料文化の領域である、等々。綿の形態を変化させるのは人間であるが、変化を受ける綿の側から人間を眺めるという方法を立てることができるのである。綿の形態変化は綿の自己実現とみなしうるものであり、そこには自然科学的側面、社会科学的側面、人文科学的側面のすべてが含まれている。いきおい総合的にならざるをえない。わたしは知らず知らずのあいだに綿の一生というものを考えていたのであった。

日本人は物の歴史を人の歴史と同列に論じることに不思議を感じない。いや、正確には人と物とを切り離して考えてはいないのである。稲の歴史といえば、稲の起源・種類、陸稲や水稲の栽培法、稲作にまつわる文化一切を含みうる。茶の歴史についても同様であり、それは、茶が照葉樹林の下生えの木であるということから、緑茶や紅茶という飲茶の種類とともに茶の湯やイギリスのアフタヌーン・ティーのような文化も含まれるであろう。歴史が人間の占有物になっていないのである。物にも歴史を認めているのである。これこそ真正の唯物史観ではあるまいか。そこには物をして語らしめることに違和感をもたない態度がある。あたかも物が主体的に語るかのごとく「物語」という言葉さえある。ダーウィンの進化論に挑戦した今西錦司は『主体性の進化論』で「私はこの世界に存在するあらゆるものに主体性を認めよう」と宣言し、人間はおろか、生物・無生物にも主体性を認めた。

物を大切にあつかい、大切にした物が使えなくなったときにはそれを供養し、物に生命をさえ認めるなど、人と物との密接にして対等の関係を素直に認めているのは、日本人独自の態度であろう。人間についても、この国では、人と物を一体にしてひとかどの「人物」といわれるのである。

マルクスは、観念論に反対して唯物論をたてたが、それは人間における霊魂と肉体との区別というキリスト教的世界観の域を出るものではなかった。物といっても人間の身体の枠を超えていないのである。マルクス流の唯物論は物にまで徹していない。マルクスの唯物論にもとづいて国作りをしたソ連・東欧はすでに崩壊し、社会主義中国が市場経済に本格的に乗り出し、北朝鮮が飢餓地獄に苦しんでいる。旧社会主義、現社会主義のいずれの国も物が不足している。それは、余りにも人間中心主義的な似非唯物論に依拠し、物と人との不可分の関係を無視したためではあるまいか。そのような人間本位の唯物史観はついに過去のものになりつつあるが、それは唯物論の終焉にはならないであろう。

日本には文字どおり物に即して歴史をみる正真正銘の唯物史観がある。だがそれは自覚されてはこなかった。ましてや、学問の方法にまで高められているわけではない。それだけに、宇野弘蔵のマルクス経済学のほかマルクス研究で世界で最高水準を誇った日本から真正の唯物史観が生みだされれば、天上のマルクスも以て瞑するであろう。日本人は、マルクスの唯物論を発展的に解消し、俗流の唯物史観に対して、真正の唯物史観を打ちたてることもできる。

しかし、唯物論・唯物史観をめぐる彼我間の正統争いは非生産的であろう。「物に問う」というときの日本人の態度は、マルクスの人間中心的な見方とは、初めから、一線を画している。それは「物に問う」ことによって「人を知る」という態度であり、それは、物のことは自然科学の世界、人のことは人文・社会科学の世界というように、両者を切り離した近代の学問体系とは本質的に異なるものだ。人を理解するために、物に問い、物から問うという姿勢は、むしろ人間の修養を目的にして「格物致知《かくぶつちち》」を説いた『大学』の思想に通じているといえるであろう。すなわち『大学』では、物を格《ただ》し、また物に格《いた》って、はじめて真の知性が磨かれ、善悪の区別がつき、修養ができると説く。物を格し、物に格ることによって、人間を理解し、人間社会の歴史を理解するという態度は、唯物論・唯物史観というよりも、むしろ格物論・格物史観という方がふさわしいかもしれない。

『大学』はいうまでもなく経世済民のための古典である。近世日本は南宋の儒者朱子（一一三〇～一二〇〇年）のおこした朱子学を官学とした。朱子は四書五経（『大学』『中庸』『論語』『孟子』の四書、『易経』『詩経』『書経』『春秋』『礼記』の五経）を重視したが、そのなかで根本的柱に据えたのが『大学』であった。『大学』の注釈書『大学章句』において朱子は、「格物致知の義」というテーマでこう説明している。

所謂《いはゆる》知《ち》を致《いた》すは物《もの》に格《いた》るに在《あ》りとは、吾《われ》の知《ち》を致《いた》さんと欲《ほつ》すれば、物《もの》に即《つ》きて其《そ》の理《り》を窮《きは》むるに在《あ》るを言《い》ふなり。蓋《けだ》し人心《じんしん》の霊《れい》は、知《ち》有《あ》らざる莫《な》くして、天下《てんか》の物《もの》は、理《り》有《あ》らざる莫《な》し。惟《た》だ理《り》に於《おい》て未《いま》だ窮《きは》めざる有《あ》り。故《ゆゑ》に其《そ》の知《ち》尽《つ》くさざる有《あ》るなり。是《ここ》を以《もつ》て大学《だいがく》の始教《しけう》は、必《かなら》ず学《まな》ぶ者《もの》をして凡《すべ》ての天下《てんか》の物《もの》に即《つ》きて、其《そ》の已《すで》に知《し》れるの理《り》に因《よ》つて、益々之《ますますこれ》を窮《きは》め、以《もつ》て其《そ》の極《きよく》に至《いた》ることを求《もと》めざる莫《な》からしむ。力《ちから》を用《もち》ふること久《ひさ》しくして、一旦豁然《いつたんくわつぜん》として貫通《くわんつう》するに至《いた》れば、則《すなは》ち衆物《しゆうぶつ》の表裏精粗《へうりせいそ》到《いた》らざる無《な》くして、吾《わ》が心《こころ》の全体大用《ぜんたいたいよう》は、明《あきら》かならざるは無《な》し。此《これ》を物格《ものいた》ると謂《い》ふ。此《これ》を知《ち》の至《いたり》と謂《い》ふなり。

（『新釈漢文大系』「大学　中庸」明治書院　一九六七年）

ここには物と人とを切り離してみるのではなく、物の知的究明と人格の形成とは一体のものであるという確信がある。

近世日本の朱子学者が蘭学者に転じたのは、物の理の究明を柱とする朱子学で培われた学究態度が、舶来の物理学（窮理学と呼ばれた）に通じるところがあったからである。それがヨーロッパ起源の天文学や医学への道を開き、日本人の実証精神を涵養した。日本の格物学は、本草学、名物学、物産学に分化し発達したが、中国古典の思想を換骨奪胎することによって発達したといえる。唯物論を徹底すれば物にいたるが、翻って物の理を究めつつ人格形成・天下太平への道を模索する態度にいたれば格物論になる。

近世の格物論には人間いかに生きるべきかの指針がある。それを古いとむげに退けるのではなく、近代西洋の作り上げた知的遺産を取り込むことによって新たに生かす道もありえよう。かりにそれを格物学と名づけてみよう。近代の自然科学を取り込んだ格物学は、人は物を活用しつつ物に生かされているという自覚のもとに、自然科学による物に関する知見と、人文・社会科学による人に関する知見を統合し、物と人との関係を相即不離のものとして捉えることにおいて、諸科学を融合しうるものである。

ところで、人間にとってかけがえのない物は、物一般とは異なる。人は道具という物を使う動物であり、それによって欲しい物を作り、また作った物によって豊かになる。物は人が作り、物が人を生かしているのであり、両者は切っても切れない関係にある。社会は人間だけでなるのではない。人と物とからなる。いかなる人間も裸では生きられないからである。人間の生活のあるところには、衣食住の生活用品があり、それは物からなる。衣食住の形は社会ごとに異なり、社会ごとにまとまりをもっている。生活用品は複合体をなしているのである。それは社会の身体をおおう衣裳のようなものだ。人間が社会生活を営むために必要な物の集まりを「社会の物産複合」というコンセプトで捉えたい。それは松井・今西理論における物の世界とは別の「人間にとってかけがえのない物の世界」である。物産複合は、物一般ではなく、生活と不可分な物の集まりであり、文化の物的基礎であり、純粋人間界と純粋自然界の中間にある。

所変われば品変わる、といわれるが、物産複合は、狩猟採集地域社会、牧畜地域社会、農耕地域社会、工業地域社会では異なる。熱帯地域、温帯地域、寒帯地域で異なる。同じ緯度・経度でも山岳と平地では異なる。こうして物産複合を見れば、地域社会が同定できるのである。一人の人間の使う物が、子供のときから老人になるまでに、使う物を変えるように、同じ社会でも、その社会の物産複合は、時代とともに大きく変化する。物産複合が変わると文化が変容するのである。すなわち、人間の社会生活に歴史があるように、物産複合に歴史がある。いや、物産複合の変化の過程が、人間社会の歴史にほかならない。

では、物産複合の歴史的変化は、どのようにしておこるのであろうか。社会生活の変化をもたらす最大の契機は、異なる文化・物産複合をもつ人々との交流によっておこる。交流とは人と物の移動をともなう。昔も今も物の大半は舶来してくる。現在日本で使われている輸入品の九十九パーセントが船によって海外からもたらされ、日本から船で海外に運ばれているのである。昔は海洋アジアから運ばれてきた文物が日本社会を変え、今は日本から運ばれた物が世界各地の社会に多大の変化を及ぼしている。それはNIES、ASEANの劇的な発展（日本へのキャッチアップ）によってみれば明らかである。本書でなぜ海洋史観をたてたのか、それには以上のような理解があるからである。かくして、陸地史観に対しては海洋史観、唯物論に対しては格物論が向き合う。海洋史観は陸を島に見立てて包摂し、格物論は人を物に包み込む。

何をなすべきか――「いざ、裏山へ」

海洋史観をたて格物論をもつことは歴史理解、特に日本理解にとって重要であるが、海洋史観・格物論それら自体は目的ではない。それは「いかに生きるべきか」「何をなすべきか」の指針である。生き方は、道学者流の説教に堕するのを忌避するのであれば、実践でなければならないであろう。「ガーデン・アイランズ」の実践は生活実践でなければならない。それも自らの生活実践でなければならないであろう。小生は意を決して、住み慣れた首都圏内の陋屋を売り払い、一家をあげて、都落ちした。方角は都の西北、軽井沢の早大セミナーハウスの近くに居を構えた。すぐ下に千メートル（標高）林道が走っている。京都生まれの小生には、比叡山（標高八四八メートル）より高い所に住むのは気分爽快である。昨冬に決心し、今夏に転居。ここから通勤する。十月から「新幹線あさま」が運行するので不便を感じない。むしろ、下界（首都圏）に仕事に出かけ、空気のよい自然の中に帰って来られるのは幸せである。

脱東京の転機は二年前の平成七年一月に阪神淡路を襲った大震災である。村山内閣の対応の悪さに業を煮やして一文を草した。被害が甚大になったのは、村山氏個人の無能ぶりもさることながら、戦後の全国総合開発計画で意図的に作り上げられた太平洋工業ベルト地帯に人間を集中させたツケであると、日本の国土政策を批判した。現在、日本の製品輸入率は六割を超え、サービス産業に従事する人々は労働力人口の三分の二に達しており、原料を輸入して製品を輸出する加工貿易型・工業立国の時代は終わった。ゆえに臨海工業地帯に集住する必然性はない。神戸の禍を転じて福となすために、丹波高原の過疎地に公有地を確保して兵庫県庁を移し、定期借地権法を活用して居住単位を一反（三百坪）、建蔽率を二割とする森の中の町づくりを提言した。自他ともに認める日本人の特性である自然を育成する生活をするべき秋《とき》である。庭が広ければ安全であり、家が広くなれば内需は拡大する。そのフロンティアは裏山にある——そう主張したのである（「裏山に森の中の街を」『RONZA』二号　朝日新聞社　一九九五年五月、拙著『富国有徳論』紀伊國屋書店　一九九五年に加筆の上「富国有徳の国づくり」として再録）。

その一文が眼にとまったのだろうか、昨年（一九九六年）の春、国土審議会の専門委員に任ぜられた。国土審議会は二〇一〇年を目標年次とする全国総合開発計画（全総）を決める。全総はこれまで昭和三十七年（池田内閣）、昭和四十四年（佐藤内閣）、昭和五十二年（福田内閣）、昭和六十二年（中曾根内閣）と四回策定され、今回は第五次全総である。すでに審議は終了し、あとは閣議決定を待つばかりである。

その国土審議会の報告書に「国土が美しいものとなり、庭園の島（ガーデン・アイランズ）ともいうべき、世界に誇りうる日本列島」と、日本の将来像を描いた一節がある。日本は六千八百の島々からなる島国であり、そこに庭のある生活景観をつくりあげようというのである。現在、日本には四千万戸の住宅があり、そのうち千四百万戸が集合住宅（マンション）であり、日本人の三人に一人がそこに住んでいる。マンションは「箱」である。家庭が二極分解し、家は箱に、庭は公園に追い出されているのだ。都市民の多くが庭をもてない。それを改めて、家と庭が一体の「家庭」を再建しようというのである。

言い出しっぺの小生は、その当時、駐車場も自宅にもてないほど小さい一戸建てに住まっていた。繰り返し主張するうち、「土や昆虫は汚ない」と、思いがけない議論をするゼミの学生がいたり、何より自らの言行不一致が気になり、理屈をならべるより、思い切って実行に移すほうがよいと思うに至った。定期借地権を利用するつもりであったが、過疎地に借地はほとんどない。土地は購入した。一反の土地を獲得したときの喜びは格別であった。大地への愛情がグーッと芽生えた。

なぜ一反か。衣食の伝統的単位だからである。一反の布で一枚の着物、一反の土地から米一石が穫れ、一年飢えないで済む。それが衣食の伝統的単位となった。土地の広さを平米で論じるのは味気ない。畳数や坪数は生活と密着している。起きて半畳、寝て一畳である。社会生活の最小単位は千利休がしつらえた二畳の茶室（山崎の待庵）、二畳すなわち一坪である。経済的自立の単位、それが一反であった。

軽井沢は別荘地として知られる。夏は賑わうが、冬は閑散とする。軽井沢町の条例によれば、別荘地の建蔽率は二割である。別荘の単位面積は一反であり、優に五十坪の建坪をとれる。百畳分である。夏の短期間しか利用しない別荘族だけにこのような贅沢な暮らしを独占させておいてよいものか、という思いが永住意欲を強めている。「豊饒の海の半月弧に浮かぶ〝庭園の島〟日本」の実現に向けて、小生なりに小さな一歩を踏み出した。隗《かい》より始める以外にない。

＊

学問は、対象に規定され、方法に尽きるといわれる。対象を分析する武器である方法論は書物の最後におかれなければならない、と先学が記している。この跋で方法論めいたことを記したのは、その顰みにならったからである。方法論にも先学の業績がある。本書で強く意識したのはマルクスの史的唯物論（唯物史観）と梅棹忠夫の生態学的史観（生態史観）である。今年は、偶然、マルクスが唯物史観を提唱しようとした年から数えて百五十周年、梅棹忠夫が生態史観を提唱して四十周年にあたる。

マルクスは一八四五年に友人のエンゲルスとともにドイツ観念論に対して唯物論を樹立する決意をたて、その成果をまとめあげ一八四七年に発表しようとして、出版社から断られた。そのときの事情をマルクスはそれから十年余り後に執筆した『経済学批判』序言でこう書いた。

われわれは、ドイツ哲学の観念論的見解に対立するわれわれの反対意見［唯物史観］を共同でしあげること、実際にはわれわれ以前の哲学的意識を清算することを決心したのであった。この計画はヘーゲル以後の哲学の批判という形で遂行された。二冊の厚い八つ折判の原稿をヴェストファーレンの出版所に送り届けてからだいぶんあとで、われわれは、情勢がかわったので出版できかねるとの報せをうけとった。われわれはすでに自分にはっきりさせるというおもな目的をたっしていたので、それだけに気前よくその原稿を鼠どもがかじって批判するのにまかせたのであった。

行間には無念の気持ちが若干にじんでいる。こうしてお蔵入りになった著作こそ、人類史を唯物史観によって最初に論じた『ドイツ・イデオロギー』（遺稿　岩波文庫ほか）である。一方、梅棹忠夫は一九五五年にカラコルム・ヒンズークシ学術探検隊に加わり、アフガニスタン、パキスタン、インドを半年にわたって踏査し、そこで西洋でも東洋でもない「中洋」を発見し、その成果を一九五七年に「文明の生態史観序説」として『中央公論』同年二月号に発表した。後年、梅棹はそのことを回想して、「カラコルム・ヒンズークシ学術探検隊への参加は、わたしの生涯に大きな転機をもたらした。『文明の生態史観』などという、地球的規模での文明論を考えるようになった。この旅行によって、わたしは比較文明論の目をひらかれたのであった」と記し、比較文明論に開眼したことをあかしている（梅棹『行為と妄想――わたしの履歴書』日本経済新聞社　一九九七年）。唯物史観・生態史観は世界史を鳥瞰する卓抜なる歴史観であるが、それを構想したとき、マルクスも梅棹もその画期的な重要性を自覚していたということであろう。

唯物史観百五十周年、生態史観四十周年という記念の年に、両史観に異論をとなえる本書を上梓することになったのは、いささか因縁めくが、歴史に関心をもつ一人として、小生の書棚には、いつのまにか『マルクス・エンゲルス全集』『梅棹忠夫著作集』が揃っており、それらを折りにふれて繙きながら、唯物史観、生態史観から多大な学的感化を享けてきた。マルクスはとうの昔に鬼籍にはいったが、梅棹氏は今年喜寿を迎えられ、元気潑剌である。謝辞の筆頭はこの両氏に捧げられるべきものである。現在の小生は、両氏の史観が海洋への視点を欠落させているがゆえに、近代文明の世界史的位置を理解するうえでは限界があると考えている。その詳しい理由は本書に記したとおりである。

本書は既発表の論攷が基礎になっている。いずれにも加筆をほどこし原形をとどめていないものもあるが、初出はつぎのものである。

序　「江戸社会を世界大の視点で見直すとき――ニッポン型生活世界の再生」『現代農業』一九九六年増刊号　農文協　一九九六年

起　「国際交流と日本」『国際交流』三十四号　国際交流基金　一九八四年

承　「社会科学の脱領域化」『ゆらぎのなかの社会科学』岩波講座・社会科学の方法・第一巻　一九九三年。「戦後の京都学派——今西学派をめぐって」『日本社会科学の思想』岩波講座・社会科学の方法・第三巻　一九九三年
転　「文明の海洋史観」『早稲田政治経済学雑誌』第三百二十三号　一九九五年
結　「〝太平洋に浮かぶ庭園列島〟の国土構想」『ファイナンス』三十二巻二号（一九九六年五月号）　大蔵省
跋　「格物史観」『一冊の本』一九九七年十月号　朝日新聞社。「都落ち」『文藝春秋』一九九七年十月号　文藝春秋

転載を快諾された関係各位に御礼を申しあげる。序で触れたように、起之章に収めた「国際交流と日本」が本書の出発点である。その論文をもとにかつて『日本文明と近代西洋——「鎖国」再考』（ＮＨＫブックス　一九九一年）という習作《デッサン》をものした。それはややまとまりを欠くものであったが、〝脱亜の文明史像〟を提示せんとしたものである。本書はそれを海洋史観からまとめかえしたものである。

本書はひとえに平林孝氏の慫慂によって成った。同氏の知己を得て十年余、先輩として敬愛し、ひそかに兄のような存在として敬慕してきた。孝兄は本書の起之章

に収録された今から十三年も前の拙稿の価値を早々にお認めくださり、それを一書にまとめて広く江湖に知らしめることを「貴君の義務だ」と激励された。イギリス留学から帰国したばかりで無名であったときだけに、すでに編集者として著名であった孝兄の叱咤激励は有り難く、臓腑に泌みた。以来、懇篤なる督促にたいし、遅筆の言い訳をつらねているうちに十年余の歳月を数えた。気づけば、孝兄にも小生にも白髪がめだつようになった。階前の梧葉はすでに秋声を告げている。おおらかに呵々大笑する一匹狼然とした風格の孝兄がさきごろ右腕の部下をもたれた。若き獅子のごとき吉田大作氏である。大作さんを紹介しに早大研究室に来られたのは五月のさわやかな風の吹くころであった。この夏の猛暑のなか、大作さんは脱稿に向けて獅子奮迅の助力を惜しまれなかった。ご両人とも中央公論社の早稲田人である。「早稲田」と心の中でつぶやけば、どこから湧くのか、フツフツたる想いがたぎる。母校出身者の激励と助力によって本書を上梓できるのは言葉にならぬほど嬉しい。早稲田は亡父の母校でもある。「早稲田に骨を埋めよ」と遺言し、父が生涯愛してやまなかった早稲田であるが、小生は今年度限りで辞する。

都の西北に移住する直前に、身辺に重大な事件が起こった。かねて早稲田大学図書館への収蔵を三十名余りの同僚研究者とともに切望していた『英国議会資料』を早大当局（図書館長）が購入を見送ってしまい、慨嘆していたところ、さる篤志家の寄付で関西の国立研究機関に収蔵されることが決まった。同資料の購入申請書に「全人格をかけて申請する」と記しただけに、母校が蹴ったことは無念の極み、抗議の意図をもって、資料の落ち着き先に研究基盤を移すことにしたのである。わが愛する「都の西北」が遠くなる。まことの都落ちである。

なぜ、先輩孝兄の変わらぬ激励、後輩大作さんの誠意にあふれた熱意に支えられながら、ついには草葉の陰の亡父まで悲しませるようなことをすることになったのか。世にいう「早稲田三流教授」の一人でしかなく、小生が去るのは早大生にとっては幸いであると自らを慰めてみても、身を吹き抜ける一陣の風、風、風……、秋風に抗して、「早稲田に学んで波風うけて、人生劇場、いざ序幕」と肚《はら》に力をいれる。

本書で論じたことは、意余って舌足らずであることを懼れるが、一九八二（昭和五十七）年の春、勇躍して母校の教壇に立って以来、十五年間、教室で真摯に語ってきたことのエッセンスである。まことに気持ちばかりではあるが、今年から早稲田の杜に学ぶことになった平林孝氏の令嬢敦子さんをはじめ、わが愛する早稲田の学生に本書を贈りたい。

一九九七（平成九）年秋、都の西北にて　　著者識

文庫版へのあとがき

『文明の海洋史観』は一九九七（平成九）年に中央公論社から中公叢書の一冊として世に出た。日本と西ヨーロッパに出現した近代文明の世界史的位置を、経済史の観点から概括したもので、「新しい歴史観」として注目を浴びた。刊行後、中央公論社が読売新聞社の傘下に入り、新生の中央公論新社の中公叢書の一冊として増刷を重ね、この間に中国語訳も出版された。このたび中公文庫に収録されることになったが、内容は叢書版と同じで加筆もない。初版から二十年近い年月が流れた。主な論点をとりあげながら、本書にまつわる二、三のエピソードをまじえて、残されている課題に触れておこう。

陸から海へと視点を変える

いったい、なにが新しかったのか。マルクスの歴史観とともに、梅棹忠夫の歴史観も、しりぞけたことである。マルクスの思想は、二十世紀の政治運動、経済政策、イデオロギー・思想、ジャーナリズム、アカデミズムを席巻した。その基礎をなす歴史観が「唯物史観（＝史的唯物論）」である。唯物史観は、経済学の立場から、イギリスに典型的に成立した近代ブルジョア社会を、人類の歴史のなかに位置づけてみせた、壮大な歴史観である。

一方、梅棹忠夫の「文明の生態史観」は、民族学の立場から、ユーラシア大陸の乾燥地帯の遊牧民と湿潤地帯の農耕民とをならべ、両者の対立の構図における遊牧民の優位を描いてみせた。それは農耕を重視する文明史観に対する挑戦であり、牧畜の復権をねらったものでもあった。梅棹は独創的な名著『狩猟と遊牧の世界』で、「農業革命」に匹敵する「牧畜革命」の歴史的画期性を提示することによって、それまでの通念であった農耕民優位の文明史観を相対化したのである。

梅棹のもうひとつの狙いは、日本文明を世界史のなかに位置づけることであった。一言でいえば、日本は西ヨーロッパと対等である、といってのけたのである。梅棹は、日本以外のアジアは日本とは異なる地域類型（梅棹のいう「第二地域」）に属するとし、日本を西ヨーロッパと同じ地域類型（梅棹のいう「第一地域」）に入れた。日本も西ヨーロッパも、乾燥地帯の遊牧民に支配されたことがない。その結果、日本と西ヨーロッパには、植生が順調に遷移をとげて極相にいたるように、封建制が生まれ、それが成熟して近代文明になったと論じた。これもまた壮大な歴史観である。

晩年のマルクスは、「封建制から資本主義への移行」が西ヨーロッパに限定されるという結論に達していた（「ヴェラ・ザスーリッチへの手紙」）。この点は、梅棹が西ヨーロッパ（と日本）以外には封建制は成立しなかったとみなす見解と同じである。

マルクスは『資本論』（第一巻　一八六七年）に先立ち、四十歳をすぎたとき『経済学批判』（一八五九年、武田隆夫・遠藤湘吉他訳　岩波文庫　一九五六年）を書いた。それはマルクスの理論体系の完成をつげる極めて重要な著作である。彼はそこで「わたくしの研究にとって導きの糸として役立った一般的結論は、簡単につぎのように公式化することができる」として、「人間は、その生活の社会的生産において、一定の、必然的な、かれらの意志から独立した諸関係を、つまりかれらの物質的生産諸力の一定の発展段階に対応する生産諸関係を、とりむすぶ」という記述ではじまる有名なテーゼをしるした。それは「唯物史観の公式」として広く人口に膾炙《かいしゃ》した。

マルクスは唯物史観の公式をこう結んだ――「大ざっぱにいって、経済的社会構成が進歩してゆく段階として、アジア的、古代的、封建的、および近代ブルジョア的生産様式をあげることができる。……この社会構成（近代ブルジョア社会）をもって、人類社会の前史はおわりをつげるのである」（『経済学批判』序言）。この歴史観がマルクス主義者の金科玉条となり、アジア的専制→奴隷制→封建制→資本主義を経て共産主義にいたるのは、どの地域もたどるべき「世界史の基本法則」であるとされた。近代社会の出現については、領主・農奴の生産関係からなる封建制が、生産者を生産手段から引きはなす「原始的蓄積

〈本源的蓄積〉によって、資本家・労働者の生産関係からなる資本主義社会へとかわるという理解である。土地に緊縛されていた農奴は、「血の立法」で暴力的に土地をうばわれ、みずからの労働力以外に売るものがない無産者となる。無産者の群れは都市になだれこみ、労働者となって工場にしばりつけられる。

これらは陸上の出来事であるから、陸地史観である。梅棹の生態史観も、陸地の乾燥地帯と湿潤地帯に着目した歴史観であるから、これも陸地史観である。

それらに対し、文明の海洋史観は近代文明の成立を海洋アジアから説き起こす。近代文明の母胎は海洋アジアである——このテーゼが新しい。ユーラシア大陸の両端に浮かぶ島国の日本とイギリスに近代文明が出現したが、日本人は「後期倭寇の時代」に、イギリス人は「大航海時代」に、あまたの民族にまじって海洋に雄飛した。時は「長期の十六世紀」（ウォーラーステイン）、所は「海洋アジア」である。「十六世紀の海洋アジア」という特定の時空間から、近代文明の勃興を説き起こすのである。

「海洋アジア」という用語は、最近では学界でも用いられ、社会でも通用するようになったが、当時は新鮮にひびいたようだ。日本列島はヤポネシアと呼ばれたりもするが、海に開かれた大八洲《おおやしま》であり、大陸アジアの一部ではない。梅棹は、日本はアジアではない、と言いきったが、日本は太平洋の一角をしめる海洋アジアの隅の首石《おやいし》の位置にある。この位置づけも新しい。

日中の政治家からの反応

太平洋の西北に浮かぶ日本列島の国柄は、ヤポネシアであり、海洋日本である。日本の生きる道は、東南アジア海域、ミクロネシア、メラネシア、ポリネシア、オセアニアなどからなる西太平洋津々浦々連合の中にあるという、当時の世界情勢に照らした政策的メッセージが本書にある。

それを敏感に感じとったか、清華大学と北京大学に招かれたおり、両大学で日本を研究する中国人学者グループが、予定外のプログラムで、北京大学の会議室に小生を招き入れ、丁重ながら、論戦をぶつけてきたことがある。彼らとの議論をとおして、本書が大陸中国を海から封じこめる理論であると受けとめられていたことを知った。彼らの一方的な思い込みによる論難を、史実に即して論駁し、あわせて太平洋の津々浦々をネットワークで結ぶ平和主義の立場であるということを丁寧に説明して、理解を得たうえに共感まで得た。

中国ではこんなこともあった。二〇〇九年七月、小生は静岡県知事になった。それから半年あまり経った頃に、習近平国家副主席（当時）から招待状が舞いこみ、二〇一〇年一月に人民大会堂で小一時間ばかり親しく話をした。別れぎわ、習氏が扉まで送るように並んで歩き、小生の肩に手をかけて「海洋史観の学者であるのを知っている」と洩らして敬意を示してくれた。

習近平氏は二〇一三年に国家主席となり、彼のもとで中国は、東シナ海、南シナ海で存在を誇示するのみならず、ミクロネシア、ポリネシア、オセアニアの西太平洋の津々浦々でも存在感を高め、影響力を強めている。

日本でも動きがあった。本書は読売論壇賞を受けた。その授賞式会場に小渕恵三外相（当時）がとつぜん姿を現した。つかつかと小生に近づき、『富国有徳論』（紀伊國屋書店一九九五年、のち中公文庫）に触れて、「富国有徳を国是としてつかいたい。ついては、使用許可を得たい」とのことであった。「さすが上州の政治家！」と、仁義に感じ入り、一も二もなく承諾すると、満面に笑みを浮かべて会場から立ち去った。

その数か月後に小渕氏は首相になった。小渕首相は富国有徳の国づくりをかかげ、首相肝いりの「21世紀日本の構想」懇談会を立ちあげた。その相談にあずかり、その分科会座長の一人になった。小渕首相は、パラオ共和国のナカムラ大統領（当時。日系パラオ人）を介して、オーストラリアやニュージーランドが主導する十六の国・地域からなる「南太平洋諸国連合」を「太平洋島サミット」へと名称変更するように働きかけ、その提案が受諾されるや、二〇〇〇年初夏に予定されていた加盟国・地域の首脳会議の会場を日本政府が提供する形で「太平洋島サミット」に接近し、その仲間入りをめざす意向をみせた。それに引きつづく同年夏の先進国首脳サミットの開催地を沖縄とさだめ、沖縄サミットを契機に、南端の沖縄からさらに南方の西太平洋に向けて、いわば縦に飛ぶ「経度連合」構想の実現をめざす姿勢をとった。小生もその動きに若干関与した。

こうした段取りが整い、西太平洋津々浦々連合の構想がはしりだす矢先の春、小渕首相は倒れた。島サミットと沖縄サミットのホスト役はおろか、その年の新緑を見ることもかなわぬまま、小渕首相は帰らぬ人となった。それとともに、西太平洋に浮かぶ大小の島嶼《とうしょ》国《こく》を縦にむすぶ「南北の合従《がっしょう》」構想は頓挫した。その後の動きは、中国にお株を奪われた感がある。

ついでながら、南北の合従は東西の連衡《れんこう》と一対である。小渕構想には西太平洋の津々浦々を縦にむすぶ南北の合従構想とともに、モンゴルを皮切りにしてユーラシアの「草原の道」の諸国との連携をはかり、「シルクロード外交」を展開する東西の連衡も含まれていた。日本人はシルクロードに不思議なほど懐かしさと愛着を感じる。小渕氏は司馬遼太郎氏の著作をつうじて草原の道に憧れをもっていた。草原の道の諸国はいずれも親日的である。この構想もまた小渕氏の逝去で頓挫した。習近平中国の「一帯一路」プロジェクトによって吹き飛ばされてしまった感もある。

東西二つの島国における生産革命

本書の新しさは「陸から海へ」と視点を変えるとともに、海上の物流に着眼したことである。海上の道の交通・物流のダイナミズムから近代文明の出現を説いたのである。柳田國男は「海上の道」をとなえ、黒潮にのってコメの文化が運ばれてきたと論じた。柳田は「縄文文化から弥生文化へ」という日本の先史時代における移行を、海上の道のインパクトにもとめた。その発想を文明史にとりこみ、日本史ならびに西洋史における古代↓中世↓近世↓近代への移行の理論に仕上げたのが文明の海洋史観である。

中世から近世への移行という歴史の大転換をもたらしたエネルギーの淵源は、十六～十七世紀の海洋アジアであり、その中心は東南アジア海域であった。なぜ、そこが中心であるといえるのか。それは、世界史上初めてといえるほど、数限りない諸民族がそこに蟻集《ぎしゅう》したからである。ではなぜ集まったのか。十四世紀半ばからユーラシアは疫病（黒死病）に悩まされていた。その疫病に効くと信じられた薬材（胡椒・香辛料）が海洋アジアの島々でとれたからである。十六世紀の海洋アジアは異なる文化をになう諸民族の坩堝《るつぼ》であった。それまでユーラシアに存在した物産・文化・情報は海洋アジアの坩堝の中に流れ込み、その後の世界の歴史はそこから流れ出たのである。

海洋アジアを源とし、そこから四通八達する海上の道にのって、じつにさまざまな物産・文化・情報が波間をこえて運ばれた。波濤は、西北の果ての島国イギリスと、東北の果ての島国日本の岸辺に達した。津波のような巨大な物流を浴びた二つの島国からは、引き潮にさらわれるように、膨大な金・銀・銅が流れ出した。貨幣の大量流出は島国の経済をきびしく圧迫した。対策は経済構造の転換以外になかった。その柱がイギリスの産業革命（Industrial Revolution）であり、日本の勤勉革命（Industrious Revolution）である。イギリスは資本集約型の生産革命を、日本は労働集約型の生産革命を、ほぼ同じ時期に起こし、アジア物産の自給化をはかった。安く買って高く売る商業ではなく、物づくりによるアジア物産の自給である。物づくり＝生産革命によって、日本とイギリスは海洋圧力をはねのけた。その対応の成功が、経済を軸とする近代文明を生みだしたのである。一国完結型の自給圏＝鎖国はそのひとつの帰結であり、大西洋を股にかけたイギリス、アフリカ、アメリカを結ぶ三角貿易の自給圏＝大西洋経済圏はそのもうひとつの帰結である。この歴史像が斬新であった。

独自の東西文明論の旗揚げ

このように小生は、カール・マルクスの唯物史観をしりぞけ、かえす刀で梅棹忠夫の生態史観を切りすてたのであるが、本書が論争的な風貌を呈することになったのには、ちょっとした裏話がある。

本書に先立って、「鎖国」再考をせまった『日本文明と近代西洋』（NHKブックス　一九九一年）を公刊していた。この本は、産業革命と勤勉革命のリーディング・セクターとなった綿業の商品、木綿の実証的研究（オックスフォード大学博士論文）をもとにしており、イギリスがイスラム文明圏から自立し、日本が中国文明圏から自立したことを概括したものである。両者はともに綿業をバネにして「脱亜」を遂げた。脱亜の帰結が、日本の鎖国であり、イギリスを中核とする「近代世界システム」（ウォーラースティン）である。独自の東西文明論の旗揚げである。慶應義塾の創始者・福沢諭吉の「脱亜論」は一八八五（明治十八）年の時論であったが、それを換骨奪胎し、早稲田大学の創設者・大隈流の大風呂敷の「脱亜の東西文明論」に仕立てあげたのである。東大アカデミズムへの対抗意識から、思うところがあって、この本の扉裏に「今西錦司先生に捧ぐ」という献辞を入れたのであるが、思いもかけず、京都学派の目をひいた。

今西錦司は戦後の京都学派のリーダーの一人である。今西門下から「今西学派」といわれる逸材が輩出した。梅棹忠夫も今西門下の一人である。今西はダーウィンの進化論を根本的に批判し、「棲み分け」論を立てた。今西の『生物の世界』は日本の生んだ独創的な生物哲学の書である。小生は、ダーウィン進化論―マルクス唯物史観というラインに対して、今西生物哲学―川勝文明史観のラインを立てるという意思を秘めて『日本文明と近代西洋』を書いた。マルクスが『資本論』第一巻の献辞をダーウィンに捧げようとした――ダーウィンは謝絶した――ことを想起していただきたい。そのひそみにならって今西錦司への献辞を入れたのである。献辞を見た京都学派の間で「早稲田に京都学派のブランチができた」とささやかれ、その風評は都の西北にまで聞こえてきた。それは単純な誤解である。

小生は東西の学問の統合をめざす早稲田大学の学統につらなる学究である。そこで改めてこの『文明の海洋史観』を著し、早稲田の学統を鮮明にした。本書の内容は早稲田の学生に講義やゼミナールで説き、本書自体も早稲田の学生に捧げられている。東西文明の調和をめざすという観点から、欧米派の東大アカデミズムを切る一方で、土着派の京都学派の貢献と限界をはっきりさせた。東西文明の調和は早稲田学派の旗印である。

反応は早かった。本書が公刊された翌年、梅棹忠夫との対談が二回持ちこまれた。『文藝春秋』（一九九八年八月号）と『季刊民族学』（第八十六号　一九九八年）である。梅棹は小生よりも二十八歳も年長であり、碩学の誉れが高い。梅棹に敬意をはらいつつ、二回目の対談（『季刊民族学』）で、生態史観の貢献をあげるとともに、その限界を指摘したのである。

課題1――文明の格物史観へ

さて、唯物史観も生態史観も、そのベースにはしっかりとした学問《ディシプリン》がある。文明の生態史観は、梅棹自身が「生態学的歴史観――つづめていえば生態史観」といっているように、ベースの学問は生態学である。厳密にいえば、梅棹の生態学はみずからが歩いたユーラシア大陸のフィールドワークに基礎づけられており、彼の天才的な文明の生態史観のモデル図の背景にはケッペンの気候論がある。

一方、マルクスの唯物史観は経済学にのっとっている。マルクスは「唯物史観の公式」を開陳するのに先立ち、こう述べている——「ブルジョア社会の解剖は、これを経済学にもとめなければならない」(『経済学批判』序言)。

文明の海洋史観もまた経済学にのっとっている。では、マルクス経済学の方法とどこが異なるのか、『資本論』の冒頭の一文を借りてのべれば、相異がきわだつであろう。有名なパラグラフである——「資本主義的生産様式の支配的である社会の富は、「巨大なる商品集積」として現われ、個々の商品はこの富の成素形態として現われる。したがって、われわれの研究は商品の分析をもって始まる」(向坂逸郎訳　岩波文庫　一九六九年)。

商品分析はマルクス経済学の要諦である。小生にとっても同様である。マルクスと小生とは商品を分析対象にするところは相似ている。だが分析方法が相異なる。冒頭のパラグラフにつづけて、マルクスは、商品は交換価値と使用価値とからなるとし、交換価値の分析に集中する。そして、商品の交換価値の実体が労働量(労働時間で計測)であるとし、商品の生産過程で生まれる剰余労働を搾取する資本家と搾取される労働者という生産関係論につなげていく。マルクスの商品論は、それを追っていくと、人間同士の関係である生産関係論に解消されていくのである。商品を分析するといい、また唯物論を標榜しつつも、肝心の「商品」はするりと抜け落ちている。

マルクス経済学では、商品の流通における等価交換の原則のもとで「価値法則の貫徹」

を説く。それは「一物一価の法則」ともいわれる。その価値法則が、イギリスと日本という、商品生産が支配的な社会でありながらも、それぞれの国で作られた商品同士の間では成立しないという事実――マルクス経済学の価値論を反証する事実――に小生は突き当たった。商品は抽象的な存在ではなく、それを作り、それを使う人々の心がやどる衣食住の生活文化を体現している。経済活動と生活文化とは不可分である。とすれば、経済と文化を一体的に論じる理論――経済文化論――が要請されるであろう。下部構造・上部構造というマルクスの用語を用いるならば、物産が下部構造となって、その上に文化がそびえる、といえる。逆に、文化の価値体系が物の使い方を決めるという観点に立てば、文化と物産は照応する、ともいえる（拙著『経済史入門』日経文庫　二〇〇三年）。

　交換価値に注目したマルクスの価値論は、商品から貨幣への転化を説く「価値形態論」の名で知られる。それに対し、商品の使用価値に着眼した価値論は「格物論」となった。「格物」の用語は朱子学の古典『大学』に拠っている。「格物致知。誠意正心。修身斉家。治国平天下」の文言に由来する。この文言の意味は、物に格《いた》れば（ないし物を格《ただ》せば）知を致すことになり、知を致せば意が誠になり心が正しくなる、意を誠にして心を正しくすれば身が修まる、身を修めれば家が斉《ととの》う、家を斉えれば国が治まり、国を治めれば天下が平和になる、というものであり、逆も真である。天下を平和にするには国を治め、国を治めるには家を斉え、家を斉えるには身を修め、身を修めるには意を誠にして心を正しくし、意を誠にして心を正しくするには知を致し、知を致すには物に格れ（ないし物を格せ）というのである。

朱子学には「経世済民」の政治経済論があるが、小生の格物論は朱子学の復権ではない。研究目的は近代文明の人類史的位置を解明することである。マルクスの志向と変わらない。物自体に着目するので「唯物論」といってよいのであるが、マルクスの唯物論は物を見失っているので、それと峻別するために、東洋の知的資産の朱子学を現代に蘇らせて「格物論」と名づけるのである。

唯物史観は、人間が歴史をつくるというドグマに立っており、歴史の人間決定論である。生態史観は、人間の生活は自然の生態に依拠するというドグマに立つ、歴史の環境決定論である。それぞれ人間中心主義、環境中心主義ともいえる。

それに対し、格物論は物に着目する。人間が生産した物は自然と人間との間にあるといえるだろう。人間は「物を作る動物」であり「物を使う動物」である。生産された物は、もはや自然ではなく、もとより人間でもない。生産物は両者の間に介在する「中間的存在」である。生産物は人間社会のあるところには必ず存在する。そのような物産の集まりを「社会の物産複合」という。人間社会が変容するとき、それとともに社会の物産複合も変容する。逆も真である。社会の物産複合が変容すれば、おのずから人間社会は変容するのである。物産複合の変容《メタモルフォーゼ》の核心をなすのは「新結合」である。新結合はシュンペーターの経済発展論の核心をなす概念であるが、シュンペーターはもっぱら新結合を遂行する主体である人間（企業者）のおこなう革新に着目したのに対し、小生は新結合される側の客体である物──物の組み合わせの変化──に着眼するのである。

マルクスもシュンペーターも、その経済理論には──意識されていないのであろうが──ヨーロッパの精神文化が刻印されている。人間至上主義である。『旧約聖書』は、神は人間を「神の似姿」として造った、と説く。この世では人間が頂点に立つ。他の被造物は人間に利用されるためにあり、人間よりも下位にある。そのような人間至上主義の世界観は、キリスト教・ユダヤ教圏では空気のように当たり前のものである。物を「もったいない」「粗末にあつかわない」と、後生大事にする態度は、マルクスにあっては物神崇拝として唾棄されている。

それに対して、格物論は、人はもとより、物も大切であるという立場である。人は物と一体で「人物」である。話をするとき、語り手が人であるのは自明であるが、「物語」というではないか。物が主である。物になり代わって語るのが「語り部」である。語り部は物の代役である。そこには人間至上主義とは異なる世界観がある。文明の海洋史観は、格物論にのっとって社会の物産複合の変容を説く歴史観である。つづめていえば文明の格物史観ということもできる。その詳論は課題として残されている。

課題2――文明の精神史観へ

もうひとつ、残されている課題がある。それはマルクスが「阿片」と形容し、梅棹が「伝染病」とみなした宗教の文明史的な位置づけである。マルクスはいう――「宗教上の悲惨は、現実的な悲惨の表現でもあるし、現実的な悲惨にたいする抗議でもある。宗教は、抑圧された生きものの嘆息であり、非情な世界の心情であるとともに、精神を失った状態の精神である。それは民衆の阿片である」(『ヘーゲル法哲学批判序説』、初出『独仏年誌』一八四四年、城塚登訳　岩波文庫　一九七四年)。

このように、マルクスにとって宗教は阿片の煙ほどの実体しかなかった。唯物史観では「法律、政治、宗教、芸術、または哲学の諸形態、つづめていえばイデオロギーの諸形態」は「経済的な生産諸条件におこった物質的な、自然科学的な正確さで確認できる」下部構造に規定される上部構造である(『経済学批判』序言)。彼の関心はもっぱら下部構造にあった。

一方、梅棹忠夫にとって、宗教は彼の歴史観の画竜点睛《がりょうてんせい》に相当するほどの関心事であった。彼は『文明の生態史観』の結びに「比較宗教論への方法論的おぼえがき」と題する本格的な論文をおいた。そこで梅棹はいう――「宗教のアナロジカルな現象として、ここにあげたいのは、病気、とくに伝染病である」、「宗教という現象は、人類の精神構造において、病気の裏がえし現象であるという見かたもなりたつであろう」。

文明史的比較宗教論の必要性を痛感していた梅棹は、それを本格的に論じる用意はあったようだが、まとめる前に世を去った。冷戦終結後の世界は文明の衝突と形容できる様相である。イスラム教圏とキリスト教圏との軋轢《あつれき》、イスラム教圏とユダヤ教圏との相性の悪さ、イスラム教圏とヒンズー教圏との摩擦など、宗教は人類社会にとってのっぴきならない問題である。世界の諸宗教と日本思想との関係の考察は日本文明の理解に欠かせないであろう。

文明史的比較宗教論は、マルクスが投げ捨てたテーマであり、梅棹忠夫がやり残したテーマである。小生にとっては目下の研究課題である。最初の試論「「枢軸時代の精神革命」とその後」（『文明と哲学』創刊号　二〇〇八年）を手はじめに、「東西文明を調和させる「場」の力」（拙著『日本の理想ふじのくに』所収　春秋社　二〇一〇年）、「「文明の精神史観」試論」（拙著『近代文明の誕生』所収　日経ビジネス人文庫　二〇一一年）などは、日本思想を枢軸時代の精神革命と、その後の流れのなかに位置づけようと試みた習作である。ごく最近の「日本の「再生」思想」（滝澤雅彦・柑本英雄編『祈りと再生のコスモロジー』所収　成文堂　二〇一六年）は「再生」にかかわる東西の思想の比較文明史的考察である。これらのほんのさわりをしるしておこう。

枢軸時代の精神革命から説き起こす

今から二千五百年ばかり前、ギリシャではタレスのような自然哲学者、中東では『旧約聖書』に出てくる預言者、インドでは仏教の釈迦、中国では儒教の孔子などが、ほぼ同時に出現した。哲学者のカール・ヤスパースはそれを人類史上の画期ととらえ「枢軸時代」と呼び、科学史家の伊東俊太郎は「精神革命」と名づけている。「枢軸時代の精神革命」は後世に甚大な影響をおよぼした。

たとえば科学である。科学は宗教と正反対のように見える。だが、科学史に一歩ふみこめば、科学の背景にはキリスト教とギリシャ哲学があることが知られる。中東で生まれた一神教のキリスト教は西方に伝播し、古代ローマ帝国で国教となってヨーロッパをキリスト教に染めた。「十二世紀のルネサンス」(ハスキンズ、伊東俊太郎)以降、キリスト教圏にギリシャ哲学が翻訳され普及した。キリスト教とギリシャ哲学とは、当初は水と油の関係にも似ていたが、知的格闘の末に両者は融合した。それはヨーロッパ文化史における最大級の歴史的事件である。神は理性に姿を変えた。神の真理は、理性を駆使した帰納法・演繹法によって明かされ、自然法則となったのである。キリスト教の神の真理をギリシャ哲学の理性で論証する文化運動の帰結が、神学からの科学の自立をつげる科学革命である。科学が技術に適用されると産業革命になる。産業技術によって自然は人間の思うままに改変される。西洋の近代文明の本質ともいえる科学・技術の元をただせば、一神教とギリシャ哲学にいたる。

一方、仏教はインドから東方に伝播し、日本では国風化し、平安末期には「山川草木国土悉皆成仏《さんせんそうもくこくどしっかいじょうぶつ》」という日本固有の天台本覚論《てんだいほんがくろん》となった（梅原猛『人類哲学序説』ほか）。人間、生物、国土すべからく平等という思想である。それは「一寸の虫にも五分の魂」という生物を憐れむ心を培い、日常生活で使う物を「もったいない」という態度で大切にあつかう心となり、使いおわった物を供養までする文化になった。物づくりに人間が奉仕するばかりに打ちこむ態度も育んだ。勤勉革命のエートスである。近代では「物となって見、物となって働く」という西田幾多郎の哲学思想となり、西田晩年の生命哲学に影響された今西錦司は独自のフィールドワークの方法論をつくりあげた。そのひとつ「個体識別」は霊長類研究でいかんなく発揮された。個々のサルに観察者が感情移入し、サルと共感しながら、あたかも人間のようにサルの個性を観察する手法である。西洋の学者から「擬人化である」という批判を受けたが、それが正確な観察になっていることが実証され、『高崎山のサル』の伊谷純一郎は、ダーウィン進化論の牙城イギリスのトマス・ハクスリー記念賞の受賞者に輝いた。

このようにヨーロッパでも日本でも宗教が科学に変容した。枢軸時代の精神革命で出現した宗教・哲学・思想は、その後、世界各地に伝播していった。その余波を読み解いていくと、物産複合の変容と照応しながらも独自に変容を遂げる文化複合のダイナミズムに気づかされる。それは、経済史からはみでた独自の領域である。経済学や生態学ではとらえることはできない。文明の海洋史観でとらえたのは「物（物産複合）」の変容である。課題は「心（文化複合）」の変容の解明である。既存の学問では比較宗教社会学の領域といえるが、小生の用語では文化複合の比較文明史である。

上部構造の重要性をいちはやく見抜き、下部構造へのマルクスの一辺倒を「素朴な唯物論」と批判したウェーバーは『プロテスタンティズムの倫理と資本主義の精神』において近代ヨーロッパ社会の生成に果たした宗教の決定的な役割を論証した。ウェーバーの比較宗教社会学の関心は、ヨーロッパ近代を特徴づける形式的な合理主義であり、儒教などの他の宗教はそれとの比較で伝統的な類型として一括されている。だが、そこには敬虔なキリスト教徒としてのウェーバーの素朴なヨーロッパ中心主義が影を落としている。

今後の論点として、たとえば、ウェーバーの「カリスマ」論はニーチェの「超人」論の影響を受けているという説得力のある指摘がある。そこから何が見えてくるであろうか。「超人」が「神は死んだ」と宣言するのは『ツァラトストラかく語りき』においてである。「ツァラトストラ」はペルシャ人の宗教家「ゾロアスター」のドイツ語音である。ゾロアスター教の神にミトラ（マイトレーヤ）がいる。その漢字表記は「弥勒」である。未来仏の弥勒の思想は、弥勒菩薩像とともに、はやくも六世紀に日本に入っている。

ニーチェがもっとも影響を受けたのはショウペンハウエル『意志と表象としての世界』

であるが、ショウペンハウエルは本人があけすけに認めているようにウパニシャッド哲学にもろに影響されていた。仏教やウパニシャッド哲学などのインド思想がドイツに入るのは、ウィリアム・ジョウンズが「インド・アーリア語派」を赴任地のベンガルで「発見」してまもなくのことで、ほぼ一八〇〇年前後である。ゾロアスター教のドイツ語圏への紹介は、それより遅れ、ニーチェの後半生の時代である。十九世紀における東洋・中東思想のキリスト教圏への導入は、アーリア系民族とセム系民族との対立を生み、やがてセム系ユダヤ民族の抹殺をかかげるナチスの擡頭を引き起こした。計り知れない文化的影響を与えているのである。それはギリシャ哲学がキリスト教圏へ翻訳導入されて起こった「ルネサンス」に匹敵するヨーロッパ文化史上の大事件である。

十九世紀末のヨーロッパに流行したジャポニズムは、その大事件のなかの美しいエピソードである。十九世紀ヨーロッパの思想文化に与えた東洋・中東のインパクトはウェーバーの視野に入っていない。日本も彼の視野の外にある。西ヨーロッパとならぶ近代文明を生んだ日本思想の淵源をさぐり、枢軸時代の精神革命を視野に入れた広い観点からの宗教・精神・哲学の比較文明史的な考察は、極めて重要なテーマである。宗教を「阿片」とか「伝染病」のアナロジーですませることができないのは明白である。「文明の精神史観」もまた残された課題である。

「職業としての学問」と「職業としての政治」の両立

最後に、身辺事情と謝辞を申し述べる。小生は現職の知事である。「ポスト東京時代の富国有徳の富士の国」を実現するために精励している。新しい国づくりには新しい学問が要る。古代・中世の日本づくりの学問的基礎は仏教であり、近世日本のそれは儒学であり、近代日本のそれは洋学であり、それぞれの学問はときどきの国づくりに有用であった。仏教、儒学、洋学はいずれも国づくりの実用に供せられた舶来の学問である。仏教は国家を鎮護するために、儒学は治国平天下のために、洋学は日本を西洋化するために招来された。これらは例外なく実用の学であった。

近代の日本は西洋文化に憧れ、それを受容した。その中心が東京である。小生は東京時代が終わりをつげつつあるという時代認識をもっている。新しい日本の建設を、日本の国土統合のシンボル富士山の品格のある姿に応じた「富士の国づくり」と名づける。ポスト東京時代を開くには学問が必要である。その学問はもはや海外にはない。富士の国＝日本の足元から立てなければならない。

そのためには現場をよく知ることが不可欠である。それは「地域学」と名づけうる。地域とは、地球を何らかの基準（気候、人口、緯度・経度、地形、都市・農村等々）によって分けた部分である。地球と地域との関係は全体と部分の関係である。地域はグローブ（地球）という全体を前提にしており、地域学は正確には「地球地域学」、英語ではグローバル・ローカロジー、つづめて「グローカロジー（glocalogy）」というべきものである。

政治の目的は現実の社会を平和にし、人々の暮らしをよくすることである。フィールドワークは地域の現状を把握するための作業である。地域の現状がわかると改善策が出せる。改善策を実施するのは政治の役割である。フィールドワークは現状分析・現状改革の方法である。現場に身をおき、現場の課題を当事者と共有し、問題の解決に一緒に取り組むと、「動中の工夫は静中に勝ること百千億倍」（白隠禅師）であり、解決は早まる。それを小生は「現場主義」とよび、過去七年余りの在職中に知事室から出て、県下各地を優に二千回以上かけずりまわってきた。現場主義はフィールドワークの別名である。

「職業としての学問」と「職業としての政治」とは両立しがたいように見えるであろう。たしかに、悪魔（＝自己顕示・権力エゴ・金銭エゴ）をかかえる多くの職業政治家と、真理（＝神）に仕える職業学者とは、異質であり両立しない面が現実にある。しかし、政治と学問はフィールドワークにおいては一体である。ただし、条件がある。政治家の身近には悪が常在しており、悪を身辺に寄せ付けないためには「あらゆることを　自分を勘定に入れずに　よく見聞きしわかり　そしてわすれず」（宮沢賢治）、現場を常に道場と心得る姿勢が要る。「常在道場」を旨とし、「来る者を拒まず、助力を惜しまず、見返りを求めぬ」ことを心がけなければならない。そのような姿勢でいれば「職業としての学問」と「職業としての政治」は両立できる。

知は力である。では、真に力となる知とは何か。それはフィールドワークから得られる知である。地域学におけるフィールドワークは現場と一体であり、身土不二のものである。小生は知事とは「知に事《つか》える」ことと我流に読んでいる。そのことをよく理解するスタッフ、なかんずく中川綾子女史のおかげで、今回の作業もスムーズにすすんだ。

本書が文庫版で読者の目に触れるのは、ひとえに中央公論新社会長（当時）小林敬和氏と、同社学芸局の宇和川準一氏の本書にたいする変わらぬ評価のおかげである。ベテラン編集者の宇和川氏の温かい配慮はことのほかありがたかった。

木村滋氏は極めて短時日の間に、大向こうをうならせるような骨太の解説をまとめられた。その力量に敬服している。木村氏は梅棹忠夫氏が館長時代の国立民族学博物館監修『季刊民族学』の名編集者としてならした。同誌で梅棹氏との対談を企画したのも木村氏であった。早稲田の学生時代から人生劇場の盟友として半世紀にわたる変わらぬ交誼を重ねてきたことに、深い感懐とともに、心からの感謝の念を禁じえない。

記して、各位に深甚の謝意を表する。

＊

Last but not least——梅棹忠夫氏は二〇一〇年に九十歳で逝去。梅棹氏の恩師の今西錦司氏も享年九十歳。今西さんも梅棹さんも晩年に失明。梅棹さんは、佐藤首相の首席秘書官の楠田《くすだ》實《みのる》氏の依頼がきっかけで、歴代首相のブレインとなった。楠田さんは引退後も梅棹さんを囲む研究会を切り盛りし、小生も誘われた。大阪と東京で交互に開かれ、「ミスター全総」（下河辺《しもこうべ》淳《あつし》氏）、「塩爺《しおじい》」（塩川正十郎氏）なども顔をみせたが、著名な学者が中心であった。東京会場はホテルニューオータニ。研究会後、ほとんどの方は帰る。梅棹さんは必ずホテルのバーに寄る。小生はいつもお供した。歓談後、部屋まで腕を組んでお連れするのは、きまって小生。部屋に着くまでの静かな対話は至福のひとときであった。あるとき、梅棹さんがふと立ち止まり、こう言われた――「この会は大事です。国士の集まりや」。国士は梅棹さんのイメージに合わず、虚を突かれ、驚きつつも、感動した。今西さんも梅棹さんも、この国を憂い、また愛する士として、あたかも富士山のように、日本発の超一級の学問を残して逝かれた。――合掌

真実《しんじつ》の　光《ひかり》あふるゝ　富士《ふじ》仰《あお》ぎ　心清《こころきよ》らに　歩《あゆ》まざらめや

二〇一六（平成二十八）年秋、富士山麓にて　著者識

解説　日本文明論の新地平

木村　滋

「梅棹忠夫は日本思想界のヌーヴェル・ヴァーグである」と評したのは、桑原武夫である。「文明の生態史観序説」を『中央公論』一九五七年二月号に発表したのち、梅棹忠夫は六〇年新年一月号から同誌に「日本探検」の通しタイトルで、「比較文明論の立場から」「現代日本の文明史的課題を追求」した「文明論的紀行」をほぼ二か月に一回のペースで連載した。その最初の四回分をまとめて、同じタイトルで十一月に中央公論社から書籍化された。とりあげられたのは、「福山誠之館」「大本教」「北海道独立論」「高崎山」である。[*1]

惹句《じゃっく》と思われる桑原の文章がそのカバー袖にあり、冒頭に掲げたのは、その書き出しである。人物評に長けた桑原は、続けて梅棹理論についてつぎのように記す。

> 私はできれば本を読まずにすませたい、という意味のことを、かつて彼はかいて、いささかヒンシュクをかった。学問とは本を読むこと、思想とは本のなかから見つけ出す

もの、と思いこんでいる人が主流をなしているからである。

彼は現実から考えるように見える。しかし、手ぶらで現実にのりこんで成果のあがるはずはない。彼はたくさん本を読む。ただ、それを丸のみにせず、現実でたしかめ、現実をして書物とはちがう本音をはかしめようとする。そして彼は現実と仲よくなることが巧みだ。つまり古来の学問の正道を歩んでいるにすぎないが、しろうとは彼のアマノジャク性にのみ目をうばわれる。

彼にならって別の波長でヌーヴェル・ヴァーグを起こそうとするもよし、また、それを知的波乗り遊びの対象とするもよし、近来の快著である。[*2]

ヌーヴェル・ヴァーグ（新しい波）は一九五〇年代末に始まったフランスの映画運動で、ゴダール、トリュフォーがその代表である。この波は日本にもきて、影響を受けた映画監督として、いずれもアプレゲール（戦後派）世代に属する大島渚、篠田正浩、吉田喜重《よししげ》、深作欣二などがいる。彼らは、社会主義リアリズムも大衆啓蒙主義も信頼せず、いずれの路線にも、いささかの希望も幻想も抱いてはいなかった。こうした監督たちが、日本映画を一新していったのである。大島の『日本の夜と霧』、深作の『仁義なき戦い』がその好例であろう。

梅棹生態史観の出現に、マルクス主義史学側からはまともな応答はなかった、あるいは挑戦に応答できなかった事実に鑑み、桑原はこの論文の出現をマルクス主義凋落の前兆を示すものとして、そして、野外科学（フィールドワーク）を柱にした戦後京都学派（新京都学派）の若き旗手として、梅棹をヌーヴェル・ヴァーグにたとえているのである。

梅棹理論による戦後思想のコペルニクス的転回

さらに、梅棹生態史観の戦後思想における位置づけと意味についてみていきたい。戦前、とくに戦時中の皇国史観、超国家主義は西欧否定論に立脚した、いささか神がかり的で非合理的な日本肯定論であった。日本中心主義である。それが日本の敗北という現実に直面して、知識人は単なる軍事的敗北とはとらえず、日本の近代社会や近代精神の未熟さに起因していると考えた。そこにはいりこんできたのが、ヨーロッパに準じた近代社会確立を唱えた近代主義であり、明治維新を封建社会の最終段階である絶対主義の成立ととらえ、明治維新は不徹底だったとする講座派マルクス主義[*3]であった。いずれも単系（単線）発展説の文明一元観で西欧中心主義である。さらに、社会主義への道を邁進する毛沢東中国、中立志向のネルーインドへの憧憬もからまって、（西欧との応接に失敗したとする）日本断罪論、日本否定論がハバをきかすようになった。

しかし、議論の前提となる近代主義、マルクス主義についての吟味、検討が十全になされているとはいえず、無条件に世界史解釈の唯一の基準とした理論信仰があった。非合理的という点では、戦前・戦中の議論と同じなのである。ただ、日本肯定論が日本否定論に変わっただけ、メダルの表裏がひっくりかえっただけの様相を呈していた。

講座派マルクス主義と近代主義を合併するとどうなるか、一例をあげよう。

何故中国は近代化に失敗して半植民地化され、日本は明治維新によって東洋唯一かつ最初の近代国家になったのかという課題を思想史の面から追求していたのである。この「近代国家」がカッコ付の近代であったことも今日――その具体的性格についてはなお区区に見解が分れるが――まず学界の共有財産になっているといえよう。カッコ付の近代を経験した日本と、それが成功しなかった中国とにおいて、大衆的地盤での近代化という点では、今日まさに逆の対比が生まれつつある。

今日からみても、なんとも奇妙な見解であるが、これは、いまなお版を重ねている丸山眞男の『日本政治思想史研究』（東京大学出版会　一九五二年、傍点は丸山）の「あとがき」の一節なのである。

従来の世界史の枠組みの転換をせまる「文明の生態史観序説」が発表された当時、梅棹は三十六歳。書き出しが素晴らしい。「トインビーというひとがやってきた。歴史家として、たいへんえらいひとだということだ」。「えらいひとである」とは書かない。トインビーに感服している学者に対する挑戦から始まり、読んでいて最初からハッとする仕掛けになっている。そして、「西洋人が世界の歴史についてかたる場合、ふつうは日本のことなどはほとんど問題にしない。それは、おおくはすくいがたい無知と独善からくる」。そのなかでトインビーは少しは「ましだが」と議論を進めていく。『大菩薩峠』の机竜之介の「魔剣」を思わせる、切れ味鋭い、若武者のごとき論法が魅力的である。

この思想の提出に際しては、直接名前を挙げてはいないが、マルクスもウェーバーも（梅棹は両者の著作は文明論だとしている）批判し、戦前の大東亜共栄圏を科学的に否定し、さらに、講座派マルクス主義と近代主義を合併した戦後思潮にコペルニクス的転回をもたらした。丸山政治学、大塚史学を「あかーん」と一刀両断にしたのである。このように独創的な日本文明論であることが、戦後最大といってもいい思想的収穫となっている。

注目すべきは、生態史観が生態学の環境論を分析道具にすることで、世界史の発展段階は多様であり、日本は高度文明国だとし、日本肯定論と西欧肯定論が並立していることである。また、それまでの知識人がもっぱら文化の次元で思考していた当時にあって、「よりよいくらし」というキーワードをひっさげ、家庭と結びつけるかたちで文明を俎上にのせ、文化の価値を問わないことで、われわれの通念をひっくりかえしたのである。もう一点付け加えれば、「日本はアジアではない」という主張は、当時もその後も波及力をもった。

『文明の生態史観』収録の関連論文とあわせて、中公文庫の谷泰《ゆたか》の解説も味読されたい。谷は、京都大学人文科学研究所の社会人類学部門を今西錦司、梅棹についで担当した。狩猟・採集、牧畜（遊牧）、農耕という生活様式に視点を据えた梅棹の『狩猟と遊牧の世界――自然社会の進化』（講談社学術文庫　一九七六年）の解説も執筆していて、この梅棹論文と谷解説も読めば、いっそう理解が深まるはずである。梅棹が狩猟世界にも目を向けていることにも、着目されたい。

『中央公論』などの編集長を歴任した粕谷一希は、「文明の生態史観序説」を読んで「眼からウロコがおちる体験をした」、生態史観の出現は、「一つの事件であり、エポックだった」と語っていた。また、粕谷の「生涯において、最大のカルチュア・ショック、異文化接触を探してみると、じつは、梅棹忠夫氏との出会いということになる」、新しいうねりをもたらす「時代の旗手は、つねに学問の辺境から出現するように思われる」、「梅棹忠夫という存在が、動物学科出身で、既存の人文科学や社会科学の約束事に縛られない自由な思考ができたことが、最大の秘密であったように思う」とも記している。

司馬遼太郎は、つぎのように指摘する。「昭和十年代の若い時期、内モンゴルの野外で遊牧研究をしたとき、梅棹学は、第一次のひろがりを遂げた」、「遊牧というのは、その合理的技術を身につけることで、たれでもそれに参加できる。〝たれでも〟という意味において、遊牧は普遍的であり、堂々たる文明であると梅棹は考える」、「梅棹忠夫だから思想として吸い上げることができた」。また、「梅棹忠夫が出てくるまでに、ずいぶん時間がかかったわけですが、その梅棹忠夫という人が成立するために、今西錦司さんがいた。それから京都という町が大きかった。京都はリアリズムが頑固に通用している町で、梅棹さんの時代の三高の卒業生、それ以前の人も含めて見ますと、非常に空論がない世界ですな」。生態史観は日本文明論とほぼ同義であり、教養ある市民層に、大波紋を投じたのである。[*4]

川勝理論の登場による「鎖国」像の根本的刷新

そして、半世紀近い時が流れた。

私は梅棹が創刊した「国立民族博物館友の会」の会員頒布機関誌『季刊民族学』の編集にたずさわっていたので（編集部は東京にあった）、四半世紀にわたって梅棹に近いところで仕事をした。川勝平太のデビュー作『日本文明と近代西洋――「鎖国」再考』（NHKブックス　一九九一年）が刊行されてしばらくたった頃、なんの折だったか、梅棹（一九二〇年生）は川勝（四八年生）のことを「元気なのがでてきよった」と語った。「やっと出現した」というニュアンスがこめられていた。そのときのじつに感慨深げな梅棹の表情は、いまなお目に浮かぶ。文章でも「そのなかに、わたしの著書『文明の生態史観』が紹介され、引用されていた。わたしは、わが学説の理解者があらわれたことをおおいによろこんだ」と書いているように、ずいぶんと長いあいだ、生前に、後続の若い世代があらわれることを待ち望んでいたのである。待ったかいがあったのだ。

川勝は早稲田大学で私の一年先輩で、兄貴分だった。学生時代から川勝はマルクスを徹底的に読みこんでおり、なかでも唯物史観の大綱が記された『経済学批判』序言、『資本論』第二十四章「いわゆる原始的蓄積（あるいは本源的蓄積）」のポイント部分については、マルクスの思想の核心的部分だとして、諳んじていた。徹底的に読破したあまり、いつしか諳んじるまでになったのである。また、『経済学批判』の一節「経済学の方法」にあるマルクスの言葉「人間の解剖は猿の解剖にたいする一つの鍵である」がキーワードだとし、マルクスにあっては、「封建社会から資本主義社会への移行期の論理はない」と断言していた。そこに、移行期の解明を問題意識の根本に据えた「講座派マルクス主義が浸透する所以があった」とも言っていて、私は示唆と刺激を受けた。

川勝は日本経済史を専攻して大学院に進み、修士論文は「日本産業革命論」で、川勝理論の原石だと推察される。大学院終了後、オックスフォード大学に留学。帰国前後から、日本産業革命に関する、綿関連製品の内外品質と内外価格についての論文を発表、明治期にイギリスからの輸入製品が日本国内綿製品より価格が安いにもかかわらず、日本市場を席巻できなかった事実を掘り起こす。この実証から日本の第一次産業革命（紡績革命）は絹（生糸）が担ったという従来の定説に対して、絹ではなく、在来の綿布産業（綿）が担ったとする、日本工業化についての新たなパラダイムを提出、社会経済史学会を中心に論争を巻き起こす。

そして、一般市民を対象として上梓されたのが、前述の『日本文明と近代西洋』で、川勝理論が提示されている。第一部で日本と西欧の併行的「脱亜」を描き、第二部で経済と文化が不可分であることを提示した（文化・物産複合）、構想力あふれるスケールの大きな日本文明論である。川勝は近代以前にアジアから輸入していた木綿、絹、砂糖、茶などの物産からの「自立化」（自給化、国産化）の過程が、東西の生活革命をもたらしたことを論証した。

この輸入代替化確立の過程が「鎖国」と「近代世界システム」であり、日本文明と近代西洋を生んだとする。これまでとはまったく異なった鎖国像が展開されるのに、驚きと醍醐味を味わった読者は多い。著者によれば、「マルクス主義史学に異論をとなえ、今西生物学を媒介にした社会科学方法論を提示した」ものである。私は仕事上、文化人類学者（民族学者）を中心に取材していたが、川勝理論が徐々にではあるが、関心を呼んでいることを実感していた。示された鎖国像はもとより、ブローデルに強い影響を受けたウォーラースティンのいう「近代世界システム」への挑戦でもあり、避けてはとおれない理論として注目されつつあった。

その後、前著同様、産業革命像をポイントに、世界史のなかでの日本の位置を見極めようとする問題意識で、江戸時代の徳に学び、これからの日本がとるべき理念を提言したのが、『富国有徳論』（紀伊國屋書店　一九九五年、のち中公文庫）である。この本の影響下、当時の小渕恵三首相が施政方針を表明するために「富国有徳」をもちいたのは、よく知られた事実である。

さらに持論を推し進めたのが、ほかならぬこの『文明の海洋史観』（中公叢書　一九九七年）である。本書の冒頭には平明に簡潔に、川勝理論の真髄がマニフェストのごとく見事に述べられている。

近代はアジアの海から誕生した。より正確にいえば、海洋アジアからのインパクトに対するレスポンスとして、日本とヨーロッパに新しい文明が出現した——これが、本書を貫くテーゼである。

ウォーラーステインは、近世期（一五〇〇年頃〜一八〇〇年頃）にいたって従来の政治中心のシステムに代わって、それまではアジア諸文明の周縁にあった西欧に人類史上はじめて経済中心の世界システムが出現したとし、これが唯一の経済中心のシステムだと主張する。単系発展説である。川勝の主張とは相いれない。川勝理論では、まったく別の「『鎖国システム』というもう一つの経済社会が同じ時期に出現しているからである」。

この根底的な疑問を、川勝は一九九四年の名古屋大学での公開シンポジウムViewing

From Asia: World Economyで、直接ウォーラーステインにぶっつけ、「彼はそれを認めた」と、私は川勝から聞いた。

物産複合というキーコンセプトで近代誕生の淵源を掘り下げて、「海と近代文明勃興との関係」を、アジアの海からの「近代世界システム」と「鎖国システム」のほぼ同時期の出現としたところに、海洋史観の抜群の新しさがある。これだけではない。川勝理論では、「両地域に働いたレスポンスのベクトルの方向は対照的だった」とする。その歴史的意義として、生産革命のちがい（ヨーロッパの産業革命と日本の勤勉革命）、脱亜の地域のちがい（イスラーム文明の海洋圏からのヨーロッパの離脱と、中国文明の海洋圏からの日本の離脱）、経済的自立の世界観のちがい（ヨーロッパの「戦争と平和」の世界観と徳川日本の「華夷秩序」の世界観）が理論上セットになっていることに、着目されたい。今西生物学の「相似と相異」を彷彿させる、強固な理論構造となっている。

川勝は空間論と陸を軸とした梅棹生態史観に、時間論と海というカードを入れたのである。それによって、ブローデルの大著『地中海』（邦訳は藤原書店）と同様、海から見た文明の興亡を描くことに成功している。川勝は梅棹生態史観を「古典として確立しているとして」、それに真っ向から果敢に挑んだ。

その結果として、従来の日本文明論を深化させた新地平を切り拓いた。これが川勝海洋史観の最大の魅力である。

歴史学の通説との関連を見れば、川勝理論の独創性はより明確になる。日本は「アジア最初の工業国家」で、欧米列強へのキャッチアップに成功した、それはいかにして可能だったのか、という従来の説と問題設定に対して、川勝は「海洋アジアからの市場経済の圧力」をキーワードにした全体像を示すことで、通説を一挙に転換してしまったのである。

もう一点、付言すれば、川勝理論は日本資本主義論争に、まるで予想だにしない決着をつけた。昭和前期を中心とする日本資本主義論争とその成果については多々の見解があるが、それは別として、西欧の理論を日本資本主義発達史の分析に適用して論争に参加した研究者の姿勢には、私は敬意を覚える。明治このかた西欧理論の紹介はたくさんあったが、その理論で日本の分析を試みた例は、数少ないからである。これに関連して、川勝は「大塚史学は日本資本主義分析、東アジア資本主義分析の方法論としての意義を喪失した」と論及しているが、大塚史学も含めて、川勝海洋史観は、様々な学説の検討を経たうえでの揺るぎなき支柱がいくつもある、理論構築物であることを指摘しておきたい。

さらに見逃せないのは戦後、思想面で戦争に協力的だったとして京大を追放された京都学派の西洋史学者である鈴木成高《しげたか》の業績を、川勝は時代を超えて高く評価している[*5]。このように、川勝の自在な発想の活力の源泉の一つは、研究の裾野が広くて深いことにある。

かくして川勝は鎖国像を根本的に刷新し、「鎖国システム」と「近代世界システム」との併存と、その二つのシステムの相異を関連づけることによって新鮮な歴史像を提起し、歴史学界にとどまらない広範な知的衝撃をもたらしたのである。

さらに、知的興奮を呼ぶという意味で、本書で見逃せないのは、「承之章　歴史観について」の「二　生態史観——戦後京都学派（今西学派）」である。西田幾多郎の哲学は、「近代の超克」を志向したとする。その点で、「近代ブルジョア社会を克服しようとした」マルクス主義と「共通するところがある」。西田哲学を、マルクス主義に対する東洋の思想と位置づけることから始まる。これに続く本論の今西論の前に、西田論が配置されている。なにが書かれるのだろう。難解な西田哲学の基本概念「絶対矛盾の自己同一」を平易な表現で読み解き、西田哲学のエロス性をえぐってみせる。そして、西田が追究した「生と死」のテーマのうち「死」を担ったのが三木清で、「生」を担ったのが今西錦司（と今西学派）、という圧巻の見取図を描く。二十歳にして「三木清全集」（岩波書店）全十九巻を読了していた川勝ならではの、白眉の論理展開である。

梅棹生態史観と川勝海洋史観

一九九一年十二月、ソ連邦が崩壊した。国家体制の崩壊であると同時に、唯物史観の崩壊でもあった。一方、資本主義はプロテスタンティズムという固有の文化のもとに生まれるとするウェーバー・テーゼも、日本資本主義の発展、あるいはアジア諸国の工業化の成功によってほころびた。そうしてみると、太古から現代までを見通す歴史観としては、梅棹生態史観のみが妥当性をもっているという現状になったのである。そこで、九四年二月に梅棹と会い、生態史観の今日的意義についての『季刊民族学』への執筆を依頼した。その後も何度かプッシュしたが、「これでいちおう完成した作品であって、今日的に書きなおすことはないというかんがえであったので」、論文執筆については叶うことはなかった。九七年十一月、本書が刊行になり、川勝からの恵贈を受けた。すぐに一気に読んで、これでひらめいた。翌月、梅棹と会って川勝との対談を提案し、快諾を得た。八六年から梅棹は視力を喪失していたが、読みたい、読むべき論文や書籍はテープに吹きこんだ朗読を聞いて、知的作業を進めていた。この本を読み終えた（聞き終えた）時点で対談することになった。こうして翌九八年七月、対談が実現することになった。タイトルは、「文明の生態史観」の歴史的・今日的意義、としたいとの私の意向を両氏に伝えた。

内容ある対談になるだろうとは、確信していた。両氏とも多系発展論の立場で、日本はアジアではないとする基本的認識では一致しているからである。この対談だけで終わらせるのはもったいない気がしてきて、対談掲載の次号に四百字で二十五枚程度のコメントを執筆していただける学者を探した。世代と専門領域のバランスを考え、対談前につぎの四氏に依頼して、いずれも快諾を得た。梅棹と同世代の島嶼地理学者の大島襄二、梅棹と川勝のあいだの世代でコンピュータ民族学者の杉田繁治、共に川勝と同世代で社会経済学者の佐伯啓思、中東イスラーム世界を研究する社会人類学者の大塚和夫の各氏である。

私は簡単に対談を企画した趣旨説明をしたのち、あとは「対談の名手」のお二人におまかせした。まず、川勝は梅棹生態史観の意義を周到な準備のもとに十項目にまとめて、順にコメントをはさみながら提示した。梅棹は終始、穏やかな満足げな表情で川勝の提示にうなずき、そして、川勝のコメントを著者の立場から補足して掘り下げるかたちで進行していった。これが昼すぎから五時間近くにわたった対談の、前半のハイライトである。生態史観発表後の歳月のなかでも、これは「大風呂敷」「論証できない」とする学者が少なからずいる。しかし、川勝は梅棹生態史観が検証・実証可能なこと、世界史の基層を文明という観点から見据えていることを高く評価したのだ。

ところが、本書でも論究されているように、その適用範囲が限定されるのではないか、とする川勝の疑問から一転して後半に移る。こうした、梅棹生態史観（川勝の言うところの陸地史観）と川勝海洋史観の対話は、中公叢書の梅棹忠夫編『文明の生態史観はいま』（二〇〇一年）に収録されている。対談後の食事中、川勝の「マルキシズム、ウェーバー・テーゼとの格闘ののちに、生態史観と出会いました」との発言に、梅棹は「そういった出会い方をしていただけると、生態史観の意味がよくわかっていただけると思う」と応答していた。

いつしか、というか、あっというまに梅棹がお気に入りだった、対談の場である大阪・千里山の柏屋の閉店時間となった。この間、緊張感ただようなかでも、終始、たおやかともいえる空気が支配していた。川勝と私は、宿泊先のホテルで数杯の水割りを傾けた。川勝は、「きょうはまことに梅棹先生の学徳につつまれた対談だったと思う」と自己のパトスとロゴスを全力で投げかけた充実感と、梅棹の風格への感嘆を吐露したのち、彼特有の表現で「ともかく、花が舞い水に流れ行くがごとく角《かど》が立たなかったのが素晴らしい」と述懐した。同じ頃、梅棹もいきつけのバーで、余韻を楽しんでいた。

対談の校正ゲラには、両氏とも若干の字句訂正の朱字があるだけで、『季刊民族学』第八十六号に掲載した。

この対談を読んだ四氏のコメントのなかで、佐伯が「ここでは、「文明の海洋史観」を引っ提げてあらわれた川勝氏の攻勢と、これをみじろぎもせずに正面から受け止める梅棹氏とのやりとりが、たいへんにおもしろい対談になっている」と書いているように、コメントのいずれもが力のこもった論文で、対談がひきたった。このコメントも中公叢書に収録されている。

対談の企画は、「木村滋氏の着想にはじまったのである。ところが、のちに『文藝春秋』から同様の対談の提案があり、そのほうがさきに実現することになった」(梅棹)。その対談は『文藝春秋』八月号に「日本よ、縦に飛べ！」の表題で掲載され、この対談時には店頭に並んでいた(叢書では、梅棹の手で「日本文明の未来をかたる」と改題)。二回の対談を軸にした『文明の生態史観はいま』は文藝春秋から刊行されてもよさそうだが、中央公論新社からの刊行となった。

じつは、書籍化の企画は先に文藝春秋から梅棹のもとにもちこまれていた。二回の対談を「文春新書」に収録したいという申し出で、四氏のコメントは割愛、というものだった。梅棹は「さて、木村君がどう言うかだ」と返事したようで、梅棹資料室の秘書から「近々、文春の編集者が伺うはずです」との連絡があった。後日、二人の編集者が編集室にやってきた。四氏のコメントは割愛、の真意を聞いたが、ネームヴァリューがない、というような曖昧な返事だった。私は「(文藝春秋第三代目社長)池島信平は雑誌記者の生命線は企画にある、と言っている。私の企画は対談とコメントがセットになっているので、切り離すのは飲めない」と述べた。文春側から反論はなかった。資料室に報告したが、梅棹は「気骨ある対応」と周囲にもらしていたようだ。

このように、梅棹は編集者を著者と同等にあつかう。私は川勝の『文化力――日本の底力』(ウェッジ　二〇〇六年)の編集にあたったが、川勝も梅棹とかかわるところはない。二人ともアカデミズムとジャーナリズムは本来、相反するものではなく、協調できるものと考え、知的冒険を協同することに腐心しているのである。

「文明の格物史観」への道のり

一九九八年、第八回読売論壇賞(二〇〇〇年からは読売・吉野作造賞)を受賞した『文明の海洋史観』は、確固たる基本構造と明快な狙いをもって、編まれている。「転之章　文明の海洋史観」の「海洋史観における社会変容論」のつぎの一節こそが、海洋史観の核心である。

経済発展すなわち新結合による物産複合の変容を説明するには、新規の文物をもたらす海洋の役割を視野にとりこむことが欠かせない。生活様式の変化におよぼす海洋の役割をとりこんだ史観をもたねばならない。唯物史観にも生態史観にもそれは期待できない。唯物史観は生産力、生態史観が暴力を社会変容の主因とみるのに対して、海洋史観は海外から押し寄せてくる外圧を社会変容の主因とみるのである。

学生時代から川勝はシュンペーター理論を、経済学で「他の追随を許さない秀峰」だとして、徹底的に読みこんでいた。川勝のこの一節の前に書かれているように、シュンペーターから「島と海との関係」を吸収し、彼が「企業者」という人間に着目するのに対して、川勝は複合された物に着目することで、シュンペーターと「袂を分かつ」。これが川勝のいう「経済発展＝新結合」での物産複合による社会変容、という独創的な概念である。このように、シュンペーター理論は川勝理論形成の重要な媒介となっているのである。[*6]

先に引用した後半の「唯物史観にも生態史観にも」とは、屋上屋を架すことをおそれず、より正確に言えば、「唯物史観にも、唯物史観を批判した生態史観にも、共に陸地史観ゆえ」である。もう一つ、一部に誤解があるように感じるので付け加えれば、生態史観における「暴力」は、ヴァイオレンスではなくパワー、推進力、原動力である。もはや、明らかであろう。川勝は唯物史観を「正」、生態史観を「反」として、海洋史観で「合」を目ざしているのである。大いなる志、というほかはない。

本書は川勝理論の一つの結節点であるが、「跋」で述べられているように、さらに推し進め、「文明の格物史観」として、人類史における文明解釈の新たな地平を切り拓こうと企図している。

その展開に際して注目されるのが、シュンペーター理論とともに、川勝が理論構築の媒介としている今西理論のとりあつかいである。川勝が「ダーウィン・マルクスのパラダイムを超えた」とする今西理論において、難点は「人類社会の説明ができていないことである」。川勝は一度、今西と対談し（一九八四年）、今西は川勝による「今西錦司論」が書かれることを所望していた。川勝は今西が他界する（九二年六月）前に、入院中の今西を見舞って最後の質問を試みる。『富国有徳論』から引用しよう。

「棲み分けは進化の最先端にいる生物と他の生物との間には成立しないのではありませんか」と質問すると、「それはむつかしい質問」と一言。人類は生物社会のなかで「棲

み分け」原理を破る存在だとの私の主張に、眼球の奥の方を動かされながら、「それは違います」と答えられる。（略）
「もう一度考え直して参ります」と申し上げると、「そうしてください」とはっきりした口調でいわれた。スペシアなかんずく人類と生物全体社会とゲオコスモスとの関係について、翁には抱懐されながら公表されずに終わった構想があったようだが、これは宿題だと心に留めて退室した。

本書『文明の海洋史観』で、川勝は生態史観批判のなかで、上山春平《うえやましゅんぺい》の批判が核心をついている、とする。重要なので、孫引きする。

生物（動・植物）社会の論理としてのサクセッション理論はけっして無媒介で人類社会の論理として用いることはできないし、もし用いるとすれば、比喩かアナロジーにとどまらなければならない。もちろん、梅棹氏は、そのことをよく心得ていると思うが、彼の理論を完成するためには、生物社会の論理と人間社会の論理を統一する論理の構成が必要であることを、強調しておきたい。

上山は今西の主著『生物の世界』の講談社文庫版（一九七二年）の解説を書いているが、

今西を「哲学者だと考えている」として、今西理論の見事なスケッチとなっている。後述するように、今西は生態史観を読んで、上山と同様の感想を抱いたと、私は推察する。

一九六〇年、「小説よりおもしろい」と銘打って発売された、中央公論社の「世界の歴史」（全十六巻別巻一）が、歴史書出版に画期をもたらした。巨大な歴史書マーケットがあることがわかったのである。監修者の一人が当時、文藝春秋の編集局長であった池島信平であり、編集責任者が、「中公新書」（六二年から刊行）生みの親であり、のちに鉄道紀行作家となる名編集者・宮脇俊三だったことも、功を奏したのであろう。

六六年、河出書房はこのマーケットに参入を決意した。以下、河出の編集者・小池信雄の「幻のベストセラー『人類の未来』――暗黒のかなたの光明」による。[*7] 河出は、京大グループを執筆の中心に据えようと桑原を監修者のキーパーソンとして、相談を始めた。河出案の第一巻は今西錦司・梅棹忠夫『人類の誕生』、第二十二巻は小児科医の松田道雄『ロシアの革命』。桑原は驚きながらもおもしろがったようで、河出は早速に今西・梅棹を京都の著名な料亭に招待して、執筆依頼が始まった。梅棹は楽しそうに話していたが、今西は「憮然としてほとんど口をきかず」、報告を受けた桑原は失敗を察知し、「作戦変更を指示」した。

改めて今西邸を訪れた編集者が「一人で一巻執筆」で再依頼すると、あっさり快諾。ただし、執筆協力者は「梅棹君以外」という条件がついた。が、梅棹にどう報告するか、梅棹の巻をどうつくるか、つぎに二つの問題がでてきたのである。「困りました」とすべてをぶちまけると、これが梅棹を「愉快がらせ」、イスラームや東南アジアにも焦点をあてた巻構成のプランまで出した。梅棹の巻をどうつくるか、編集者が、「歴史全集に「未来」って巻はありえないですか」と言うと、「人類の誕生があるのなら、未来があってもええな」。今西から始まって、梅棹で終わることになる。

こうして、最終巻第二十五巻として『人類の未来』の企画が成立し、河出版「世界の歴史」の広告では「今日までに達成された学問的成果を駆使して大胆に推理し、悠久の人類の未来像を描く」とうたわれた。梅棹はテーマに関連する専門領域の学者に取材して準備を進めていたが、大阪での万博（七〇年）の推進者として多忙をきわめていたこともあり、読者からの怒りの声（河出には段ボール一杯の抗議葉書がきた）にも、ついに幻の名著となった。読みたかった、と思うのは私一人ではないだろう。[*8]

今西・梅棹の共著プランが今西単独になったのは、上山、川勝が指摘するように、梅棹生態史観における今西理論の人類史への適用の問題が横たわっていたからだと思う。梅棹も川勝も、理論構成にあたっての重要な媒介として今西理論がある。川勝はつぎのように再度、問題の焦点を整理する。

「棲み分け」とは生物がそれの生きる環境との相即において捉えられたときの概念であ

るから、生態学と深く関わっている。人類史を生態史観という観点から捉えようとする今西学派の試みもそこに胚胎するが、しかしこの点は理論的に詰められたわけではなかった。ゆえに、梅棹「生態史観」のごとく、今西生物学をよりどころとして無批判に「人類の世界」を「生物の世界」の延長で論じるわけにはいかないのである。

棲み分け現象をささえる生物主体の内側の原理は何かという問題が残る。今西理論のアキレス腱ともいえるこの問題にたいして今西は「プロトアイデンティティ（原帰属性）」という概念をもちだした。

しかしながら、「今西は他の生物にみとめた帰属意識をほかならぬ人類には留保した。この点は今西晩年の最大のアポリア（難問）であったというべきである。そしてこのアポリアをついに解明しないまま、今西は世を去った」。「跋」で述べられているように川勝は、今西が人間はもとより、「生物・無生物にも主体性を認めた」ことにも着目し、「物に即して歴史をみる」物産複合を根底に据えた格物史観を打ちたてようとしている。その前に立ちはだかるのが、今西理論の最大のアポリアである。が、しかし、この難問を突破したとき、格物史観に託した川勝コスモロジーは完結する。

付記

紙幅が尽きたが、「結之章」で、環太平洋文明時代の日本を「庭園の島」として描いた国土構想も、川勝ならではの提言で、まことに興味深いものがある。

本来なら、梅棹さん、川勝さんと表記するのがしっくりするのだが、ほかの人物との表記の関係もあり、敬称はすべて略させていただいた。

注

＊1　最初の紀行は、広島県福山の誠之館《せいしかん》で、「幕藩体制下における日本の教育史」をとりあげている。「比較文明論」という語がもちいられているが、のちには、比較文明学会が設立（一九八三年）されて市民権を得たと判断して、設立の頃から「比較文明学」の語句を使用するようになる。関連論文とあわせ、『文明の生態史観』は中公叢書として一九六六年刊行、のち中公文庫。収録論文はつぎの十一。「東と西の間」「東の文化・西の文化」「文明の生態史観」「新文明世界地図——比較文明論へのさぐり」「生態史観から見た日本」「東南アジアの旅から——文明の生態史観・つづき」「アラブ民族の命運」「東南アジアのインド」「「中洋」の国ぐに」「タイからネパールまで——学術・芸術・宗教」「比較宗教論への方法論

的おぼえがき」。文明の生態史観の模式図が掲載されたのは、『中央公論』五八年八月号の「東南アジアの旅から」で、叢書刊行にあたって、この論文には前述の副題がつけられた。

えっ、と読者が驚愕し、度肝を抜かれたのが、「比較宗教論への方法論的おぼえがき」である。宗教を伝染病にたとえたからである。だが、骨格は確かで、雄渾である。そんな発想は、いったいどこから生まれてくるのだろう。バラモン教→仏教→ヒンドゥー教と、ユダヤ教→キリスト教→イスラーム教、この二つの東西の世界宗教の系譜に並行現象が存在することを指摘したのである。梅棹は別の一冊の本にするつもりだったが、続きの本論が書かれることはなく、ついに未完に終わった。川勝も対談で指摘しているが、梅棹生態史観は比較宗教史の視野をもっているのである。関連して興味深いのは、今日の文明論者の一人であるダイアモンドが、『銃・病原菌・鉄』（草思社　二〇〇〇年、のち草思社文庫）で伝染病（病原菌の伝播）から文明を論じていることである。エイズ、サーズ、鳥インフルエンザなどの感染症を体験している今日、梅棹の言う「疫学アナロジー」は再度、注目されてよいのかもしれない。

梅棹学の全貌を見るには、全二十二巻・別巻一（「年譜 総索引」）の著作集が、中央公論社から刊行されている。その第一回配本は一九八九年、第五巻『比較文明学研究』であった。これは「文明の生態史観」「比較文明論の展開」「文明学の課題と展望」からなる。『季刊民族学』第八十五号（九八年）の「モンゴル研究五〇年」で、梅棹は、「著作集の各巻において、いたるところに、モンゴル研究の残影をみていただくことができるかもしれない。モンゴルは、わたしの学究生活のすべての出発点であったのである」と述べている。著作集の第二巻は『モンゴル研究』である。著作集の「内容見本」（八九年）の「刊行にあたって」で、失明していた梅棹は「わたしは時代にあらがっていたわけではないが、時流にのったわけでもない。現実をみすえ、世界を理解しようとつとめてきた」と口述筆記した。

＊2　桑原が書いているように梅棹の読書量は半端ではなく、谷沢永一の批評が評判になりはじめた頃、梅棹が谷沢の全著作を読んでいることに私は驚いた。梅棹の『日本探検』は、「名神高速道路」「出雲大社」「空からの日本探検」「『日本探検』始末記」を加え、著作集の第七巻『日本研究』に収録された。「始末記」では、桑原の惹句について、「的確な評価をしてくださる」として「ここにその全文を引用させていただく」とある。二〇一四年に講談社学術文庫にはいった。

＊3　その頭目の一人が羽仁五郎である。一九六〇年代後半の大学紛争で、羽仁の『都市の論理』（勁草書房　一九六八年、のち講談社文庫）は六九年にはベストセラー第二位になり、反乱を企てる学生のバイブルとなった。六九年に刊行された梅棹の『知的生産の技術』（岩波新書）は同年第四位。両書とも大学が知識の押し売りをしているだけだと批判し、いわば反大学を説く点では共通していることを指摘したのが、井上ひさしである。両書の文章を引用して、読者に読み比べをせまる『ベストセラーの戦後史 二』（文藝春秋　一九九五年、のち文春学藝ライブラリー）の「『都市の論理』」は一読に値する。いまにしてみれば、この『都市の論理』は、講座派の最後の輝きだったといえる。この書の記述について事実関係を

基礎に理論構成を検討して、ここに描かれているのは「都市の論理」でなく「農村の論理」で、「歴史的根拠に大きな無理がある」と断じたのは、西洋史家の木村尚三郎である（『思想』六九年二月号に掲載の「書評 都市の論理と農村の論理――羽仁五郎『都市の論理』を読んで」）。

＊4　粕谷の引用は、『季刊民族学』第三十八号「わたしのカルチュア・ショック」（一九八六年）。司馬については、「梅棹忠夫著作集」の「内容見本」の「大きな幸福」と題する推薦文と『司馬遼太郎が語る雑誌言論一〇〇年』（中央公論社　九八年）での発言。

「文明の生態史観」の自説に都合の良いところだけを利用したのが、竹山道雄である。竹山論文を読んで、梅棹と竹山には基本的な点で違いがある、と指摘したのは竹内好で、竹内との対談で梅棹は「あれは、わたしが言いたく思いながら言わなかったことを、スパッと指摘いただいて、実にうれしかった」と深謝している（『思想の科学』六一年十月号）。文明一元観の竹山が、梅棹の「脱亜」だけをとりだすと、「日本の近代化の先例はアジア諸国には参考にならない」とする梅棹理論が、「日本の先例は、これから日本が今までやってきたようなことをするほかの国のためには、ずいぶん参考になるでしょう」とすりかわるのである。「文明の生態史観」の梅棹自身の解説で少し触れられているが、その内実に意味があるので、ここで補足した。

＊5　川勝は燈影舎の「京都哲学撰書」の第六巻『鈴木成高』（二〇〇〇年）の編者として、鈴木の著作から『ヨーロッパの成立』と『産業革命』を採択し、解説にもあたった。ランケと

格闘した鈴木の論文も、「ランケより構想が一回り大きい」として鈴木論文の今日的意義を説く川勝の解説も、いずれも味わい深い。京都学派四天王と呼ばれたのは、鈴木のほかに、高山岩男《こうやまいわお》、高坂正顕《こうさかまさあき》（高坂正尭《まさたか》の父）、西谷啓治。鈴木は、三木清を慕った唐木順三とも盟友で、共に創文社、筑摩書房の編集顧問として、東大とマルクス主義をありがたがった岩波書店とはちがう、京都学派を中心にした非マルクス主義を基調とする出版活動を展開した。

＊6　シュンペーターの主著で、それまでの経済学の諸概念を粉砕した『経済発展の理論』（原著刊行は一九一二年、邦訳は岩波文庫）の翻訳は、シュンペーターを生涯の師とした東畑精一と、東畑の生涯の友、中山伊知郎という経済学の両碩学の手によってなされた。そのこともあって、日本でのシュンペーターの影響は良識ある知識人に強くあり、ベストセラー『ものの見方について——西欧になにを学ぶか』（河出書房　一九五〇年、のち角川文庫、朝日文庫）を書き、一九五〇年代の言論をリードしていた朝日新聞論説主幹の笠信太郎《りゅう》もその一人である。経済学者でもあった笠は「資本主義の運命」と題する論文（一九五三年）で、マルクス、ケインズ、シュンペーターの三題噺を展開し、マルクスを「資本主義崩壊論」、ケインズを「資本主義行き詰まり論」、シュンペーターを「資本主義昇華論」として紹介している。もちろん、シュンペーターを高く評価するのだが、この「内的発展」にとってもっとも重要なことは「企業者が遂行する革新に外ならない」と書く。この「昇華」にとって重要なことは人ではなく、物だとしたところに、川勝理論の革新性がある。

＊7　小池の文章は『ＫＡＷＡＤＥ夢ムック　文藝別冊　梅棹忠夫——地球時代の知の巨人』（河出

書房新社　二〇一一年）に所収。このムックには残されていた、梅棹による『人類の未来』の目次案が掲載されている。第一章は「地球的家庭論」で、エピローグの見出しは「エネルギーのつぶし方」「理性対英知」「地球水洗便所説」「暗黒のかなたの光明」である。

＊8　『人類の誕生』は一九六八年三月に刊行、たちまちベストセラーとなり、今西は時の人となった。ところが、その一か月後、河出書房は倒産した。しかし、会社更生法のなかでも、刊行は順調に進んだ。と、思えたのだが、第二十四巻の桑原武夫『今日の世界』刊行後、いつまでたっても第二十五巻は未刊のままだった。

今西は理論では譲ることはないが、梅棹との師弟関係が変わることはなかった。国立民族学博物館長時代の一九八六年、ウイルスによる球後視神経炎のため梅棹は視力を喪失し、回復することはなかったが、九三年まで館長を務め、同館顧問、同館名誉教授となり、九四年には文化勲章を受賞した。『行為と妄想――わたしの履歴書』（九七年　日本経済新聞社、のち中公文庫）で、「今西錦司先生がわたしの失明のことをきいて、「目ぇなんかみえんでも、博物館はつづけて梅棹にやらせるべきや」といわれたという話がつたわってきた。わたしはそのことばに感激した。そして勇気をだして仕事にはげんだ」。今西の逝去に際して、梅棹は追悼文を書き、「ひとつの時代のおわり――今西錦司追悼」と題して、『中央公論』九二年八月号に掲載された（のち、「梅棹忠夫著作集」第十六巻『山と旅』などに収録）。しめくくりの一文は、「わたしが師とあおいだ先学はすくなくない」。今西と並んで、「桑原武夫、西堀栄三郎、宮地伝三郎、貝塚茂樹、湯川秀樹の人たちである。（略）これらの二〇世紀人たちの手によって、日本の学問はおおきく展開した。極東におけるローカルな一文明にすぎなかった日本文明は世界的なものとなった。これらの人たちによって、日本の学問は普遍性を獲得したのである。わたしたちの世代は、それをこの先人たちからひきついだのである。（略）そしていま、最後の巨星が消えた。ひとつの時代がおわったのである」と結んだ。

『文明の海洋史観』一九九七年十一月　中央公論社刊

中公文庫

文明《ぶんめい》の海洋史観《かいようしかん》

2016年11月25日　初版発行
2017年 2 月15日　再版発行

著　者　川《かわ》勝《かつ》平《へい》太《た》

発行者　大橋 善光

発行所　中央公論新社
〒100-8152　東京都千代田区大手町1-7-1
電話　販売 03-5299-1730　編集 03-5299-1890
URL http://www.chuko.co.jp/

DTP　嵐下英治
印　刷　三晃印刷
製　本　小泉製本

Published by CHUOKORON-SHINSHA, INC.
Printed in Japan　ISBN978-4-12-206321-1 C1120

中公文庫既刊より

各書目の下段の数字はISBNコードです。978 - 4 - 12が省略してあります。

へ-4-1
鉄砲を捨てた日本人 日本史に学ぶ軍縮
ノエル・ペリン
川勝平太 訳
十六世紀後半の日本は西欧のいかなる国にもまさって鉄砲の生産・使用国であったにも拘わらず、江戸時代を通じて刀剣の世界に舞い戻ったのはなぜか。
201800-6

う-15-2
東南アジア紀行（上）
梅棹忠夫
タイ、カンボジア、ラオス、ベトナムを縦断し、民衆の生活と風俗、文化と歴史を透徹した人類学者の眼で捉えた戦後の東南アジア研究の初の成果。
200641-6

う-15-3
東南アジア紀行（下）
梅棹忠夫
東南アジアへの学術調査隊の隊長として激動の地域を自動車で踏査した著者は、その実態を歴史的・文化的背景とともに描き梅棹理論を具体的に検証する。
200642-3

う-15-9
文明の生態史観
梅棹忠夫
東と西、アジア対ヨーロッパという、慣習的な座標軸のなかに捉えられてきた世界史に革命的な新視点を導入した比較文明論の名著。〈解説〉谷　泰
203037-4

う-15-10
情報の文明学
梅棹忠夫
今日の情報化社会を明確に予見した「情報産業論」を起点に、価値の生産と消費の意味を文明史的に考察し、現代を解読する。〈解説〉高田公理
203398-6

う-15-12
行為と妄想　わたしの履歴書
梅棹忠夫
すべての探検と学究の糸口は妄想からはじまった。国立民族学博物館初代館長、碩学が初めて綴った、思索の道筋。日経新聞「私の履歴書」に大幅加筆。
204006-9

し-6-57
日本人の内と外〈対談〉
司馬遼太郎
山崎正和
欧米はもちろん、アジアの他の国々とも異なる日本文化の独自性を歴史のなかに探り、「日本人」が国際社会で真に果たすべき役割について語り合う。
203806-6